Robert Zimmer

Das neue Philosophenportal

Ein Schlüssel zu klassischen Werken

Deutscher Taschenbuch Verlag

Von Robert Zimmer
sind im Deutschen Taschenbuch Verlag erschienen:
Karl Popper (zusammen mit Martin Morgenstern, 31060)
Das Philosophenportal (34118)

Originalausgabe
Oktober 2007
© Deutscher Taschenbuch Verlag GmbH & Co. KG,
München
www.dtv.de
Umschlagkonzept: Balk & Brumshagen
Umschlagfoto: laif/Zielske, H. & D.
Satz: Fotosatz Amann, Aichstetten
Gesetzt aus der Minion 10/12˙ und der FF Meta
Druck und Bindung: Druckerei C. H. Beck, Nördlingen
Gedruckt auf säurefreiem, chlorfrei gebleichtem Papier
Printed in Germany · ISBN 978-3-423-34439-5

Inhalt

Charles Augustin Sainte-Beuve zum Gedächtnis

Das Philosophenportal
öffnet sich wieder

Das Haus der Philosophie steht in unserer Kulturgeschichte wie eine imposante Kathedrale, die von den vorbeigehenden Menschen zwar registriert, aber wenig betrachtet und noch weniger besucht wird. Es herrscht eine gewisse Scheu, den Bau zu betreten, nicht nur, weil er so furchterregend groß und nicht immer einfach zu begehen ist, sondern weil die Hüter dieses Baus, die philosophischen Fachgelehrten, immer wieder behaupten, nur sie besäßen den Schlüssel zum Portal und seien in der Lage, den richtigen Weg durch das Innere zu finden.

Dies ist allerdings eine Aussage, der man nicht auf den Leim gehen sollte. Die Baumeister des Hauses, die großen Philosophen, haben keinen Schlüssel hinterlassen und das Tor so konstruiert, dass es jederzeit von allen geöffnet werden kann. Und entgegen anderslautenden Ansichten gibt es auch keinen vorgeschriebenen Weg, den der philosophisch Interessierte nach seinem Eintritt einschlagen müsste. Jedes große Werk der Philosophie führt uns ins Innere der Philosophie und verschafft uns den Zugang zu den wichtigsten philosophischen Fragen und Problemen. Werke, die uns zeitlich näher stehen, haben übrigens keinen Anspruch darauf, näher am Zentrum der Philosophie zu sein als z. B. die klassischen Werke des alten Griechenland, mit denen die westliche Philosophietradition beginnt.

Wenn sich also das Philosophenportal wieder öffnet, so können alle ohne Bedenken eintreten: diejenigen, die bereits einen Rundgang hinter sich haben und den Bau auf einem anderen Weg noch näher kennen lernen wollen, wie auch diejenigen, die zum ersten Mal den Schritt über die Schwelle wagen. Schon ein erster Blick ins

Innere des Gebäudes kann einen davon überzeugen, wie überflüssig manch gelehrter Kommentar ist und wie weit einen die eigenen Eindrücke und die eigene Vernunft tragen.

Das Haus der Philosophie wird zuweilen umgebaut, und immer wieder entstehen auch neue Anbauten. Doch die hier vorgestellten Werke machen das Fundament und die tragenden Teile des Baues aus. Ohne sie würde die gesamte in Jahrhunderten entstandene Konstruktion zusammenbrechen. Der Leser ist deshalb nie in Gefahr, sich mit modischem Dekor und pseudogelehrter Effekthascherei befassen zu müssen.

Die achtzehn Essays dieses neuen Bandes können wie ein Flyer benutzt werden, der einen mit ausgewählten Tipps und Informationen auf dem Rundgang begleitet. Sie ergänzen die Essays des ersten Bandes, *Das Philosophenportal*, bauen aber nicht auf diesem auf. Jeder der nun insgesamt 34 Essays der beiden Bände kann völlig unabhängig von den anderen gelesen werden. Der Leser kann den Band in die Jackentasche stecken, bei Bedarf konsultieren oder sich auch gleich einen Überblick über ganze Teile des Gebäudes verschaffen.

Der Verfasser dankt Yvonne Petter-Zimmer, die alle Kapitel auf Klarheit und Verständlichkeit hin geprüft, und Martin Morgenstern, der auf sachliche Fehler hingewiesen hat.

Die Geburt der ersten Philosophie

Aristoteles: Metaphysik (zwischen 367 und 322 v. Chr.)

Wo finden wir die erste Philosophie? Bei den Griechen oder, vielleicht noch früher, in den orientalischen Hochkulturen oder in den Weisheitslehren Indiens und Chinas?

Die Antwort, die ein Philosoph geben würde, wäre vermutlich: Die erste Philosophie finden wir überall dort, wo die philosophischen Grundfragen gestellt werden, wo es um jene letzten Wahrheiten geht, auf denen alle anderen Einsichten aufbauen. Diese erste Philosophie hat nichts mit einer zeitlichen Reihenfolge zu tun, sondern mit einem Vorrang in der Sache. Dem griechischen Philosophen Aristoteles verdanken wir das Verständnis von »erster Philosophie«, das unter Fachleuten bis heute geläufig ist.

Aristoteles war derjenige, der zum ersten Mal das Knäuel philosophischer Fragen und Probleme aufgedröselt und in eine Ordnung gebracht hat. Auf ihn geht es zurück, wenn wir heute zwischen Ethik, politischer Philosophie, Logik, Naturphilosophie und anderen philosophischen Disziplinen unterscheiden. Als wichtigste und grundlegendste aller philosophischen Disziplinen sah er jene an, die er »Erste Philosophie« nannte. In ihr geht es um die Grundprinzipien und den Bauplan dessen, was wir »Welt« oder »Wirklichkeit« nennen. Ihre Geburt erlebt diese in den Lehrbüchern häufig großgeschriebene »Erste Philosophie« in jenem ungeheuer einflussreichen Werk des Aristoteles, das den Titel *Metaphysik* trägt. »Metaphysik« war schließlich auch der Name, unter dem die »Erste Philosophie« zur Königsdisziplin der Philosophie wurde.

Aristoteles nimmt sich den allgemeinsten Begriff der Philosophie, den Begriff des »Seins«, vor und will klären, was wir überhaupt meinen, wenn wir davon sprechen, dass etwas so oder so »ist«. Es gibt nämlich, so Aristoteles, sehr verschiedene Arten zu »sein«, und es kommt darauf an, die wichtigsten und wesentlichen Arten des Seins zu unterscheiden. Dies ermöglicht uns, einen Blick auf die Tiefenstruktur der Wirklichkeit zu werfen. Sie wird, so Aristoteles, von einem obersten Prinzip in Bewegung gehalten, das er »Gott« nennt, eine Wesenheit, die, in seinen eigenen Worten, »Leben und Ewigkeit« zugleich ist und die höchste Form der Wirklichkeit verkörpert. Auf diesen Gott führt alles zu, wenn wir die letzten Gründe des »Seins« erkunden. Die *Metaphysik* des Aristoteles zeichnet einen Bauplan unserer Wirklichkeit, über den sich viele Jahrhunderte lang Vertreter der westlichen Philosophie gebeugt haben.

Die Rolle des Lehrers und Erziehers hat das Leben des Aristoteles stark geprägt. Er wurde 384 v. Chr. in Stageira im heutigen Nordgriechenland geboren, einem Ort, der zu Zeiten des Aristoteles zu Makedonien gehörte. Die Makedonier wurden von den Griechen im Süden nicht als »hellenisch« angesehen. Sie galten als »Barbaren«, und ihre politischen Ambitionen waren gefürchtet.

Die Eltern des Aristoteles waren keine Makedonier, sondern griechischen Ursprungs und sprachen einen ionischen Dialekt. Der Vater, Nikomaches, unterhielt allerdings als Leibarzt des makedonischen Königs enge Kontakte zum Hof. Die Beziehungen der Familie zum makedonischen Königshaus sollten auch im Leben des Aristoteles eine große Rolle spielen. Schon als Junge freundete er sich mit dem Sohn des Königs, Philipp, an.

Nach dem frühen Tod des Vaters kam Aristoteles in die Obhut von Verwandten in Assos, einem Ort an der kleinasiatischen Küste gegenüber der Insel Lesbos. Im Alter von siebzehn Jahren schließlich tat er den für seine Zukunft als Philosoph entscheidenden Schritt: Er ging nach Athen und trat in die Akademie des Philosophen Platon ein, die damals bereits wichtigste Ausbildungsstätte für Philosophen in Griechenland. Dort blieb er zwanzig Jahre lang, zunächst als Schüler und später als Lehrer. Die *Metaphysik* entwickelte sich aus den Diskussionen, die innerhalb der platonischen Akademie geführt wurden.

Ziel dieser im Jahr 387 v. Chr. von Platon gegründeten Philosophenschule war die Heranbildung einer Elite, die in der Lage war, sowohl geistige als auch politische Führung zu übernehmen. Grundlage dafür sollte eine wissenschaftliche Bildung sein, die in der Philosophie als der höchsten Form des Wissens gipfelte. Dies entsprach der Überzeugung Platons, dass philosophische Erkenntnis die einzig verlässliche Voraussetzung für eine gerechte politische Herrschaft sein kann.

Die platonische Akademie lässt sich eher mit einem religiösen Orden als mit einer heutigen Universität vergleichen. Die Mitglieder lebten nach einem klösterlich streng geregelten Tagesablauf und verehrten Platon wie einen Guru. Als Aristoteles in die Akademie eintrat, befand sich Platon gerade auf einer mehrjährigen Reise nach Sizilien. In späteren Jahren entwickelte sich dann eine enge Verbindung zwischen dem Meister und seinem brillantesten Schüler.

Der junge Aristoteles, der in der Akademie den Beinamen »der Leser« erhielt, lernte hier alle zeitgenössischen philosophischen Theorien kennen. Einigkeit herrschte bei den meisten griechischen Philosophen darüber, dass die Wirklichkeit im Grunde von einer Art Weltvernunft beherrscht wird und dass der Mensch aufgrund seiner eigenen rationalen Fähigkeiten die Möglichkeit hat, diese Vernunft zu erkennen. Einer der Hauptstreitpunkte entwickelte sich über der Frage, in welchem Verhältnis diese Weltvernunft, die man sich als eine ewige und unveränderliche Einheit dachte, zu den Verschiedenheiten und Veränderungen der Welt stand, in der alles einem Rhythmus von Leben und Tod, Blüte und Zerfall unterworfen war.

Unter den vorsokratischen Philosophen, also den Philosophen vor Sokrates, übte der im 5. vorchristlichen Jahrhundert lehrende Anaxagoras einen besonderen Einfluss auf Aristoteles aus. Ähnlich wie die spätere aristotelische Gottesvorstellung ist für ihn die Weltvernunft »nous«, also reiner Geist, der hinter den Veränderungen der Welt steht, sie aber gleichzeitig auch steuert.

Die Lehre, mit der Aristoteles sich aber fast 20 Jahre lang intensiv beschäftigen sollte, war die sogenannte »Ideenlehre« Platons. Sie hatte ihre wichtigsten Wurzeln in zwei anderen vorsokratischen Denkern: Parmenides und Pythagoras. Für Parmenides gab es zwischen dem Werden und Vergehen einerseits und der Weltvernunft andererseits eine tiefe Kluft. Dem wahren, unveränderlichen Sein, das in sich selbst ruht, stellte er die Welt der Täuschungen entgegen, die sich unserer Wahrnehmung bietet. Erst in der visionären Anschauung des Seins erfassen wir, was wahrhaft wirklich ist. Pythagoras wiederum und seine Schule hatten eine ausgesprochene Vorliebe für die Mathematik, weil sie glaubten, dass die vernünftige Tiefenstruktur der Wirklichkeit sich durch Zahlenverhältnisse ausdrücken lässt.

Von Parmenides übernahm Platon die Ansicht, dass der Mensch sich von der Welt der Veränderungen völlig abwenden müsse, um zum wahren Sein zu gelangen. Diesem Sein gab er allerdings eine etwas komplexere Struktur, die es ermöglichte, die Beziehung zwischen dem unveränderlichen Bereich der Vernunft und dem Bereich der von uns wahrgenommenen veränderlichen Dinge herzustellen. Diesen Dingen steht nämlich nach Platon die Welt ewiger, unveränderlicher und idealer Formen gegenüber, die er »Ideen« nannte. So befindet sich über den vielen Pferden der Wahrnehmungswelt die unveränderliche »Idee« des Pferdes. Für jede »Gattung« wie Tisch, Pferd, Wolke gibt es eine Idee. In der Idee liegen zugleich der Ursprung und das Vorbild der Dinge. Nur indem das konkrete Pferd Merkmale der Idee des Pferdes aufweist, oder, wie Platon sagte, an der Idee des Pferdes »teilhat«, können wir es überhaupt als »Pferd« wahrnehmen. Die Idee ist Urbild, das Ding Abbild. Die Welt der Ideen und die Welt der Dinge verhalten sich zueinander wie die Welt im Sonnenlicht und die Welt im Schatten. Die Ideenwelt kann nicht durch die sinnliche Wahrnehmung, sondern nur durch eine intuitive Schau erkannt werden, die den rational Geschulten, den Philosophen, vorbehalten bleibt.

Aufgabe der philosophischen Erziehung innerhalb der Akademie war es deshalb auch, den Aufstieg von der Sinnenwelt zur Welt der Ideen einzuüben. Dabei spielte die Mathematik eine wichtige Rolle. Weil sie die Fähigkeit zur Abstraktion schulte, galt sie als die Vorhalle zur Philosophie und damit zur Erkenntnis der Weltvernunft.

Aristoteles erlebte die Akademie in einer Zeit, in der das Werk Platons bereits in seine Spätphase eingetreten und die Ideenlehre Gegenstand kritischer Diskussionen geworden war. Wir wissen, dass er mit seinen Einwänden bei diesen Diskussionen eine wichtige Rolle gespielt hat. Sehr wahrscheinlich entstanden schon in der frühen Akademiezeit erste Notizen, die später ausgearbeitet wurden und in die *Metaphysik* eingeflossen sind.

Eines der Probleme war, ob es nicht nur für sinnlich wahrnehmbare Gegenstände wie Pferde oder Tische, sondern auch für abstrakte Begriffe wie »Einheit« Ideen gibt. Damit verbunden war das Problem einer Ordnung der Ideenwelt, also die Frage nach den Beziehungen der Ideen untereinander. Gab es eine Hierarchie innerhalb der Ideenwelt? Mit der »Idee des Guten« als der vollendetsten Form des Seins, dem Maßstab für Wahrheit und Gerechtigkeit und dem Ziel philosophischer Erkenntnis hatte Platon bereits die Existenz einer obersten Idee behauptet und den Grundstein für eine Hierarchie der Ideen gelegt. Sehr knifflig war vor allem das Problem der Beziehung zwischen der Welt der Dinge und der Welt der Ideen, die Platon als »Teilhabe« bezeichnet hatte.

Eines bestritt Aristoteles nie: dass philosophische Erkenntnis darin besteht, die Wirklichkeit in einer reinen, rationalen Schau zu erfassen, in der alle praktischen Erwägungen ausgeblendet sind. In seiner Schrift *Protreptikos* (»Mahnrede«), die etwa um das Jahr 350 v. Chr. – also mitten in seiner Akademiezeit – entstanden ist, definiert er das Ziel der Philosophie in diesem Sinne als »theoria«, als reine »theoretische« Erkenntnis, die ihren Sinn und Zweck in sich selbst hat. In dieser Schau verwirklicht sich der Mensch als vernünftiges Wesen und wird damit, ganz im Sinn der Ideenschau der platonischen Akademie, zum »Weisen«.

Aristoteles verließ die Akademie nach dem Tod Platons im Jahr 347. Möglicherweise spielte dabei die Tatsache eine Rolle, dass nicht er, sondern Platons Neffe Speusipp zum Leiter der Akademie bestimmt wurde. Wichtiger für seinen Entschluss waren aber sicherlich die Anfeindungen der Athener, die in ihm den »Makedonier« sahen, was zu diesem Zeitpunkt nichts Gutes bedeutete. 348 hatten die Makedonier Olynth erobert, eine mit Athen verbündete Stadt, und bedrohten nun auch den Süden Griechenlands.

Angesichts des vergifteten Klimas verließ Aristoteles Athen und ging nach Kleinasien zurück. Er betrachtete sich noch als Platoniker, doch seine Forschungsinteressen unterschieden sich bereits von denen der Akademie: Nicht abstrakte mathematische Studien, sondern Beobachtungen der Natur standen für ihn im Mittelpunkt. Die Welt der sinnlich wahrnehmbaren Dinge hatte für ihn einen höheren Stellenwert als für seinen Lehrer Platon.

Etwa im Jahr 343 holte ihn sein Jugendfreund Philipp, inzwischen makedonischer König, als Erzieher seines Sohnes, des späteren Alexander des Großen, nach Makedonien zurück. Bei dieser Aufgabe blieb ihm aber offenbar noch genügend Zeit, seine Forschungen weiter zu betreiben und sich einen Namen in der Gelehrtenwelt Griechenlands zu machen.

Nachdem Athen unter makedonische Herrschaft gefallen war, kehrte Aristoteles unter dem Schutz des makedonischen Königshauses 335 dorthin zurück und gründete mit seinem Freund und späteren Nachfolger Theophrast eine eigene Philosophenschule. Sie ging nach seinem Tod, in Anspielung auf die Wandelgänge des Gebäudes, als »Peripatos« (griech. »peripatein« = »umherwandeln«) in die Philosophiegeschichte ein. Die peripatetische Schule lehrte und verbreitete von nun an – als Konkurrenzunternehmen zur Akademie – die aristotelische Philosophie.

Allerdings war es Aristoteles nicht vergönnt, sein Leben im Umkreis des Peripatos zu beschließen. Mit dem Tod Alexanders 323 und der Lockerung der makedonischen Herrschaft wachten auch die antimakedonischen Ressentiments in Athen wieder auf. Als makedonischer Günstling bekam Aristoteles sofort zu spüren, dass sich der Wind gedreht hatte. Man klagte ihn wegen Untergrabung des Götterglaubens an, eine Anklage, die man einige Jahrzehnte vorher bereits gegen Sokrates, den Lehrer Platons, erhoben und die zum Todesurteil geführt hatte. Aristoteles hatte kein Interesse daran, das Schicksal des Sokrates zu teilen, und er flüchtete aus Athen mit dem Hinweis, er wolle den Athenern keine Gelegenheit geben, sich zum zweiten Mal an der Philosophie zu vergehen. Er zog sich auf ein von seiner Mutter ererbtes Gut auf der Insel Euböa zurück, wo er im Oktober des Jahres 322 starb.

Als Lehrer des Peripatos schrieb Aristoteles an jenen Manuskripten weiter, die uns heute in Gestalt der *Metaphysik* vorliegen und die, so weit wir wissen, nie vollendet wurden. Man merkt ihrem trockenen und nüchternen Stil an, dass sie für den Lehrbetrieb entstanden sind, in dem der Dozent sich immer wieder mit der Tradition auseinandersetzt und wichtige Thesen in verschiedenen Zusammenhängen wiederholt. Anders als bei Platon, dessen Akademievorträge verloren gegangen, aber dessen für das allgemeine Publikum verfasste Schriften erhalten sind, besitzen wir keines von Aristoteles' populären, »offiziell« veröffentlichten Büchern mehr. Deshalb ist es etwas unfair, den »dichterischen« Charakter der Dialoge Platons gegenüber den nüchtern argumentierenden Schriften des Aristoteles hervorzuheben.

Die *Metaphysik* ist also kein einheitliches Buch, sondern ein Konvolut von Vorlesungsnotizen. Erst Andronikos von Rhodos machte sich im 1. Jahrhundert n. Chr. daran, die zeitweise verschollenen Manuskripte des Aristoteles zu Werken zusammenzustellen. Dabei ging es nicht unbedingt immer nach den Regeln der heutigen wissenschaftlichen Philologie zu. So wissen wir, dass das 11. Buch (in der Antike wurden die Kapitel häufig als »Bücher« bezeichnet) einen ganz anderen Verfasser hat und irrtümlich in die *Metaphysik* hineingerutscht ist. Andronikos ist auch verantwortlich für den Titel »Metaphysik« (wörtl. »nach« oder »hinter der Physik«), der entweder bedeuten kann, dass die *Metaphysik* in der Reihenfolge der aristotelischen Werke hinter die *Physik* eingeordnet wurde, oder auch, dass in ihm Themen behandelt werden, die die Physik, d. h. die Naturwissenschaft und Naturphilosophie, übersteigen.

Der Leser der *Metaphysik* sollte sich deshalb, ohne Rücksicht auf den Zusammenhang einzelner Teile, in jedes Kapitel wie in eine neue Vorlesung begeben. Obwohl das Werk eine hohe Konzentration und eine Satz-für-Satz-Lektüre erfordert, bleibt er nie darüber im Unklaren, wovon Aristoteles spricht.

In den ersten Kapiteln entwirft Aristoteles das Programm der »Ersten Philosophie«, die nach den »Prinzipien und Ursachen des Seienden, und zwar sofern es Seiendes ist«, fragt. Er diskutiert Methoden und Ziele dieser Grundlagendisziplin, um schließlich ab dem 7. Kapitel seine Version von den »Prinzipien und Ursachen des Seienden, und zwar sofern es Seiendes ist«, also von der vernünftigen Grundordnung der Wirklichkeit, zu entwickeln.

Diese »Erste Philosophie« unterscheidet sich nach Aristoteles von allen anderen Wissenschaften und Disziplinen dadurch, dass sie keinen bestimmten Bereich der Wirklichkeit untersucht, sondern, wie er sagt, »tò òn hê ón«, das Wirkliche oder Seiende, insofern es »seiend«, d. h. wirklich ist.

In der Biologie untersuchen wir die Vorgänge der Tier- und Pflanzenwelt, in der Astronomie die Welt der Planeten und Sterne. Aber was bedeutet es, wenn wir von dem »Sein« der Sterne oder dem »Sein« der Pflanzen reden? Was macht einen Stern zum »Stern« und eine Pflanze zur »Pflanze«? Was bedeutet es überhaupt, wenn wir von »etwas« reden, also einem Gegenstand, den wir von anderen Gegenständen unterscheiden können und von dem wir sagen können, dass er »ist«? In den einzelnen Wissenschaften setzen wir solche Bedeutungen ganz selbstverständlich voraus. Die Welt erscheint uns wie ein wohlsortiertes Kaufhaus, in dem die Waren geordnet und unterschieden sind.

Die »Erste Philosophie« aber macht genau diese Voraussetzungen zum Thema und überlegt, warum wir die Wirklichkeit so und nicht anders sortieren. Genau deshalb ist sie eine Grundlagendisziplin, die uns zu dem führen soll, was auch alle anderen Philosophen vor Aristoteles im Auge hatten: die vernünftige Grundordnung der Welt, die Erkenntnis der Art, wie die Wirklichkeit »tickt«.

Dass die menschliche Vernunft fähig ist, diese Grundordnung zu erkennen, daran zweifelt Aristoteles ebenso wenig wie sein Lehrer Platon. Er ist sogar der Meinung, dass der Mensch »von Natur aus« dazu bestimmt ist, ein solches Wissen zu erwerben, dass also die menschliche Selbstverwirklichung darin besteht, sich dem Erkennen der vernünftigen Ordnung der Welt zu widmen.

Anders als bei Platon führt bei Aristoteles der Weg dorthin aber nicht über die abstrakten Zahlenverhältnisse der Mathematik. Gegenüber der Welt der sinnlich wahrnehmbaren Dinge nimmt er eine ganz andere Haltung als sein Lehrer ein: Nicht die Mathematik ist für ihn der Vorhof der Philosophie, sondern Physik und Biologie sind es, die Anschauung der Vorgänge in der Natur und der uns umgebenden, sinnlich wahrnehmbaren Welt.

Wenn wir dort fragen, warum etwas so und nicht anders ist, stoßen wir nach Aristoteles auf vier verschiedene Ursachen: die Stoffursache, die Formursache, die Bewegungsursache und die Zweckursache. Nehmen wir das Beispiel einer Statue: Die Stoffursache der Statue liegt in dem Material, also dem Marmor, aus dem sie gemeißelt wurde, die Form- oder Wesensursache in der vorliegenden Gestalt der Statue. Die Tätigkeit der Bearbeitung des Marmors ist die Bewegungs- oder Wirkursache, und die Idee, die dem Künstler bei der Arbeit vorschwebte, ist die Zweckursache.

Die Fachphilosophen benutzen normalerweise die lateinischen Begriffe »causa materialis«, »causa formalis«, »causa efficiens« und »causa finalis«, um die vier aristotelischen Ursachen zu bezeichnen. Heute verwenden wir den Begriff »Ursache« normalerweise nur noch für die causa efficiens, die Wirkursache. Wenn Wissenschaftler und Philosophen von »Kausalität« oder »kausalen Vorgängen« reden, meinen sie in der Regel, dass ein Ereignis ein anderes Ereignis bewirkt, d. h. gemäß einem allgemeinen Naturgesetz hervorruft. Die anderen drei von Aristoteles genannten Ursachen sind in der Geschichte der Wissenschaften völlig in den Hintergrund getreten. Wenn es bei Aristoteles allerdings um die Analyse des »Seins« geht, so sind zwei andere Ursachenformen, nämlich die Formursache und die Zweckursache, viel wichtiger, und zwar deshalb, weil beide mit dem Begriff »Substanz« verknüpft sind.

Mit dem Begriff der »Substanz« erreichen wir das Herzstück der *Metaphysik*. Aristoteles beschäftigt sich mit dem Substanzbegriff ausführlich in den Kapiteln 7 bis 9, die von den Fachleuten auch als »Substanzabhandlung« bezeichnet werden.

Wenn wir von einem Gegenstand sagen, dass er »ist«, so meinen wir nach Aristoteles keineswegs immer dasselbe. In dem Satz »Peter ist in Wirklichkeit Paul« dient das »ist« dazu, eine Identifikation herzustellen. In dem Satz »Es ist wirklich so, wie du sagst« benutzen wir das »ist«, um die Wahrheit eines Sachverhalts zu bekräftigen. In dem Satz »Etwas ist kahl« wiederum dient uns das »ist« dazu, einem Gegenstand bestimmte Eigenschaften zuzusprechen.

Im Mittelpunkt der Betrachtungen der *Metaphysik* steht gerade jenes »Etwas«, dem man zwar Eigenschaften zuspricht, das aber selbst mehr ist als ein Bündel von Eigenschaften. Die Verwendungsweise von »ist«, die Aristoteles deshalb am meisten interessiert, ist die, wenn wir sagen: »Dieses große dunkle Etwas vor meinem Fenster ist eigentlich ein Baum.« Ein Baum wird nicht dadurch zu einem Baum, dass er grüne Blätter oder einen dicken Stamm hat. Bäume können auch dünne Stämme haben und kahl sein. Wir müssen also unterscheiden zwischen den wechselnden Eigenschaften eines Gegenstandes und seinem Wesenskern. Genau dieser Wesenskern ist es, auf den das eigentlich wichtige »ist« abzielt. Aristoteles nennt ihn »Substanz«, die wechselnden Eigenschaften wie »kahl« oder »grün« hingegen nennt er »Akzidentien«.

Wir können also sagen: Etwas »ist« im eigentlichen Sinne, wenn es Substanz ist. Die Substanz bezeichnet ein selbstständiges, von anderen Dingen getrennt existierendes Ding, das wechselnde Eigenschaften hat, aber selbst immer mit sich identisch bleibt. Ein Baum bleibt ein Baum, ob er grünt oder nicht. Nur im Märchen ist der Prinz einmal ein Mensch und ein andermal ein Frosch.

Wir sprechen von dem »Seienden«, so Aristoteles, zwar in verschiedener Bedeutung, aber im Hinterkopf haben wir immer die Substanz, jenes wahre Seiende, zu dem die anderen Formen des »ist« in einer Art Analogie stehen. Die Substanz ist auch genau jenes »Etwas«, auf das wir alle möglichen Arten von »ist« beziehen können.

Aber was ist dieses Wesentliche eigentlich, das Aristoteles »Substanz« nennt? Der Leser sei vorgewarnt: Die Diskussion darüber ist bis heute nicht beendet. Zwei Aspekte lassen sich bei dem Begriff »Substanz« unterscheiden: ein konkreter und ein etwas allgemeinerer. Substanz ist zum einen das konkrete Ding, der Baum, der vor meinem Fenster steht, dessen Alter ich kenne und der für mich immer der gleiche Baum bleibt, ob er kahl ist oder grünt.

Gleichzeitig ist mit der Substanz aber auch etwas gemeint, das mein konkreter Baum mit allen anderen Bäumen gemeinsam hat. Substanz ist, wie Aristoteles sich ausdrückt, das »tò tí ên eînai«, das »Wesenswas« eines Dinges. Es ist das, was den Baum zu einem Baum macht. Dies drückt sich in dem Allgemeinbegriff »Baum« aus, der sich auf alle Bäume anwenden lässt. Wenn wir von »Baum« sprechen, ohne auf einen konkreten Baum zu verweisen, meinen wir die Art, die Gattung »Baum«. Die Griechen benutzten dafür den Begriff »eidos«. Es ist genau jener Begriff, mit dem Platon die »Idee« bezeichnet hatte. Es ist auch der Begriff, den Aristoteles für »Form« benutzt, für die Gestalt, die uns vor Augen steht, wenn wir uns einen Baum vorstellen.

Genau an dieser Stelle kommen Formursache und Zweckursache wieder ins Spiel. Für Aristoteles lassen sich nämlich der konkrete und der allgemeine Aspekt des Substanzbegriffs miteinander verbinden. Die Substanz ist auch ein irdisches Kind der platonischen Idee, indem sie nicht nur ein konkretes Ding, sondern auch die Gestalt meint, die alle Exemplare einer bestimmten Art und Gattung gemeinsam haben. Der Begriff, den Aristoteles für »Substanz« verwendet, ist »ousia«, im Deutschen meist mit »Wesen« oder »Wesenheit« übersetzt. Es ist aber auch der Begriff, den er für die Formursache benutzt, die deshalb auch »Wesensursache« genannt wird. »Ousia«, die Substanz, manifestiert sich in der Form, im »eidos«.

Die Substanz ist das wahrhaft Seiende, das immer unverändert und mit sich identisch bleibt, das aber nicht mehr in einer abstrakten, von den natürlichen Dingen entfernten Welt, sondern in den natürlichen Dingen selbst zu finden ist. Damit hatte sich das in der platonischen Akademie diskutierte Problem der »Teilhabe« der Dinge an den Ideen erledigt.

Der Grund dafür, dass Aristoteles das Wesen eines Dings mit seiner Form identifiziert, liegt in seiner Naturanschauung. Der Baum ist dann erst ein richtiger Baum, wenn er ausgewachsen vor uns steht, also seine vollendete Form erreicht hat. Einen Baumsamen können wir noch nicht als Baum ernst nehmen. Wir sagen dann höchstens: Das wird erst mal ein Baum. Jeder konkrete Baum wird erst durch seine Form erkennbar, die ihn als Baum identifiziert.

Ebenso ist es mit allen anderen Dingen. Die Substanz als das Wesen eines Dinges zeigt sich in der voll entwickelten Form. Jede dieser Formen entfaltet sich nach einem vorgegebenen Muster, nach einem im Ding selbst angelegten Zweck. Der Same eines Baums entwickelt sich, wenn wir ihn einpflanzen, zu einem Baum und nicht zu einem Kaktus. Aristoteles hatte also etwas im Auge, das wir heute als »genetische Programmierung« bezeichnen würden. Form und Zweck hängen aufs Engste miteinander zusammen. Die Form als verwirklichter Zweck ist das, was ein Ding zu dem macht, was es ist. Im Falle des Menschen wird Aristoteles sogar sehr konkret: Der Mensch wird erst zum Menschen im eigentlichen Sinne, wenn er den in ihm angelegten Zweck des Menschseins, nämlich die Fähigkeit zu rationaler theoretischer Erkenntnis, verwirklicht. Es ist also die Vernunft, die den Menschen zum Menschen macht.

Die Vielfalt der Formen ist somit gleichzeitig eine Vielfalt verwirklichter Zwecke. Die Welt ist für Aristoteles ein Reich der Zwecke, ein Universum, in dem Form- bzw. Wesensursachen und Zweckursachen immer wieder Substanzen entstehen lassen und in dem sich die Dinge nach Art eines genetischen Codes entwickeln. Abgeleitet von dem griechischen Wort für Zweck, »telos«, wird das aristotelische Weltbild deshalb auch als »teleologisches« Weltbild bezeichnet.

Mit seiner teleologischen Weltdeutung hatte Aristoteles auch den Schlüssel in der Hand, um das zu erklären, was bei Parmenides und Platon als Welt des Scheins und der Täuschung links liegen gelassen wurde: die Welt der Veränderung nämlich. Unsere natürliche, wahrnehmbare Welt ist zwar eine Welt des Werdens und Vergehens. Aber diese Veränderungen folgen einem in der Vernunftordnung der Welt verankerten Gesetz: dem Gesetz, das Substanzen schafft und aus angelegten, möglichen Formen immer wieder verwirklichte Formen macht. Veränderung ist Entwicklung, ist Übergang von Möglichkeit zu Wirklichkeit, oder, wie Aristoteles sagt, von »dynamis« zu »energeia«. Es ist eine Welt, in der sich Substanzen unendlich fortzeugen und aus Stoff oder Materie immer wieder Form entsteht.

Aber, so stellt sich die Frage, hat dieser Prozess irgendwann einmal begonnen? Was war zuerst, Huhn oder Ei, Same oder Baum? Auch

Aristoteles stellt diese Frage und beantwortet sie in dem berühmten 12. Buch der *Metaphysik*, die viele für das Kernstück des Werks halten. Es gibt etwas, was die Welt von ewig her in Bewegung hält und die Entwicklung von Möglichkeiten zu Wirklichkeiten steuert, ohne selbst von dieser Entwicklung betroffen zu sein. Dieses Etwas ist reine Wirklichkeit, eine Ursache, die Bewegung entstehen lässt, ohne selbst bewegt zu werden. Es ist der sogenannte »unbewegte Beweger«, den Aristoteles »Gott«, aber auch, in Anlehnung an Anaxagoras, »nous«, d. h. reine Vernunft, nennt. Dieser unbewegte Beweger ist – charakteristisch für Aristoteles – keine Wirkursache. Er gibt der Welt keinen Tritt, um sie in Gang zu setzen. Er ist vielmehr Zweckursache aller Entwicklung. Er ist die Supersubstanz, die immer schon wirklich ist und auf die alle Entwicklungslinien zulaufen.

Hier erst begegnen wir der Weltvernunft in reiner Gestalt. Der unbewegte Beweger ist weder ein persönlicher Gott noch ein Schöpfergott, sondern das vernünftige Wesen der Welt, zeitloses Denken, das sich selbst denkt. Wie das Sein des Parmenides oder die Idee des Guten bei Platon ist er erste Ursache, materielose, reine Form, eine ewige, immer mit sich identische Einheit. Von diesem Gott war Aristoteles nicht nur theoretisch fasziniert: Die um sich selbst kreisende Weltvernunft ist für ihn auch »hedoné«, also Lust und Freude, sie ist Tätigkeit, die sich selbst genügt, und damit auch Vorbild für ein erfülltes menschliches Leben.

Die *Metaphysik* des Aristoteles hat die Geschichte der Philosophie wie ein Sauerteig durchsetzt. Nachdem in den Wirren des frühen Mittelalters die Kenntnis der aristotelischen Philosophie im Westen verloren gegangen war, wurde sie über die Vermittlung islamischer Denker im Hochmittelalter zur bestimmenden geistigen Kraft, zur Grundlage von Wissenschaft und Philosophie. Thomas von Aquin machte Aristoteles zum theoretischen Vordenker eines neuen christlichen Weltbildes und nannte ihn schlicht »den Philosophen«.

Auch als das wissenschaftliche Weltbild sich in der Neuzeit von Aristoteles löste, blieben seine Spuren in allen großen Systemen der Metaphysik erkennbar. Die Idee einer alles durchziehenden Weltvernunft wurde von Spinoza, der Gedanke einer in der Welt angelegten, gesetzmäßigen Vernunftentwicklung von Hegel aufgegriffen. Noch zu Beginn des 20. Jahrhunderts bezeichnete ein Kritiker des teleologischen Denkens, Nicolai Hartmann, dieses als eines der Hauptmerkmale der gesamten westlichen Philosophie. Aber auch in der modernen Logik und Sprachphilosophie finden sich viele Unterscheidungen wieder, die auf Aristoteles zurückgehen.

Die Faszination des ersten großen Systematikers der Philosophie beruht auf der einzigartigen Verbindung von enzyklopädischem Wissen, logisch scharfer Argumentation und visionärer Kraft. Wenn auch viele heute bezweifeln, dass das Ziel, den rationalen Bauplan der Welt zu entziffern, jemals gelingen kann, so sind doch auf dem Weg, auf den Aristoteles die Philosophie geschickt hat, unzählige Entdeckungen gemacht worden.

Ausgabe:

ARISTOTELES: Metaphysik. Übersetzt von Hermann Bonitz (ed. Wellmann). Auf der Grundlage der Bearbeitung von Héctor Carvallo und Ernesto Grassi neu herausgegeben von Ursula Wolf. Reinbek bei Hamburg: Rowohlts Klassiker 1994.

Des Kaisers philosophische Kleider

Marc Aurel: Selbstbetrachtungen (zwischen 172 und 180)

Dass Vertreter aus Politik und Philosophie, der Welt der Macht und der Welt des Geistes, nicht immer die besten Freunde sind, ist eine allgemeine Erfahrung. Philosophen beklagen die Konzeptions- und Skrupellosigkeit der Mächtigen, die Politiker dagegen schauen voll Verachtung auf die praxisfernen Ratschläge der selbst ernannten Besserwisser. Wenn Politiker sich schließlich doch auf die Philosophie einlassen oder sogar ein philosophisches Buch schreiben, reagieren viele häufig mit Misstrauen. Will hier jemand seiner Macht ein philosophisches Mäntelchen umhängen? Will er sich mit der Aura des universell Gebildeten umgeben, um möglichst viele Anhänger und Bewunderer zu ködern?

Nicht immer ist dieses Misstrauen berechtigt. Schon gar nicht im Falle der *Selbstbetrachtungen* des römischen Kaisers Marcus Aurelius Antoninus Augustus, wie Marc Aurels vollständiger Herrschername lautet. Römische Kaiser machten nicht durch Bücher, sondern durch militärische und wirtschaftliche Erfolge Eindruck auf ihre Untertanen. Es waren aber auch nicht die römischen Bürger, an die sich dieses Buch richtete. Der griechische Originaltitel *Ta heis auton*, wörtlich »An sich selbst«, deutet auf den wahren Adressaten: Marc Aurel schrieb das Buch als Selbstvergewisserung und persönliche Lebenshilfe. Denn er wusste, dass er nicht nur als Politiker richtig handeln, sondern auch als Mensch richtig leben musste. »Was ist dein Beruf?«, fragt er sich im elften Kapitel seiner Schrift und antwortet selbst: »Gut zu sein. Wie anders aber ist dies möglich als aufgrund von Lehrsätzen einerseits über die Natur des Alls, andererseits über die eigentümlichen Anlagen des Menschen.«

Die *Selbstbetrachtungen* sind in der Tat eine Ansammlung von Lehrsätzen zum Zweck der »Lebensübung«, ein schmaler Band, aus kurzen Abschnitten und prägnanten Sentenzen aufgebaut. Die häufigen Wiederholungen und Variationen weniger Grundwahrheiten lassen leicht den Charakter eines Exerzitien- und Meditationsbuches erkennen, das dem Verfasser helfen sollte, den Menschen und seine Stellung im Kosmos zu verstehen und daraus lebenspraktische Konsequenzen zu ziehen. Sie sind des Kaisers Marc Aurel philosophische Kleider, die er nicht zur Zier, sondern aus Lebensnotwendigkeit trug. Im Geist der antiken Philosophenschule der Stoiker mahnen die *Selbstbetrachtungen* zu einem Leben der Selbstkontrolle, Pflichterfüllung und der Gelassenheit gegenüber den unkontrollierbaren Widrigkeiten der Welt – zu einem Leben, in dem individuelle Lebenserfüllung und Engagement für die Gemeinschaft untrennbar verbunden sind.

Gerade weil die *Selbstbetrachtungen* Ergebnis einer authentischen Orientierungsbemühung sind, haben sie viele vergessen lassen, dass ihr Verfasser einer der mächtigsten Menschen seiner Zeit war. Doch vielleicht hat sich in Marc Aurel das Ideal des Philosophenkönigs, wie der griechische Philosoph Platon es in seinem Hauptwerk *Der Staat* propagiert hatte, auf eine sehr eigene Art verwirklicht.

Auf das Ziel, höchste Staatsämter auszuüben, wurde der junge römische Aristokratensohn schon früh vorbereitet. Sein Urgroßvater Annius Verus war aus der Provinz Baetica, dem heute spanischen Andalusien, nach Rom übergesiedelt, um in der karrierefördernden Nähe des Machtzentrums zu leben. Sein Sohn gleichen Namens, der Großvater Marc Aurels, erwies sich als der erfolgreiche Strippenzieher der Familie: Selbst dreimal Konsul, schaffte er es, durch geschickte Verheiratung seiner Kinder die Familie in den Fokus des kaiserlichen Hofes zu bringen. Einer seiner Söhne heiratete Domitia Lucilla, die mit dem amtierenden Kaiser Hadrian verwandt war. Im Jahr 121 brachte sie, im Alter von 14 Jahren, ihren ersten Sohn Catilius Severus auf die Welt. Erst durch spätere Adoptionen erhielt er den Namen Marcus Aurelius, unter dem wir ihn heute kennen.

Marc Aurel besuchte nie eine öffentliche Schule oder Universität, sondern wurde von gut bezahlten, von seinem Großvater engagierten Hauslehrern unterrichtet. In den ersten Lebensjahren waren dies in der Regel Sklaven oder sogenannte »Freigelassene«, also ehemalige Sklaven, denen man nach verdienstvoller Arbeit die Freiheit gegeben hatte. Durch einen solchen Freigelassenen, Diognetos, machte Marc Aurel erste Bekanntschaft mit der Philosophie. Auch der Grieche Epiktet, ein Vertreter der stoischen Schule, der mit seinem *Handbüchlein der Moral* und seinen *Unterredungen* großen Einfluss auf Marc Aurel ausüben sollte, war ein Freigelassener.

Die Philosophie regte den jungen Marc Aurel dazu an, wie es in den *Selbstbetrachtungen* heißt, »ein Feldbett mit Fell« zu begehren »und was dergleichen mit der griechischen Lebensweise zusammenhängt«. Er identifizierte, wie viele Römer, Philosophie mit den griechischen Denktraditionen. Diese hatten in römischer Zeit aber eine besondere, nämlich lebenspraktische Färbung angenommen. Die meisten römisch-hellenistischen Philosophenschulen empfahlen eine vernunftbestimmte Lebensform, die eine Beschränkung auf die wirklich notwendigen Bedürfnisse forderte. Vorbild war die Figur des 399 v. Chr. hingerichteten Sokrates, der nie eine Schrift verfasst und ausschließlich durch seine Persönlichkeit und seine Gesprächskunst gewirkt hatte. Die Philosophenschule der Kyniker, die sich auf Sokrates berief, lehnte sogar jede Theorie ab und verstand Philosophie ausschließlich als bedürfnislose und selbstgenügsame Lebenspraxis. Die Stoiker als die im Römischen Reich einflussreichste Schule nahmen wiederum viele Einflüsse der Kyniker in ihre Lehre auf.

Fasziniert von der Welt der Bücher, wusste der junge Marc Aurel dennoch von frühem Alter an, dass er auf hohe politische Ämter vorbereitet wurde. Der Weg nach oben wurde ihm nicht nur durch seine Herkunft, sondern vor allem durch die im römischen Kaisertum übliche Adoptionspraxis geebnet.

Die Adoption des gewünschten Nachfolgers war ein von römischen Kaisern häufig benutztes politisches Instrument, wenn eigene Nachkommen ausblieben. So adoptierte Kaiser Hadrian kurz vor seinem Tod einen Onkel Marc Aurels, Antonius Pius, mit der Auflage, dass dieser wiederum Marc Aurel adoptiere. Dieser hatte bereits eine Adoption durch seinen Großvater hinter sich, der an die Stelle seines früh verstorbenen Vaters getreten war. Auf diesem Weg wurde Antonius Pius im Jahr 138 neuer Kaiser und Marc Aurel sein designierter Nachfolger.

Als solcher hatte er sich auf seine Rolle als künftiger Kaiser vorzubereiten. Doch in den 23 Jahren, in denen Marc Aurel ein Herrscher im Wartestand war, blieb ihm genügend Zeit zur Lektüre und Weiterbildung. Von seinem 18. Lebensjahr an stand zunächst die Rhetorik im Mittelpunkt seiner Ausbildung. Sie galt in der Antike als Grundlagenwissenschaft und vermittelte nicht nur stilistisches Handwerkszeug, sondern auch allgemeine literarische Bildung. Seine Lehrer waren zwei renommierte Intellektuelle, Cornelius Fronto und Herodes Atticus. Besonders Fronto, zu dem der junge Marc Aurel ein enges persönliches Verhältnis entwickelt hatte, war nicht begeistert, als sein Schützling sich schließlich ganz der Philosophie zuwandte. Doch Marc Aurel wollte nicht nur Kulturtechniken, sondern auch Wissen über das richtige Verhältnis des Menschen zur Welt erwerben.

Seine eigentliche »Bekehrung« zur Philosophie wird allgemein für das Jahr 146 angenommen, als er 25 Jahre alt war. Unter Leitung seiner neuen Lehrer, darunter der Grieche Apollonios von Chalkedon und die beiden römischen Senatoren Iunius Rusticus und Claudius Maximus, lernte er vor allem die Philosophie der Stoiker kennen. Sie war im 4. vorchristlichen Jahrhundert von dem Zyprer Zenon begründet worden und nach der »bunten Säulenhalle« in Athen, der »Stoa Poikile«, benannt. Die Grundregel der Stoiker lautete: »Lebe einstimmig!« Für ein tugendhaftes und glückliches Leben hieß dies, sich von »unnatürlichen« Bestrebungen frei zu machen und ein Leben in Übereinstimmung mit der Natur zu führen.

Alle Stoiker betonten den Unterschied zwischen dem, was in der Macht des Menschen liegt, und dem »Unverfügbaren«, das dem menschlichen Einfluss entzogen bleibt. Marc Aurel fand den Zugang zur stoischen Philosophie durch die Lektüre des Ariston von Chius, eines Schülers Zenons, der die Grenze zwischen Verfügbarem und

Unverfügbarem besonders eng zog. Ariston erklärte all das, was außerhalb der tugendhaften, vernünftigen Einstellung liegt, für gleichgültig. Äußere Ereignisse wie Krankheit, Tod, aber auch Ruhm und Erfolg wurden damit belanglos. Der Mensch sollte sie als normalen Teil des Weltlaufs akzeptieren, sich aber nicht von ihnen beeinflussen lassen.

Wie die meisten antiken Philosophenschulen propagierten die Stoiker das Ideal des Weisen, der Glück und Tugend im Zustand des »Seelenfriedens« verwirklicht. Die Stoiker nannten diesen Zustand »apathia«. Das griechische »pathos« ist eng mit dem deutschen »pathologisch« verwandt und meint einen unnatürlichen, krankhaften, die psychische Stabilität gefährdenden Affekt. »Apathia« bedeutet deshalb »Affektfreiheit«, ein Zustand also, in dem alle destabilisierenden Affekte ausgeschaltet sind und der nichts mit gefühlloser Dumpfheit oder radikaler Abtötung von Sinnesregungen zu tun hat. Obwohl die Stoiker wie fast alle antiken Philosophenschulen eine »eudämonistische«, also eine Glücksethik vertraten, hatte die frühe stoische Ethik einen strengen, zum Teil lustfeindlichen Zug: Im Mittelpunkt stand die Affektausschaltung.

Dazu verhilft dem Menschen die Einsicht in die Vernunftgemäßheit seines Handelns. Die Losung des Sokrates, »Tugend ist Wissen«, war eine Art ethisches Forschungsprogramm, das von den antiken Philosophenschulen inhaltlich ganz unterschiedlich ausgefüllt wurde. Die Epikureer, die Schule des Philosophen Epikur, sahen im Gegensatz zu den Stoikern die Tugend in der »hedoné«, der »Lust« oder »Freude«, verwirklicht. Bei Licht besehen, wollten jedoch auch sie nichts anderes als ein vernünftiges, maßvolles und naturkonformes Leben.

Aus der Zeit der späten Stoa, die sich ab dem 2. vorchristlichen Jahrhundert ausprägte, erlangten für Marc Aurel besonders Epiktet, den er durch Iunius Rusticus kennen lernte, und Panaetios Bedeutung. Vor allem bei dem auf Rhodos lebenden Syrer Panaetios, einem der Lehrer Ciceros, wurde der Unterschied zu anderen Philosophenschulen abgemildert. Seine etwas pragmatischere Ethik ließ auch materielle Güter und eine »naturgemäße Lust« als Mittel zum Glück gelten und rückte damit in die Nähe der epikureischen Auffassungen.

Marc Aurel folgte seinem Onkel im Jahr 161 auf den Kaiserthron. Sein Herrschaftsantritt fiel mit einer Zäsur in der Geschichte des riesigen Römischen Reiches zusammen. Eine lange Periode der Stabilität und des Friedens endete. Von nun an musste sich jeder Kaiser ständig mit Angriffen auf das Reichsgebiet auseinandersetzen. Dies führte dazu, dass Marc Aurel den größten Teil seiner Herrscherzeit auf Feldzügen verbrachte, vor allem im Osten und Norden des Reichs – auf dem Gebiet der heutigen Türkei, in Syrien und entlang der Donau.

Auf diesen Feldzügen entstanden in den Abend- und Nachtstunden die *Selbstbetrachtungen*. Hier musste Marc Aurel tatsächlich eine »griechische« Lebensweise praktizieren: in Zelten wohnen, auf Feldbetten schlafen, Erschöpfung und körperliche Leiden überwinden. Das zweite Buch der Schrift enthält den Hinweis: »im Quadenlande am Gran geschrieben«, das dritte den Vermerk: »in Carnuntium geschrieben«.

Die Feldzüge gegen die Quaden, die etwa auf dem Gebiet der heutigen Slowakei beheimatet waren, führten Marc Aurel zwischen 171 und 173 mehrmals in das Tal des Gran, eines linken Nebenflusses der Donau. Auch in Carnuntium an der Donau, dem heutigen zwischen Wien und Bratislava gelegenen Petronell, hatte Marc Aurel in diesen Jahren häufig sein Feldlager aufgeschlagen.

Der Beginn der Niederschrift der *Selbstbetrachtungen* kann also zwischen 170 und 175 angesetzt werden. Wann die Schrift ihre heutige Gestalt erhielt, wissen wir nicht genau. Das heutige erste Kapitel, in dem Marc Aurel ausführlich allen dankt, die positiv auf ihn Einfluss genommen haben, wurde jedenfalls erst nachträglich an den Anfang der Schrift gesetzt. Das ursprünglich erste ist demnach das heutige zweite Kapitel.

Anlehnend an die stoische Tradition kreisen die Aufzeichnungen der *Selbstbetrachtungen* um drei große Themen: um die Haltung des Menschen gegenüber dem Kosmos, gegenüber anderen Menschen und schließlich gegenüber sich selbst.

In der westlichen Kultur ist man, unter christlichem Einfluss, gewohnt, dem Menschen eine besondere Stellung in der Natur zuzugestehen: als »Krone der Schöpfung«, als »Ebenbild Gottes« oder einfach als einziges Wesen, das durch Vernunft, Bewusstsein und Sprache sich von allen anderen Wesen grundlegend unterscheidet. Das christliche Menschenbild begann sich auch schon unter der Herrschaft Marc Aurels bemerkbar zu machen – doch es blieb eine Minderheitenmeinung. Das Bild, das Marc Aurel selbst vom Verhältnis des Menschen zur Welt zeichnet, ähnelt demgegenüber eher einem klassischen chinesischen Gemälde, in dem der Mensch einen eher unscheinbaren Platz einnimmt und harmonisch in die Natur eingefügt erscheint. Vernunft ist bei Marc Aurel kein Privileg des Menschen. In seiner optimistischen Betrachtungsweise wird die Welt von einer alles durchwaltenden, kosmischen und ewigen Weltvernunft bestimmt.

Diese Weltvernunft ist auch gemeint, wenn Marc Aurel von der »Natur« oder zuweilen von »Gott« spricht. Marc Aurels Auffassung von Gott ist pantheistisch, d. h., Gott steht nicht außerhalb der Welt, sondern ist identisch mit dem »logos«, der in ihr wirkenden, allumfassenden kosmischen Weltvernunft. Der Kosmos ist demnach kein bloßer »Stoff« oder eine Ansammlung materieller Teilchen. Er wird zwar materiell vorgestellt, aber als eine lebende, atmende, immer im Fluss befindliche Substanz, die Marc Aurel charakteristischerweise als »Lebewesen« bezeichnet.

Die Erde als Planet wird nach stoischer Vorstellung immer wieder durch »Weltbrände« zerstört, um sich dann wieder zu erneuern – doch der Kosmos selbst ist ewig. Deshalb gibt es auch nicht, wie im Christentum, die Vorstellung einer Zeit, die sich irgendwann erfüllt oder endet. Für Marc Aurel geht die Zeit ins Unendliche – kein Zeitabschnitt in der Vergangenheit oder Zukunft ist besonders ausgezeichnet. Die Zeit ist ein großer Raum, in dem jede Stelle die gleiche Bedeutung hat.

Wie die meisten Stoiker vertritt Marc Aurel einen Determinismus – die Auffassung, dass alles im Kosmos notwendig nach dem Gesetz von Ursache und Wirkung geschieht. Dieser ist zugleich ein

Fatalismus – der Glaube an die Vorherbestimmtheit allen Geschehens durch das Schicksal. Wenn in den *Selbstbetrachtungen* vom Kosmos als dem »von der Vorsehung Durchwalteten« die Rede ist, dann sind die ewigen Naturgesetze gemeint, denen alles unterworfen ist.

In der Weltvernunft ist auch die Natur mit der Welt des Menschen verbunden. Marc Aurel kennt nicht die uns heute geläufige Trennung zwischen Natur einerseits und Kultur und Gesellschaft andererseits. Auch die politische und kulturelle Welt hat für ihn Anteil an der Weltvernunft. Marc Aurel ist einer der ersten bekannten »Kosmopoliten«: Der Kosmos selbst ist wie eine große Polis, ein Gemeinwesen, in dem alle Menschen auf der Basis der Gleichheit miteinander verbunden sind. Die Welt, so Marc Aurel, ist »gleichsam eine Stadt«. Die politische und moralische Vernunft, also die Art, wie das menschliche Zusammenleben gestaltet werden sollte, ist für ihn im Grunde die gleiche Vernunft, die auch die Natur beherrscht. Pflichtgemäß handeln und naturgemäß handeln – das sind für Marc Aurel deshalb auch zwei Seiten derselben Medaille.

Die Mittel des richtigen, pflichtgemäßen und tugendhaften Handelns liegen in der menschlichen Natur. Marc Aurel spricht an mehreren Stellen von der Dreiteilung dieser Natur in Körper, Seele, Geist oder auch in Fleisch, Lebenshauch – dem griechischen »pneuma« – und Vernunft. Gemeint ist jeweils das Gleiche. Es wird eine Abstufung angenommen, die von körperlichen Bedürfnissen über seelische Regungen bis zum rationalen Vermögen führt. Eine solche Dreiteilung hat in der griechischen Philosophie eine lange Tradition und findet sich schon mehrere hundert Jahre vorher bei Platon. Das rationale Vermögen, die Vernunft also, gilt dabei als das Leitungsvermögen, das die anderen menschlichen Regungen führen und kontrollieren soll. Die Vernunft ist es auch, die den Menschen mit der kosmischen Weltvernunft verbindet.

Für den einzelnen Menschen geht es nun darum, seine individuelle Vernunft mit der kosmischen Vernunft in Einklang zu bringen, sich – in der Sprache der modernen Computerkommunikation – in die Weltvernunft »einzuloggen«. Dies geschieht dadurch, dass der

Mensch eine bestimmte Einstellung gegenüber der Welt entwickelt: Nicht die Dinge und Ereignisse selbst kann ich verändern, wohl aber das Licht, in dem ich sie betrachte. Das Glück liegt für Marc Aurel allein in dieser Einstellung und nicht im Erwerb äußerer Güter.

Die *Selbstbetrachtungen* versuchen, den Weg zu dieser richtigen Einstellung und damit den Zugang zur Weltvernunft in den verschiedensten Lebens- und Alltagssituationen aufzuzeigen. Abschnitt II, 9 des Buches fasst in einem Satz den Anspruch zusammen, vor den sich der Mensch gestellt sieht: »Daran ist immer zu denken, welches die Natur des Alls ist und welches die meine und wie sich diese zu jener verhält und was für ein Teil sie ist und von was für einem Ganzen und dass es niemanden gibt, der dich hindern kann, was der Natur, deren Teil du bist, gemäß ist, immer zu tun und zu sagen.« Der Mensch soll sich als integrierter Bestandteil einer allumfassenden Natur sehen lernen und danach sowohl sein Handeln als auch seine Urteile über Dinge und Ereignisse ausrichten.

Gefordert wird dabei eine dreifache Perspektive: 1. der richtige Blick auf die Dinge, indem ich sie in einem »natürlichen« Licht, d. h. als Teil des unveränderbaren Ablaufs von Ursachen und Wirkungen sehe; 2. das richtige Verhalten gegenüber anderen Menschen; und 3. die Befreiung meiner Urteile von falschen Annahmen und Wertungen. Jede dieser angestrebten Perspektiven dient dazu, den Menschen von »pathologischen« Affekten zu befreien und ihn zum Glück zu führen. Im 12. Buch der *Selbstbetrachtungen* wird diese dreifache Aufgabe des Menschen noch einmal zusammengefasst: »Das Heil unseres Lebens: jedes Ding durch und durch betrachten, was es an sich ist, was sein Stoffliches, was sein Ursächliches. Von ganzem Herzen das Gerechte tun und die Wahrheit sagen.« Realistische Weltbetrachtung, Gerechtigkeit und Wahrheit sind die drei Ziele, die in den Meditationen der *Selbstbetrachtungen* immer wieder umkreist werden.

Diese dreifache Perspektive, die Marc Aurel von Epiktet übernommen hat, entspricht auch der stoischen Einteilung der Philosophie in Physik, Ethik und Logik. Die Physik hat mit unserer Natur- und Weltsicht zu tun und entspricht unserer heutigen Naturphilosophie und Metaphysik. Die Ethik befasst sich mit dem zwischenmenschlichen Handeln. Unter Logik wiederum verstanden die Stoiker nicht nur das, was wir heute als »formale Logik« kennen, sondern auch die Erkenntnistheorie und vor allem alles, was mit sprachlichen Äußerungen über die Welt zu tun hat, also auch Rhetorik und die Kunst des Argumentierens. Will der Mensch seine individuelle Vernunft mit der Weltvernunft in Einklang bringen, so muss er das physikalische, ethische und logische Anliegen miteinander verknüpfen.

Schon der Beginn des zweiten Buches gibt ein Beispiel dafür, wie dies im Alltag geschehen kann. Der Autor stellt sich vor, an diesem Tage mit einem »unverschämten, arglistigen, neidischen, unverträglichen Menschen« zusammenzutreffen. Diesem Menschen aus dem Weg zu gehen oder mit ihm einen Konflikt auszutragen – das ist nicht die Art des Stoikers. Marc Aurel setzt vielmehr voraus, dass dieser Mensch durch Geist und göttlichen Anteil mit ihm verwandt ist. Wie die östlichen Meditationslehren glaubt er, dass alle Menschen nicht nur miteinander verbunden, sondern durch den Vernunftbezug im Grunde alle eins sind. Der physikalische Blick zeigt ihm, dass der andere wie er selbst Teil derselben Natur ist. Was aber zusammengehört und Teil desselben Ganzen ist, kann sich nicht schädigen. Die Vorstellung des Schädigens kommt erst durch mein Urteil, meine falsche Annahme über diesen Menschen ins Spiel. Wenn ich das Urteil »Ich bin geschädigt« aus meinem Vokabular tilge, *bin* ich auch nicht geschädigt. Es ist Aufgabe der Logik, aus meinen falschen Annahmen wahre Überzeugungen zu machen, indem ich den Blickwinkel für meine Wertungen verändere. Wem ich an einem bestimmten Tag begegne, steht nicht in meiner Macht, wohl aber die Art, wie ich diesen Menschen betrachte und ihm entgegentrete.

Die ethische Folgerung lautet nun, dass ich mich dem anderen zuwenden muss, denn »einander entgegenhandeln ... ist naturwidrig«. Erst jetzt, in der richtigen Betrachtung und mit der richtigen moralischen Einstellung, habe ich meine eigene Vernunft mit der Weltvernunft vernetzt.

Ein weiteres, häufig von Marc Aurel ins Spiel gebrachtes Beispiel ist unser Verhältnis zum Tod. Die Stoiker kannten weder ein Jenseits noch die Auferstehung und Unsterblichkeit des Individuums. Im Tod trennen sich Körper und Seele – der Körper löst sich schnell auf, die Seele lebt noch etwas länger fort und verblasst schließlich auch. Der Tod bietet für Marc Aurel keinen Anlass zur Dramatisierung. Er ist nicht, wie im Christentum, Scheidepunkt für den Weg in den Himmel, in die Hölle oder ins Fegefeuer. Er bedeutet schlicht, dass der Mensch sich in die Elemente auflöst, aus denen er ursprünglich entstanden ist – er kehrt in den Schoß der Natur zurück. Was ich im Leben bin – Teil eines ewigen, gesetzmäßigen Geschehens –, das bleibe ich auch nach dem Tod.

Marc Aurel plädiert für Gelassenheit gegenüber dem Tod und gleichzeitig für Aufmerksamkeit gegenüber dem Leben. Jedem ist innerhalb des ewigen Zeitverlaufs eine begrenzte Zeitspanne zugeteilt, die er nicht kennt, über die er aber verfügen muss. Statt sich der Vergangenheit oder der Zukunft zuzuwenden, sollte der Mensch die für ihn reale Zeit, die Gegenwart nämlich, nutzen. Aus der kosmischen Perspektive ist unser Leben ohnehin nur ein winzig kleines Teilchen des Weltganzen. Was ist Schlimmes daran, so fragt Marc Aurel am Ende des Buches, wenn uns die Natur, die uns hergeführt hat, wieder wegschickt? Im vernunftbestimmten Kosmos gibt es keine existenziellen Dramen. »Geh also heiter weg«, so lautet der letzte Satz, »denn auch der, der dich entlässt, ist heiter.«

Marc Aurel selbst hat sein Manuskript nie veröffentlicht. Es wurde dennoch für die Nachwelt aufbewahrt, aber erst 1559 in Zürich zum ersten Mal gedruckt. Für die Philosophiegeschichte erlangte es insofern große Bedeutung, als nun eine der wenigen vollständig überlieferten Schriften der stoischen Schule vorlag. Die hier formulierten Vorstellungen einer kosmischen Weltvernunft finden sich in der Neuzeit u. a. im Pantheismus Spinozas oder in der Metaphysik Hegels wieder.

Dennoch haben sich die *Selbstbetrachtungen* weniger im akademischen Lehrbetrieb als vielmehr bei denen durchgesetzt, die die Philosophie in engem Bezug zur Lebenskunst sehen. Als klassisches philosophisches Brevier sind sie, über die Jahrhunderte hinweg, zum Lebensbegleiter von Menschen geworden, die ihr Leben mit Hilfe der Philosophie ausrichten wollten, ohne sich auf scholastische Spitzfindigkeiten einlassen zu müssen. Nicht zufällig gehörten dazu häufig auch Staatsmänner und Politiker, die sich mit der Rolle eines Philosophen auf dem Thron teilweise oder ganz identifizierten. Friedrich II. von Preußen war ebenso ein eifriger Leser der *Selbstbetrachtungen* wie der ehemalige deutsche Bundeskanzler Helmut Schmidt. Denn entgegen allen Skeptikern, die die Philosophie ins stille Kämmerlein verbannen wollen, demonstrieren die *Selbstbetrachtungen*, dass ein Leben auf der öffentlichen Bühne sich nicht nur mit philosophischen Überlegungen befassen, sondern sich auch von ihnen leiten lassen kann.

Ausgabe:
Marc Aurel: Selbstbetrachtungen. Übertragen und eingeleitet von Wilhelm Capelle. Stuttgart: Kröner 1973.

Schwanengesang der antiken Weisheit
BOETHIUS: Trost der Philosophie (ca. 524)

Beeinflusst die Beschäftigung mit Philosophie unser Leben mehr als, sagen wir, unser Interesse für Computertechnik oder vegetarisches Kochen? Wenn wir uns den Großteil der Berufsphilosophen ansehen, müssen wir diese Frage verneinen. Die meisten von ihnen lehren an Schulen und Universitäten, widmen sich ihrem Gegenstand mit der gleichen Distanz und Routine wie Meeresbiologen oder Anlageberater, unterhalten sich nach Feierabend mit Freunden über Fußball oder mähen ihren Rasen. Ihr Alltag und ihre Haltung zum Leben unterscheiden sich in der Regel nicht von denen anderer Menschen, die nichts mit Philosophie zu tun haben.

Das Beispiel des spätrömischen Philosophen Anicius Manlius Torquatus Severinus Boethius zeigt uns aber, in welch enge, geradezu existenzielle Beziehung die Philosophie zum Leben eines Menschen treten kann. Boethius schrieb sein berühmtestes Buch, *Philosophiae Consolationis*, zu Deutsch: *Trost der Philosophie*, zu einem Zeitpunkt, als er im Gefängnis saß und wusste, dass ihm der Tod bevorstand. In dieser Situation, in der es keine Zeit mehr zu verlieren gab und sich das Wichtige vom Unwichtigen schied, wandte er sich der Philosophie zu und machte sie zur Begleiterin, Beraterin und Gesprächspartnerin.

Dabei lässt er viele der Motive anklingen, die die antike Philosophie über tausend Jahre hinweg bestimmt hatten. Vor allem aber besinnt er sich auf ihre ursprüngliche Aufgabe: den Menschen weise zu machen und ihm Lebensorientierung zu geben. *Trost der Philosophie* ist nicht die theoretische Übung eines Gelehrten, der eine erzwungene Untätigkeit damit überbrückt, sich die Tradition zu vergegenwärtigen. Es ist vielmehr philosophische Praxis im ursprünglichen Sinn: der Versuch, im Angesicht des Todes die Inhalte des Denkens unmittelbar mit der Aufgabe der Lebensbewältigung zu verknüpfen.

Dies geschah, wenige Jahre bevor die berühmteste Institution der antiken Philosophie, die von Platon begründete Akademie, 529 in Athen geschlossen wurde. Die Philosophiehistoriker setzen mit diesem Datum das Ende der Antike und den Beginn der mittelalterlichen Philosophie an. *Trost der Philosophie* wird damit zum Schwanengesang antiker Weisheit, ein Nachruf auf eine große Denktradition und zugleich ein philosophisches Testament für die Nachwelt. Für seinen Autor enthielt es vor allem die Botschaft, dass die Philosophie es ist, die in den unberechenbaren Wechseln des Lebens bleibt und Halt gibt.

Der aus einem alten römischen Adelsgeschlecht stammende Boethius hatte solche Wechsel in seinem eigenen Leben schmerzlich erfahren. Er, den Fähigkeiten, Glück und Gunst bis in die höchsten Staatsämter trugen, beschloss sein Leben als ein zum Tode verurteilter Staatsfeind. Wie viele seiner Zeitgenossen wurde auch er in den Strudel einer turbulenten historischen Epoche hineingerissen.

Bereits Ende des 4. Jahrhunderts hatte sich das Römische Reich in einen West- und einen Ostteil gespalten. Die Geburt des Boethius um 480 fiel bereits in die Zerfallszeit Westroms. Dessen letzter Kaiser, Romulus Augustus, war im Jahr 476 von dem germanischen Heerführer Odowaker abgesetzt worden, als dieser Italien eroberte. Zur Zeit von Boethius war Rom eine Stadt, deren Glanzzeit schon Geschichte war und die inzwischen ihre Hauptstadtfunktion im Osten zugunsten von Konstantinopel und im Westen zugunsten von Ravenna verloren hatte. 493 schließlich eroberten die Ostgoten, vom nördlichen Balkan kommend, Italien und setzten sich für einige Jahrzehnte als neue Herrscher fest. Unter der Herrschaft des Ostgotenkönigs Theoderich vollzog sich der Aufstieg und Fall des Boethius.

Boethius wuchs im christlichen Glauben auf, der seit 391 im Römischen Reich Staatsreligion war. Doch die Geisteswelt der griechischen und römischen Literatur prägte seine Bildung sehr viel mehr. Schon von Jugend an beschäftigte er sich mit Philosophie. Einer langen Tradition des römischen Adels folgend, ging er zum Studium nach Athen, der alten Hauptstadt der klassischen griechischen Philosophie. Zwar hatte die Stadt ihren Status als politisches Zentrum verloren, war aber eines der wichtigsten kulturellen Zentren geblieben.

Boethius lernte hier während seines Studiums die vier einflussreichsten Philosophenschulen der Antike kennen, die alle von Athen ihren Ausgang genommen hatten: die Akademie Platons, die von Aristoteles begründete peripatetische (von griech. »peripatos« = »Wandelgang«) Schule, die Stoiker und die nach ihrem Gründer Epikur benannte epikureische Schule. Die Lehren aller vier Schulen waren durch römische Philosophen wie Cicero und Seneca an breite Bildungsschichten vermittelt worden, hatten dabei einen ausgesprochen lebenspraktischen Zug angenommen und ihre Gegensätze abgeschliffen. Allen gemeinsam war z. B. die Forderung nach einem vernunftgemäßen Leben, das die Leidenschaften unter Kontrolle hält und zwischen notwendigen und nichtnotwendigen Bedürfnissen zu unterscheiden vermag. Platoniker, Peripatetiker und Stoiker teilten zudem die Überzeugung, dass dem Kosmos eine vernunftgemäße Ordnung zugrunde liegt, in die sich der Mensch durch ein entsprechendes Leben einzufügen habe.

Das ausgesprochene Interesse des Boethius für Naturforschung verrät den Einfluss der Tradition des Aristoteles. Doch am meisten zugehörig fühlte er sich der platonischen Schule, die zu seiner Zeit vom sogenannten »Neuplatonismus« geprägt wurde. Diese auf den Philosophen Plotin (204–269) zurückgehende Richtung hatte ausgesprochen mystische und religiöse Züge. Wie Platon selbst ging Plotin von einer niederen materiellen und einer höherstehenden geistigen Welt aus, die für ihn in dem »Einen« gipfelte, in dem sich alle Wirklichkeit konzentriert. Je geistiger die Dinge sind, umso mehr sind sie vom Einen durchdrungen und umso wirklicher sind sie; je materieller sie sind, umso unwirklicher sind sie. Die Erkenntnis des Einen folgt einem Stufenweg, der bei den sinnlich wahrnehmbaren Dingen beginnt und bis zu einer visionären geistigen Schau fortschreitet, die nicht mehr mithilfe der Sprache beschrieben werden kann.

Das Eine hat jedoch nicht nur eine metaphysische und erkenntnistheoretische Bedeutung. Es ist gleichzeitig geistiges Prinzip der
Welt und Inbegriff des moralisch Guten. Daraus entstand das für
den Neuplatonismus charakteristische Verständnis des Bösen: Das
Böse wird zu einem Mangel an Wirklichkeit, zu einer Entfernung
von dem Einen. Es hat keinen eigenen Wirklichkeitsgehalt.

Es fiel Boethius nicht schwer, sein Christentum mit neuplatonischen Auffassungen zu verbinden. Auch der christliche Gott wurde
als Inbegriff des Guten und höchste Form der Wirklichkeit verstanden. Die Abwertung der materiellen gegenüber der geistigen Welt
war inzwischen schon, über den frühchristlichen Augustinus, vom
Christentum übernommen worden.

Für Boethius war die Philosophie zunächst Gegenstand des Studiums und der Forschung. In einer zunehmend von germanischen
Eindringlingen dominierten Welt nahm er sich vor, möglichst viel
von der antiken philosophischen Tradition an die Nachwelt zu ver-
mitteln. So wollte er das gesamte Werk des Platon und des Aristoteles
ins Lateinische übersetzen. Wie viel davon er verwirklicht hat, ist uns
nicht bekannt. Immerhin wissen wir, dass er die meisten logischen
Schriften des Aristoteles und die zugehörigen Kommentare des Plo-
tin-Schülers Porphyrios übersetzt hat. Auch Kommentare zu Cicero
und einige christliche Traktate sind uns erhalten.

Beeindruckend ist diese philosophische Vermittlungs- und Bil-
dungsarbeit vor allem deshalb, weil Boethius sie neben seinen politischen Ämtern betrieb. Wie die meisten Römer sah er seine Bestimmung nicht in der Lebensform des Gelehrten, sondern in der des für
das Gemeinwesen engagierten Bürgers. Durch gute Beziehungen
zum Ostgotenherrscher Theoderich und durch die Einheirat in eine
einflussreiche römische Familie schuf er dafür die gesellschaftliche
Grundlage. Bereits im Alter von 30 Jahren wurde er Konsul. Als zwölf
Jahre später auch seine beiden Söhne die Konsulwürde erhielten, war
Boethius auf dem Zenit seiner gesellschaftlichen Karriere angelangt.
Auch in der Gunst des Ostgotenherrschers stand er nun ganz oben
und stieg bis zum ersten Minister des Reichs auf.

Doch in einem sehr instabilen, von Herrschergunst und zahlreichen Intrigen bestimmten politischen Klima konnte sich Boethius nicht lange behaupten. Theoderich sah mit Misstrauen auf die römische Aristokratie. Er brauchte sie als Mitstreiter in seiner gegen Ostrom gerichteten Politik, aber er fürchtete, dass die oströmischen und weströmischen Eliten sich hinter seinem Rücken gegen ihn verbünden würden. Dazu kamen religiöse Differenzen, die sich an der damals heftig diskutierten Frage entzündeten, ob Christus nur als Mensch, nur als Gott oder als beides zugleich zu verstehen sei. Die Ostgoten bekannten sich zum sogenannten »Arianismus«, in dem Christus lediglich als Mensch und nicht als Gott angesehen wurde. Die weströmischen Christen wiederum glaubten an die Doppelnatur Gott-Mensch. Im oströmischen Reich wiederum herrschten die »Monophysiten« vor, die Christus nur als Gott ansahen. Diese Fragen, die heute kaum noch die Menschen bewegen, waren damals nicht nur von religiöser, sondern auch von hoher politischer Brisanz. Mit dem Deutungsanspruch über das Christentum war der Herrschaftsanspruch in der Tradition des alten Römischen Reiches verbunden.

Offenbar begann Theoderich den Verdacht zu hegen, Boethius paktiere mit Ostrom. Als dann Mitglieder des römischen Adels gegen Boethius intrigierten und ihn durch gefälschte Briefe belasteten, sah Theoderich die Gelegenheit gekommen, ihn fallen zu lassen. Der offizielle Vorwurf lautete nicht nur auf Hochverrat, sondern auch auf Spiritismus, ein besonders schwer wiegender Vorwurf, weil damit ein Vergehen gegen die Staatsreligion des Christentums gemeint war.

Nach allem, was wir wissen, waren sämtliche Beschuldigungen gegen Boethius falsch. Es war auch schwerlich ein Trost, dass er sich mit dieser Anklage in guter philosophischer Gesellschaft befand: Auch Sokrates war mehrere hundert Jahre zuvor beschuldigt worden, den falschen Göttern gedient zu haben. Wie dieser wurde Boethius Opfer eines politischen Prozesses: Im Jahr 524 verurteilte ihn der römische Senat zum Tode. Seine Versuche, sich zu rechtfertigen, waren erfolglos. Man verbrachte ihn zunächst in Haft, vermutlich nach Pavia, wo er in einer Art Hausarrest lebte.

In dem Jahr, das ihm nun noch bis zu seiner Hinrichtung blieb, wandte Boethius sich wiederum der Philosophie zu. Zwar hatte er sich sein Leben lang mit ihr beschäftigt, doch nun war sein Blick auf sie ein anderer geworden: Sie war kein Lehrgegenstand mehr, sondern ein Lebensgegenstand geworden. Für den Christen Boethius wurde nicht der Glaube, sondern die Tradition des antiken Denkens zum Mittel, mit dem Schicksal, das ihn getroffen hatte, fertig zu werden und sich mit der Gesamtheit seines Lebens zu versöhnen.

Trost der Philosophie ist das Ergebnis dieser existenziellen Begegnung des Boethius mit der Philosophie. Es ist ein Buch, das sich nicht nur durch seine Inhalte, sondern auch durch seine Form an die Traditionen der antiken Philosophie anlehnt. Über weite Passagen ist es als Dialog abgefasst, eine literarische Form, die viele Jahrhunderte vorher in den Schriften Platons zur Meisterschaft entwickelt worden war. Aber es enthält auch kommentierend und erläuternd eingestreute Verse und nimmt dadurch die Tradition des Lehrgedichts auf, die in der römischen Literatur in dem Epikureer Lukrez ihren bekanntesten Vertreter hatte.

Der im Buch geschilderte Dialog findet im Rahmen einer Traumvision statt. Sein Schicksal beklagend, sieht sich der auf seinem Lager ruhende Autor von den Musen, den Göttinnen der schönen Künste, umstanden. Sie werden allerdings von einer weiblichen Gestalt vertrieben, die, so Boethius, obwohl bejahrt, »von frischer Farbe und unerschöpfter Jugendkraft« ist, sodass »sie in keiner Weise unserem Zeitalter anzugehören« scheint. Es ist die Philosophie selbst, die nun als Person auftritt und im Verlauf des Buches dem Autor als Lehrmeisterin und Gesprächspartnerin gegenübertritt.

Es ist also, so wird deutlich, nicht die Dichtung, sondern die Philosophie, die uns in Zeiten höchster Not helfen kann. Mit dem literarischen Kunstgriff, die Philosophie als Person auftreten zu lassen, macht Boethius das philosophische Gespräch, das er mit sich selbst führt, für den Leser erleb- und sichtbarer. Dem schicksalsgeschlagenen, orientierungslosen Menschen tritt mit der Philosophie die Seite der Vernunft gegenüber, die die Mittel besitzt, den Geist des Menschen wieder aufzurichten.

Schon Sokrates und Platon hatten die Philosophie mit einem Arzt verglichen. So wie dieser die Gesundheit des Körpers, kann sie die Gesundheit der Seele wiederherstellen. Im Buch geht sie dabei, wie auch der Arzt, in Etappen vor. Sie wendet sich zunächst den Symptomen zu und versucht, durch milde Arzneien den unmittelbaren Schmerz zu stillen. Boethius soll zunächst lernen, sein eigenes Schicksal in einem neuen Licht zu betrachten. Er muss seine Haltung gegenüber der Welt und seine Bewertung von Ereignissen und Dingen verändern. Dass nicht die Geschehnisse das menschliche Leiden verursachen, sondern die Art, wie der Mensch sich zu ihnen stellt, war eine bekannte Doktrin der Stoiker und anderer spätantiker Philosophenschulen.

Dies ist aber nur der erste Schritt. Ab dem 3. Kapitel greift die Philosophie zu dem, was sie die »schärferen Heilmittel« nennt. Nun geht es nicht mehr nur darum, die Schmerzen zu lindern. Die Behandlung richtet sich nicht mehr auf die Symptome, sondern auf die Wurzel der Krankheit. Der Mensch soll sich über das wahre Glück klar werden und die Richtung seines Lebens ändern.

Für Boethius wie für die gesamte Antike waren das Gute und das Wahre aufs Engste miteinander verbunden. Die uns heute geläufige Trennung zwischen Fragen der theoretischen Philosophie und Fragen der praktischen Philosophie gab es für ihn nicht. Deshalb kann er das Glück nur erlangen, wenn er die Gesetze des Kosmos durchschaut und zu deren letzten Prinzipien vorstößt. Entsprechend werden in den Kapiteln 3 bis 5 nicht nur Themen der Ethik, des vernunftgeleiteten, richtigen Lebens, sondern auch komplexe Themen der Metaphysik angesprochen. Erst dann, so die Botschaft des Buches, wenn der Mensch die letzten Prinzipien der Wirklichkeit erkannt hat, ist er auch in der Lage, sein Leben in eine Übereinstimmung mit der Weltordnung zu bringen.

Mit der zunehmenden Abstraktheit seiner Themen folgt Boethius einer wichtigen Lehre der platonischen und insbesondere neuplatonischen Philosophie: dass nämlich der Erkenntnisweg des Menschen sich in Stufen vollzieht, von den unmittelbaren Wahrnehmungen der Welt bis zu dem höchsten göttlichen Prinzip, von dem alles seinen Ausgang nimmt. Wie Sokrates und Platon, so glaubt auch Boethius, dass das Wissen über die höchsten Dinge schon im Menschen schlummert und durch die Kunst der philosophischen Argumentation geweckt werden kann. Für dieses Bewusstwerden des Wissens benutzt er ein Bild, das Platon in seinem Hauptwerk *Der Staat* in seinem berühmten Höhlengleichnis verwendet hatte. Der Mensch müsse, so Boethius im 4. Buch, seine »an Finsternis gewöhnten Augen zum Lichte einleuchtender Wahrheit erheben«. Die Erlangung philosophischer Erkenntnis gleicht dem Austritt aus dem Schattenreich ins Licht der Sonne.

Obwohl die Tradition der platonischen Philosophie die Argumente des Boethius am stärksten beeinflusst hat, bleibt er doch, wie viele römische Philosophen, ein Eklektiker, d.h. jemand, der die Einflüsse verschiedener philosophischer Schulen miteinander vermischt. Dazu gehören neben denen der aristotelischen Philosophie auch solche der Lebensphilosophie der Stoiker und Epikureer, selbst wenn Boethius im 1. Buch abfällig vom »stoischen und epikureischen Pöbel« spricht. Spuren der spätantiken Philosophenschulen finden sich besonders in den ersten beiden Kapiteln, in denen die »Philosophie« ihn auffordert, sich von weltlichem Glück und Erfolg nicht beeindrucken zu lassen. Fortuna, die Macht, die unser Leben beeinflusst und die im Lateinischen sowohl Glück als auch Schicksal bedeuten kann, ist wankelmütig, die Vernunft hingegen konstant.

Die »Philosophie« erinnert den klagenden Boethius entsprechend daran, dass er, aufgrund seiner langjährigen philosophischen Studien, eigentlich alle Mittel an der Hand hätte, um seine Lebenssituation zu meistern. Ein Blick auf Philosophenschicksale wie das des Sokrates, der von den Athenern zum Tode verurteilt wurde, und das von Seneca, der von Nero zum Selbstmord gezwungen wurde, hätte ihm den wahren Charakter der Fortuna vor Augen führen können. Schon in *Trost der Philosophie* finden wir den uns heute noch bekannten Vergleich der Fortuna mit einem Rad, das sich dreht und den Menschen nach oben heben, aber auch nach unten stürzen kann. Über das Schicksal und damit über das weltliche Glück hat der Mensch keine Macht: Ein gutes Schicksal ist kein Verdienst und ein schlechtes keine Schuld.

Mit der Überzeugung, dass jeder Mensch nach Glück strebt, greift *Trost der Philosophie* auf die Ethik des Aristoteles zurück. Auch für diesen war das wahre Glück an die Vernunftnatur des Menschen gebunden. Wer es erreichen will, muss sich also über seine wahre Natur im Klaren sein. In der mangelnden Erkenntnis der eigenen Natur, in der mangelnden Selbsterkenntnis also, liegt auch nach Meinung der philosophischen Lehrerin der Grund für den beklagenswerten Zustand ihres Schützlings. Entfremdung von der eigenen Natur, also die Abkehr von der Vernunftbestimmtheit, führt zum Streben nach falschen Werten und Gütern. Die Therapie liegt entsprechend in der Selbsterkenntnis und einer Neuausrichtung der eigenen Werte.

Als ein vernunftbegabtes Wesen kann Glück für den Menschen nur in einem Gut liegen, in dem die Vernunft ihre Anlagen verwirklicht und Erfüllung findet. Es muss ein geistiges Gut sein, der geistigen Natur der Vernunft entsprechend; es muss ein dauerhaftes Glück sein, das nicht den Wechselfällen des Lebens unterworfen ist; und es muss vollkommen sein in dem Sinne, dass es nicht Begehrlichkeiten nach noch mehr oder nach etwas anderem weckt. Dies alles ist bei unseren üblichen Glücksgütern wie Macht, Reichtum und Ruhm nicht der Fall. Sie wecken vielmehr unsere Gier und führen letztlich zum Katzenjammer. Nicht sie sind es, die uns einen Zustand des dauerhaften und wunschlosen Glücks verschaffen. Es ist eher umgekehrt: Gerade das, was wir normalerweise Unglück nennen, hilft uns, zur Selbstbesinnung und zur Selbsterkenntnis zu kommen, und ebnet uns dadurch den Weg zum wahren und dauerhaften Glück.

Diese wahre Glückseligkeit, die keine Stimulation braucht und auch keine Nachwehen hat, die sich selbst genügt, vollkommen, einfach und ungeteilt ist, liegt in nichts anderem als dem, wonach alles in Wahrheit strebt. Boethius nennt es »Gott«. Es ist, in neuplatonischer Tradition, das »Gute« und das »Eine«, das höchste Gut, die höchste Glückseligkeit und gleichzeitig die höchste Form der Wirklichkeit.

Boethius ruft diesen Gott an als »Schöpfer des Himmels und der Erden« und weckt damit Vorstellungen, die wir mit dem christlichen Gott verknüpfen. Doch sein Gott erschafft die Welt nicht aus dem

Nichts. Wie fast alle Philosophen der Antike glaubt auch Boethius, dass der Kosmos ewig ist und dass aus »nichts« nichts entstehen kann. Sein Gott ist, wie es im Buch heißt, »selbst nimmer bewegt, bewegend das Weltall« und das »All vom Urbild her« leitend. Er ist kein persönlicher Gott, sondern – in Anlehnung an den »unbewegten Beweger« in der *Metaphysik* des Aristoteles, an die Idee des Guten in der Philosophie Platons und an das »Eine« Plotins – ein kosmologisches Prinzip, das die Welt schafft, indem er als Urbild und Zielpunkt aller Wirklichkeit den gesamten Kosmos in Bewegung hält und ihm eine Art »Wirklichkeitsenergie« verleiht. Der Mensch ist durch seine Vernunft fähig, sich auf dieses göttliche Wirken auszurichten und sich mit ihm in Einklang zu setzen. Darin besteht die Verwirklichung seines Glücks. Es ist, so könnte man sagen, ein Glück, das in der Kontemplation der ewigen kosmischen Gesetzmäßigkeit liegt. Wie Plotin und die Neuplatoniker glaubte auch Boethius, dass durch eine solche Teilhabe am göttlichen Wirken auch der Mensch göttlich wird.

Mit der Identifizierung von »Glück« und »Gott« wird die Verbindung zwischen Ethik und Metaphysik offensichtlich. Deshalb sind auch im anschließenden Verlauf des Zwiegesprächs zwischen Boethius und der Philosophie ethische und metaphysische Fragen eng miteinander verschränkt. Sie alle umkreisen das Problem, wie dieser vollkommene Gott mit unserer Erfahrung der Welt in Übereinstimmung zu bringen ist, ein Problem, das die monotheistischen Religionen wie Judentum, Christentum und Islam bis heute beschäftigt. Dazu gehört das sogenannte »Theodizee«-Problem (von griech. »theos« = Gott und griech. »dike« = Recht), das Problem also, wie sich die Idee eines allmächtigen und guten Gottes mit der Realität des Bösen in der Welt vereinbaren lässt. Eigentlich müsste ein solcher Gott das Böse verhindern. Wenn er kann, aber nicht will, ist er kein guter Gott. Wenn er will, aber nicht kann, ist er nicht allmächtig.

Hier bietet das Buch eine typisch neuplatonische Lösung an: Das Böse hat nämlich, im strengen Sinne des Wortes, gar keine eigene Wirklichkeit. Wirklich im eigentlichen Sinne ist nur das, was von Gott durchdrungen ist. Für Boethius gibt es also zwei verschiedene

Arten des Seins: die eigentliche Art, die in Übereinstimmung mit der Weltvernunft steht; und eine negative Art, die in der Entfernung von Gott als der wahren Wirklichkeit besteht. Das Böse, das wie alles nach der göttlichen Wirklichkeit strebt, hat sich im Weg geirrt und ist vom Pfad der Weltvernunft abgewichen. Es existiert im »eigentlichen« Sinne nicht, weil, wie Boethius im 4. Buch schreibt, dasjenige aufhört zu sein, »was vom Guten abfällt«. Das Böse ist nichts anderes als eine negative Art des Seins, ein »Nicht-Sein«. So kommt das Buch zu der zunächst befremdlichen, aber in der Argumentation konsequenten Auffassung, dass »alles, was ist, offenbar auch gut ist«.

Ist in der Welt also alles vorausbestimmt und geregelt? Sitzt der Mensch in einem Netz, das von Gott schon längst festgezurrt ist? Damit ist man beim Problem der göttlichen Vorsehung und des Determinismus, also der Auffassung, dass alles, was geschieht, der Gesetzmäßigkeit von Ursache und Wirkung unterliegt und es daher auch keine Willensfreiheit des Menschen gibt, die diese festgefügte Kette von Ursache und Wirkung durchbrechen könnte. Wie können wir dann aber, so der Einwand des Boethius, für unsere Handlungen moralisch verantwortlich sein? Und warum, so ein weiterer Einwand, geht es in einer Welt, in der Gott alles zum Besten bestellt hat, vielen Schurken so gut und vielen moralisch guten Menschen so schlecht?

Die Antwort der »Philosophie« besteht darin, wiederum zwei verschiedene Arten von Wirklichkeit voneinander zu unterscheiden:, die Wirklichkeit Gottes und die Wirklichkeit des Menschen. Mit anderen Worten: Gott spielt in einer anderen Liga. Er lebt nicht in der Zeit, sondern in der Ewigkeit. Für ihn gibt es streng genommen gar keine »Vorsehung«, denn die Trennung zwischen Vergangenheit, Gegenwart und Zukunft ist bei ihm aufgehoben. Er »sieht« nichts »voraus«, weil es für ihn kein Voraus gibt, sondern nur eine Gegenwart, in der alles gleichzeitig ist. Göttliches Wissen kann keine »Ursache« von Geschehnissen sein, weil Gott außerhalb der zeitlichen Abfolge von Ursache und Wirkung steht. Deshalb schließt die göttliche Vorsehung die Willensfreiheit des Menschen nicht aus. Nur für uns Menschen, für die sich die Wirklichkeit als zeitlicher Ablauf darstellt und deshalb immer nur bruchstückhaft erfahrbar ist, sieht es so aus, als sei das göttliche Wissen mit der Determination der Ereignisse verbunden. Unser Begriff des Vorauswissens denkt notwendigerweise immer die zeitliche Dimension – und damit den Bezug zur Zukunft – mit.

Diese Version der sogenannten »Zwei-Welten-Theorie«, dass menschliche Erkenntnis in den Anschauungsformen von Zeit und Raum befangen und uns die Welt jenseits davon, die Welt des »Dings an sich«, verborgen bleibt, hat sich noch bis zu Kants *Kritik der reinen Vernunft* im 18. Jahrhundert erhalten.

Dass die menschliche Vernunft nicht die Zusammenhänge durchschaut, die für das göttliche Auge offenbar sind, gilt nach Boethius auch für das Verständnis der Tatsache, dass es schlechten Menschen scheinbar gut und guten scheinbar schlecht geht. Wir verstehen nicht, weil wir nicht, wie Gott, alles sehen. Im Gegensatz zu Gott bleibt der menschlichen Vernunft verborgen, welchen moralischen Stellenwert die Handlungen der Menschen innerhalb des großen Ganzen wirklich haben. Dem Menschen bleibt gewissermaßen nur der Seufzer: Wer weiß, wozu es gut ist! Er muss, so Boethius am Ende des Buches, der Gerechtigkeit Gottes vertrauen und gleichzeitig anerkennen, dass ihm die göttliche Perspektive unerreichbar ist: »Es bleibt, alle Dinge von oben überblickend, ein vorauswissender Gott, und die immer gegenwärtige Ewigkeit seines Schauens trifft mit der zukünftigen Beschaffenheit unseres Handelns zusammen, den Guten Belohnungen, den Bösen Strafen austeilend.«

Boethius starb 525. Das Todesurteil wurde vollstreckt, indem man ihn im Gefängnis erdrosselte. Wir wissen nicht, wie weit ihm sein Gespräch mit der Philosophie geholfen hat, sich mit seinem Leben zu versöhnen und auf den Tod vorzubereiten. *Trost der Philosophie* jedenfalls hat, wie kaum ein anderes philosophisches Werk der Antike, in das frühe Mittelalter wie ein strahlendes Licht aus einer versunkenen Epoche gewirkt. Es markiert das Wegende einer Denkepoche, wurde aber auch zu einer Brücke zwischen römisch-hellenistischem und mittelalterlichem Denken. Für alle großen Philosophen des Mittelalters blieb Boethius Pflichtlektüre.

Die von Boethius aufgeworfenen Probleme, wie das der Vereinbarkeit gesetzlicher Vorherbestimmtheit mit der Freiheit des menschlichen Willens, haben die Diskussion aber noch viel länger bestimmt. Sie wurden vor allem von Denkern aufgegriffen, denen es, wie dem spätmittelalterlichen Kardinal Nikolaus von Kues oder dem Aufklärer Immanuel Kant, darum ging, die Grenzen und Widersprüche menschlicher Erkenntnis aufzuzeigen.

Doch seine Wirkung bis in die Gegenwart hinein verdankt *Trost der Philosophie* vor allem der Überzeugung, dass das Leben und nicht der Schreibtisch der Ernstfall der Philosophie ist.

Ausgabe:
Boethius: Trost der Philosophie. Übersetzt von Ernst Gegenschatz und Olof Gigon. Mit einem kleinen Nachwort von Kurt Flasch. München: Deutscher Taschenbuch Verlag 2005.

Der Superdom der mittelalterlichen Scholastik
THOMAS VON AQUIN: Summe der Theologie (1266–1273)

Was hat der griechische Philosoph Aristoteles mit der katholischen Kirche zu tun? Nicht sehr viel, so scheint es. Zwar gibt es auch bei Aristoteles einen Gott, doch weder hat er die Welt aus dem Nichts geschaffen, noch hat er einen Sohn, der zugleich Gott und Mensch ist und die Menschen erlöst hat. Überhaupt unterhält er keinerlei persönliche Beziehungen zu den Menschen. Der Gott des Aristoteles ist ein »unbewegter Beweger«, Ursache und Zielpunkt aller Wirklichkeit. Als ein kosmologisches Prinzip ist er eine sehr rationale Konstruktion, ein typischer Philosophengott. Hätte Aristoteles die christliche Religion gekannt, hätte er wahrscheinlich die Nase über eine primitive Volksreligion gerümpft, in der mythische Vorstellungen über eine rationale Weltdeutung triumphieren.

Thomas von Aquin jedoch, den viele für den bedeutendsten mittelalterlichen Philosophen halten, sah dies ganz anders. Für ihn war Aristoteles, den er schlicht »den Philosophen« nannte, der christliche Philosoph »avant la lettre«, ein Philosoph also, der in rationaler Form wichtigen Erkenntnissen des Christentums Ausdruck verliehen hat, bevor sich dieses durch die Offenbarung des Neuen Testaments in voller Gestalt zeigte.

Wie unter den großen Werken des Mittelalters üblich, ist auch das voluminöse Hauptwerk des Thomas, die *Summe der Theologie*, Philosophie und Theologie zugleich. Eine Philosophie unabhängig von religiösen Vorgaben gab es im Mittelalter nicht. Das Vertrauen, das Thomas in die Rationalität, in die menschliche Vernunft, setzte, war dabei keineswegs selbstverständlich. Frühchristliche Philosophen wie Augustinus hatten immer wieder auf die Irrwege der Vernunft hingewiesen und behauptet, dass der Weg zu Gott nur über den Glauben und die göttliche Gnade führe.

Unter allen Versuchen, die Vernunft zu rehabilitieren und sie zur Stütze des Glaubens zu machen, ist das Werk des Thomas von Aquin anerkanntermaßen die eindrucksvollste Leistung. Mithilfe der aristotelischen Weltdeutung errichtete er ein Denkgebäude, das alle anderen philosophischen Bauwerke seines Zeitalters überragt. Es ist der Superdom der Scholastik, der Philosophie des Hochmittelalters (von lat. »doctores scholastici« = die »Schulgelehrten«). Es ist ein riesiges, komplexes und staunenerregendes Werk, in dem griechisches und christliches Denken zu einer Einheit verschmelzen. Mit seiner *Summe der Theologie* lieferte Thomas nicht nur der Theologie einen rationalen Unterbau und verhalf ihr, sich als eigene Disziplin im Kanon der Wissenschaften zu etablieren; seine Rehabilitierung der Vernunft gab auch der Philosophie jenen Anschub, der sie wieder zu einem eigenständigen Ort der Weltorientierung werden ließ.

Wie die Baumeister der großen mittelalterlichen Kirchen, so war auch Thomas ein ebenso kompetenter wie fleißiger und hartnäckiger Arbeiter, der sich nie von seinem Ziel abbringen ließ. Geboren 1225 im Schloss Roccasecca bei Neapel als siebtes Kind eines Landadligen, sollte Thomas später einmal, seinem Stand entsprechend, eine wohlhabende und herrschaftliche Stellung einnehmen. Im Alter von fünf Jahren gab man ihn in das Stammkloster der Benediktiner in Montecassino, wo er bis 1239 blieb. Noch im selben Jahr schickte man ihn zum Studium nach Neapel. Nach dem Wunsch der Familie sollte Thomas später einmal Benediktinerabt werden.

Der im 6. Jahrhundert gegründete Benediktinerorden galt im 13. Jahrhundert als etablierter Teil der feudalen Gesellschaft. Anders dagegen die noch jungen Bettelorden, die ein Gegengewicht zur zunehmenden Verweltlichung der Kirche bilden wollten. Zu ihnen gehörten die Dominikaner, die sich vor allem Lehr- und Bildungsaufgaben widmeten. 1244 entschloss sich Thomas gegen den ausdrücklichen Willen der Familie, dem Dominikanerorden beizutreten. Der Orden wurde zu seiner geistigen Heimat.

Als die Dominikaner ihr neues Mitglied zum Studium nach Paris schicken wollten, kam es auf dem Weg dorthin zu einer Szene, die jedem Abenteuerfilm zur Ehre gereicht hätte. In der Toskana wurde Thomas von seinen Brüdern gekidnappt, aufs Pferd gesetzt und nach Hause verschleppt, wo die Familie ihn ein Jahr unter Hausarrest hielt. Man ließ nichts unversucht, um ihn von dem Vorhaben abzubringen, ein Leben als Bettelmönch zu führen.

Doch es sollte sich zeigen, dass Thomas nicht gewillt war, sich den Interessen seiner Familie unterzuordnen. Er kehrte zu seinen Ordensbrüdern zurück und ging wie geplant nach Paris. Im Konvent Saint Jacques, dem mitten in der Pariser Universität gelegenen Studienhaus des Ordens, hatte er das Glück, einen der bedeutendsten philosophischen Lehrer seiner Zeit kennen zu lernen: den Deutschen Albert von Lauingen. Der Mann, der als »Albertus Magnus«, also »Albert der Große«, in die Geschichte der Philosophie eingehen sollte, war unter seinen Zeitgenossen als »Doctor universalis«, als Universalgelehrter, berühmt. Als er im Jahr 1248 vom Orden beauftragt wurde, in Köln einen universitären Studienbetrieb aufzubauen, nahm er seinen Schüler Thomas mit nach Deutschland.

Thomas wurde der Meisterschüler Alberts. Von seinen Kommilitonen erhielt der etwas untersetzt gebaute und zurückhaltende Student aus Italien den Spitznamen der »stumme Ochse«. Es dauerte jedoch nicht lange, bis er in der gelehrten Welt unter einem anderen Namen bekannt wurde: »Doctor angelicus« – der »engelsgleiche Doktor«. Seine Fähigkeit, die christliche Lehre mit philosophischen Argumenten zu stützen, sollte legendär werden.

Diese philosophischen Argumente wurden vor allem aus der Philosophie des Aristoteles geschöpft, der bis ins 13. Jahrhundert in Westeuropa nur als Logiker bekannt war, nun aber mit seinen anderen Schriften in die Diskussionen eindrang. Albertus Magnus und der Dominikanerorden spielten dabei eine entscheidende Rolle.

Im frühen Mittelalter herrschte eine neuplatonische Interpretation des Christentums vor, die durch das Werk des spätantiken Philosophen Boethius, aber auch durch den vor Thomas einflussreichsten christlichen Philosophen, Aurelius Augustinus, vermittelt worden war. Der in der Spätantike entstandene und von Plotin begründete

Neuplatonismus sah zwischen der wahren geistigen, nur durch die Vernunft erkennbaren Welt und der materiellen, sinnlich wahrnehmbaren Welt eine tiefe Kluft. An der Spitze der Wirklichkeitspyramide stand »das Eine«, ein jenseitiger geistiger Gott, der nur durch eine visionäre Schau erfassbar war. Um zum Einen zu gelangen, musste man die materielle Welt überwinden und hinter sich lassen.

Die neuplatonisch-augustinische Tradition der christlichen Philosophie wertete aber nicht nur die Sinnlichkeit gegenüber dem Geist, sondern auch die Vernunft gegenüber dem Glauben ab. Der Graben zwischen der Welt der menschlichen Erkenntnis und der Wirklichkeit Gottes war so groß, dass er von der menschlichen Vernunft nicht überwunden werden konnte.

Aristoteles dagegen hatte umgekehrt die Natur, die sinnlich erfahrbare Welt, zum Ausgangspunkt genommen, um von dort zu den letzten Prinzipien der Wirklichkeit und schließlich zu Gott, dem »unbewegten Beweger«, zu gelangen. In der teleologischen (von griech. telos = Ziel, Zweck) Weltsicht des Aristoteles waren alle Dinge Teil einer zweckgerichteten Ordnung, die auf Gott als den letzten Zweck- und Zielpunkt zulief. Über die Erforschung der Natur konnte man also mit Mitteln der Vernunft zu Gott gelangen. Gott war für Aristoteles das logische Resultat einer rationalen Weltbetrachtung.

Islamische und jüdische Philosophen ebneten den Weg für eine umfassende Aufnahme des Aristoteles im Westen. Im arabischen Raum waren die vollständigen aristotelischen Schriften seit der Mitte des 10. Jahrhunderts bekannt. Einer der islamischen Aristoteles-Vermittler war im frühen 11. Jahrhundert der aus Buchara im heutigen Usbekistan stammende Ibn Sina, der im Westen »Avicenna« genannt wurde. Für ihn war, wie für Aristoteles, Gott ein reines geistiges Sein, das keinen Veränderungen unterworfen ist. Im Gegensatz zur Lehre des Koran vertrat er sogar die aristotelische Auffassung, dass die Welt keinen Anfang in der Zeit hat. Sehr einflussreich wurde seine – nicht bei Aristoteles belegte – Auffassung, dass der Mensch keine individuelle Vernunft besitzt, sondern dass es eine überpersönliche Vernunft gibt, an der jeder einzelne Mensch Anteil hat.

Genau dies vertrat auch etwa einhundert Jahre später der im

Westen als »Averroes« bekannte Ibn Ruschd mit seinen Aristoteles-Interpretationen, die ihm den Beinamen »der Kommentator« einbrachten. Gegen den Neuplatonismus wertete Ibn Ruschd diese Vernunft jedoch erheblich auf. Wie sein Schüler, der ebenfalls aus Cordoba im damals islamisch beherrschten Spanien stammende jüdische Philosoph Moses Maimonides, erhob er den Anspruch, der in eine Bildersprache eingekleideten religiösen Überlieferung eine rationale Deutung geben zu können.

Mitte des 13. Jahrhunderts wurden die Schriften des Aristoteles erstmals vollständig von Wilhelm von Moerbeke ins Lateinische übersetzt und erreichten damit endgültig das westliche Europa. Von da an bestimmte die Auseinandersetzung zwischen dem neuplatonisch-augustinischen und dem aristotelischen Denken die Scholastik. Albert kannte die islamischen und jüdischen Aristoteles-Vermittler und war maßgeblich an der Verbreitung des aristotelischen Denkens beteiligt. Aristoteles wurde durch ihn zur wichtigsten philosophischen Autorität des Dominikanerordens.

Die Kirche wehrte sich zunächst gegen diese neuen Einflüsse, da die Philosophie des Aristoteles im Widerspruch zu wichtigen Glaubensinhalten stand. So war die Lehre von der Ewigkeit der Welt unvereinbar mit der Lehre von der Welt als göttlicher Schöpfung. Auch die von den islamischen Interpreten vertretene These von einer überpersönlichen Vernunft schuf Probleme. Wie konnte es dann ein individuelles Seelenheil geben? Die Kirche musste auf der Unsterblichkeit der Seele und der Willensfreiheit des einzelnen Menschen bestehen.

Deshalb verbot der Papst im Jahr 1215, die aristotelische Philosophie an den Universitäten zu lehren. Die Dominikaner mussten einen jahrzehntelangen Kampf gegen die kirchlichen Autoritäten ausfechten, um der Lehre des Aristoteles Einzug in die offiziellen universitären Lehrpläne zu verschaffen. Albert und sein Schüler Thomas waren an diesem Prozess aktiv beteiligt. Mitte des 13. Jahrhunderts war die Philosophie des Aristoteles schließlich ein akzeptierter Bestandteil des Studiums an der Pariser Universität. Grundlage dafür war die lateinische Übersetzung. Auch Thomas las Aristoteles nicht im griechischen Original.

Nach Erwerb des ersten akademischen Grades, des Baccalaureus, trennte sich Thomas 1252 von seinem Lehrer und ging wieder nach Paris, um sein Studium mit einem Magister im Fach Theologie, der mittelalterlichen Königsdisziplin, abzuschließen. In Paris erhielt er erstmals Gelegenheit, selbstständig zu lehren, eine Erfahrung, die auch die Form seiner Schriften beeinflusste. Viele dieser Schriften wurden als theologische Auseinandersetzungen oder als Argumentationsanleitung für Geistliche verfasst. In ihnen wurde eine imaginäre Diskussion inszeniert und wurden Thesen als Antwort auf vorweggenommene Einwände formuliert. Eine seiner bekanntesten frühen Schriften, *Das Seiende und das Wesen,* verfolgt die Absicht, seine Studienbrüder mit der Lehre des Aristoteles vertraut zu machen. Sie entstand um 1255, das Jahr, in dem Thomas in Paris seinen Magistertitel erwarb.

Bis an sein Lebensende stand Thomas nun als Lehrender im Dienste seines Ordens, der ihm immer wieder neue Aufgaben übertrug. 1259 schickte man ihn wieder nach Italien, wo er der päpstlichen Kurie an verschiedenen Orten, so in Viterbo, Rom und Orvieto, diente. Etwa 1264 schloss er sein erstes großes Hauptwerk ab, die *Summe gegen die Heiden.* Der Titel *Summe* für ein theologisches Werk war in der zeitgenössischen Literatur üblich und bedeutete, dass hier ein Lehrstoff systematisch zusammengefasst wurde. Die *Summe gegen die Heiden* sollte Dominikanermönchen Argumente an die Hand geben, um ihre theologische Position gegenüber Andersdenkenden vertreten zu können.

Das Projekt einer Verbindung von aristotelischem und christlichem Denken hatte allerdings zwei Seiten: Nicht nur nahm das Christentum Gedanken des Aristoteles auf, auch die Philosophie des Aristoteles musste sich christlichen Vorgaben anpassen. Es ging also darum, sich gegenüber denjenigen Aristoteles-Interpretationen abzugrenzen, die mit der christlichen Lehre unvereinbar waren. In diesem Zusammenhang entstanden jeweils in den Jahren 1269 und 1270 zwei kleinere Schriften: In *Einheit des Verstandes* richtet sich Thomas gegen die von Avicenna und Averroes vertretene Lehre einer überpersönlichen Vernunft. Die zweite Schrift *Über die Ewigkeit der Welt* hält auch gegen Aristoteles an der christlichen Doktrin fest, dass Gott vor der Zeit existiert hat. Auch wenn Aristoteles zur großen philosophischen Autorität geworden war, blieben fundamentale kirchliche Lehren für Thomas unverzichtbar: Dazu gehörte, dass Gott die Welt aus dem Nichts erschaffen und den Menschen mit einem eigenen Willen, einer individuellen Vernunft und einer individuellen Seele ausgestattet hat.

Vermutlich um das Jahr 1266, also noch während seines Aufenthalts in Italien, begann Thomas die Arbeit an seiner zweiten großen *Summe*, der *Summe der Theologie*. Sie war, anders als die *Summe gegen die Heiden*, nicht für die Auseinandersetzung mit den Nicht-Christen bestimmt, sondern sollte den Lehrbetrieb innerhalb des Ordens auf eine neue theoretische Grundlage stellen. Das Verhältnis zwischen Gott, Welt und Mensch sollte mithilfe der Philosophie des Aristoteles neu bestimmt werden. *Die Summe der Theologie* hatte den Anspruch, eine neue Metaphysik und eine neue Ethik auf christlicher Grundlage zu entwerfen.

Den ersten Teil seines Opus Magnum, in dessen Mittelpunkt Gott steht, schloss er noch in Italien ab. In den Jahren zwischen 1268 und 1272, als er wiederum in Paris lehrte, entstand der zweite, dem Menschen gewidmete Teil des dreiteiligen Werkes. Von 1272 bis zu seinem Tod 1274 zog Thomas wieder in seine süditalienische Heimat. Hier konnte er noch den dritten Teil beginnen, der sich mit dem Mensch gewordenen Sohn Gottes beschäftigt, aber nie vollendet wurde. Es wird berichtet, Thomas habe am 6. Dezember 1273 ein mystisches Erlebnis gehabt, das ihn tief erschütterte und am Wert seiner gesamten Lebensarbeit zweifeln ließ. Anschließend hat er nichts mehr geschrieben.

Dass die *Summe der Theologie* Fragment geblieben ist, ändert nichts an der geradezu gigantischen philosophisch-theologischen Konstruktionsleistung. Die zwölf Bände umfassende deutsche Gesamtausgabe stellt jeden Leser vor eine ungeheure Herausforderung, sodass es auch unter Fachleuten nur sehr wenige gibt, die sie vollständig gelesen haben. Für die Philosophen waren immer die ersten beiden Teile des Werks von Bedeutung. In ihnen wird eine Gott und

Mensch umfassende Weltordnung entworfen, die in ihrer rationalen Struktur und ihrem gesetzmäßigen Ablauf der menschlichen Vernunft zugänglich ist.

Thomas geht wie Aristoteles von der Beobachtung der gesetzmäßigen Abläufe der Natur aus und übernimmt von diesem die Begriffe, mit denen er Entstehen und Vergehen in der Welt erklärt. Auch für ihn ist das Universum teleologisch, also zweckmäßig geordnet. Es ist eine Welt, in der sich aus ungeformtem Stoff, dem Bereich der Möglichkeit, immer wieder Formen entwickeln, die im Stoff als »Zweck« angelegt waren und gesetzmäßig aus ihm hervorgehen. Aus Stoff wird Form, aus Möglichkeit wird Wirklichkeit. Die Formen machen das Wesen, die »Substanz«, eines Dinges aus. Dem stehen die »Akzidentien«, die wechselnden Eigenschaften eines Dinges, gegenüber. Dabei kommt er ebenso wie Aristoteles zu dem Ergebnis, dass wir bei der Betrachtung der Zweckmäßigkeit der Welt zwangsläufig auf Gott als Ursprung und Ziel aller Gesetzmäßigkeiten stoßen. Zwischen der Welt und Gott gibt es keinen unüberwindlichen Graben, sondern Brücken, die die Vernunft baut.

Auch Vernunft und Glaube rücken bei Thomas sehr viel näher aneinander. Beide stehen nicht im Gegensatz zueinander, sondern führen in die gleiche Richtung. Man kann sich ihr Verhältnis als das zweier Staffelläufer vorstellen: Die Vernunft bestreitet den ersten Teil des Laufes, bis ihr die Luft ausgeht. Dann gibt sie den Stab an den Glauben weiter. Nur er ist in der Lage, ins Ziel zu laufen, also zur wahren und vollständigen Erkenntnis Gottes zu gelangen. Das »natürliche Licht der Vernunft«, wie Thomas sagt, bestimmt die Leistungsgrenzen der Philosophie. Die Theologie, die auf ihr aufbaut, kann sich dagegen auf das »Licht einer höheren Wissenschaft« stützen.

Ein Beispiel dafür ist die Frage nach der Erschaffung oder der Ewigkeit der Welt. Aristoteles hatte in seiner *Physik* den Grundsatz aufgestellt: »Aus nichts wird nichts.« Es muss also immer schon etwas gegeben haben, aus dem die Welt geformt wurde. Aristoteles hielt, wie die gesamte antike Philosophie, die Welt für ewig. Die kirchliche Lehre, die Welt habe einen Beginn in der Zeit und Gott habe das Universum aus dem Nichts erschaffen, geht nicht nur über Aristoteles, sondern gänzlich über das Vermögen der Vernunft hinaus.

Dabei stützt Thomas die Glaubensinhalte, wenn immer möglich, durch Vernunftargumente. So widerspricht in seinen Augen die Annahme eines immer schon vorhandenen Urstoffs der Idee Gottes. Alles, was ist, muss seine Ursache in Gott haben. Es kann also keinen Urstoff geben, der nicht von Gott geschaffen wurde, also vor der Schöpfung existiert hat. Daher tritt die Welt insgesamt erst durch die Schöpfung in die Existenz. Sie ist folglich nicht ewig, sondern hat einen Anfang in der Zeit.

Diese geschaffene Welt hat, ähnlich wie bei Aristoteles, einen hierarchischen, also einer Rangordnung folgenden Stufenbau. In der Tradition der klassischen griechischen Philosophie gilt Thomas die geistige Welt gegenüber der materiellen als höherstehend und höherwertig, doch beide sind durch einen allmählichen Übergang miteinander verbunden. Ganz unten findet man die anorganische Natur, auf die die organische Welt der Tiere folgt. Der aus Leib und Seele zusammengesetzte Mensch ist das Scharnier zur rein geistigen Welt. Über ihm stehen die Engel, von deren Existenz Thomas, dem allgemeinen mittelalterlichen Denken entsprechend, ganz selbstverständlich ausgeht. Als nicht-stoffliche Wesen sind sie unsterblich und innerhalb der Seinsordnung näher an Gott als der Mensch. Engel haben keine natürlichen Anlagen zum Bösen wie der Mensch, sie können aber, wie im Falle Luzifers, zu bösen Engeln werden, wenn sie die Unterordnung gegenüber Gott nicht respektieren. Dieser steht, wie der unbewegte Beweger des Aristoteles, als Ursprung und Ziel der Welt an der Spitze der Wirklichkeitspyramide.

Allerdings, so Thomas, »existieren« rein geistige Wesenheiten wie Engel nicht genau in dem gleichen Sinne, wie wir sagen: »Der Baum dort existiert.« Wenn wir von geistigen Wesenheiten behaupten, dass sie existieren, verwenden wir den Begriff lediglich in analoger Weise. Wir haben eine gewisse, aber keine genaue Vorstellung davon.

Deshalb legt Thomas auch einige Vorsicht an den Tag, wenn es um die »Existenz« Gottes geht. Als Glaubenswahrheit ist sie unbestritten. Schwierig wird es dann, wenn wir unser Alltagsverständnis von »Existenz« auf Gott übertragen wollen. Dies wirft er Anselm von Canterbury, dem ersten großen Philosophen der Scholastik, vor, der zweihundert Jahre zuvor den sogenannten »ontologischen Gottesbeweis« aufgestellt hatte. Anselm hatte in der Definition Gottes schon die Garantie dafür gesehen, dass er auch existiert. Er hatte, wie die Fachphilosophen sagen, aus dem »Sein« Gottes (griech. »on« = »Seiendes«) seine »Existenz« abgeleitet. Zur Definition Gottes, so Anselm, gehört es, dass er vollkommen ist, und zur Vollkommenheit gehört notwendigerweise auch die Existenz. Thomas hält dem entgegen, dass wir »von Gott das Was nicht wissen«, wir also über Gottes Eigenschaften nichts aussagen können. Mit anderen Worten: Eine ausreichend gesicherte Definition Gottes liegt außerhalb unseres Vermögens.

Um mithilfe der Vernunft zu Gott zu gelangen, dürfen wir nach Thomas nicht den Weg der Begriffsanalyse, sondern müssen den Weg über die Welt und ihre Gesetzmäßigkeiten nehmen. Genauer gesagt: Es gibt für Thomas fünf Wege, die zu Gott führen.

Nehmen wir den zweiten dieser Wege, der auch spätere Denker immer wieder beschäftigt hat. Es ist eine Form des sogenannten »kosmologischen« Gottesbeweises: Gott ist dabei eine notwendige Voraussetzung für den Kosmos, für die Welt, wie sie uns mit ihren Gesetzmäßigkeiten gegeben ist. Aus der Tatsache, dass jedes Ereignis als Wirkung einer Ursache aufgefasst werden kann, schließt Thomas, dass es eine erste Ursache geben muss, die den ganzen Prozess erst in Gang gesetzt hat. Ansonsten müssten wir die Reihe der Ursachen bis ins Unendliche strecken, was unweigerlich zur These von der Ewigkeit der Welt führen würde. Wir kommen also, von der Beobachtung der kausalen Verknüpfungen aller Ereignisse, zu Gott als der ersten Ursache allen Geschehens. Thomas geht jedes Mal nach dem gleichen Muster vor: Er beobachtet Zusammenhänge in der Welt und schließt auf Gott als den Urheber, die Klammer und den Ausgangspunkt dieser Zusammenhänge. Von der Begrenztheit und Endlichkeit der Welt schließt er auf die Notwendigkeit Gottes als der Unendlichkeit und Unbegrenztheit.

Die Gottesbeweise der Scholastik waren Ausdruck des Selbstbewusstseins, das die Vernunft gegenüber dem Glauben erlangt hatte. Doch voll erfassen konnte man nach Thomas Gott auf diese Weise nicht. In seinem ganzen Geheimnis bleibt er nur dem Glauben zugänglich. So ist die Erkenntnis der Dreifaltigkeit, also die Erkenntnis Gottes als einer Person, die in sich Gottvater, Gottsohn und Heiliger Geist vereinigt, dem natürlichen Licht der Vernunft ebenso entzogen wie die Menschwerdung Christi und die Erlösung der Menschen durch Kreuzestod und Auferstehung.

Dennoch ist bei Thomas der mit Vernunft ausgestattete Mensch Gott näher gerückt als in der neuplatonisch-augustinischen Tradition. Er hat seinen festen Platz in der Seinsordnung und kann in dieser Ordnung überall die Spuren Gottes erkennen. Entscheidend für die Verbindung zwischen Mensch und Gott ist die sogenannte »Geistseele«, mit der Thomas an den Begriff der »Psyche« in der griechischen Philosophie anknüpft. Die Geistseele ist mehr als das, was wir heute unter »Seele« verstehen. Sie ist die entscheidende Lebenskraft, die Vereinigung aller geistigen, seelischen und emotionalen Regungen. Bei Platon umfasste sie Vernunft, Wille und Leidenschaft. Auch bei Thomas schließt sie eine erkennende, empfindende und eine vegetative Funktion ein. Anders als in unserem heutigen Verständnis ist die Vernunft also ein Teil der Seele. Jeder Mensch hat seine eigene, individuelle Seele, denn nur durch sie ist die Unsterblichkeit des Menschen möglich. Auch die These von der Unsterblichkeit der Seele entnimmt Thomas der griechischen Philosophie. Platon hatte sie bereits in seinem Dialog *Phaidon* behauptet.

Thomas vertritt auch nicht wie Platon und später der französische Philosoph René Descartes die Auffassung, dass Seele und Körper, Geist und Materie, sich im Menschen wie zwei Fremde gegenüberstehen, die aus jeweils einer anderen Welt kommen. Für Thomas sind Körper und Seele eine leib-seelische Einheit, die erst durch den Tod gelöst wird.

Wie die Griechen, so nimmt auch Thomas an, dass die Seele in einem wohlgeordneten Zustand ist, wenn der erkennende Teil, die Vernunft, die Herrschaft und Kontrolle über die anderen Seelenteile in der Hand hat. Diese Vernunft ist wie die Seele individuell ausgeprägt und nicht, wie bei Averroes, Teil einer überpersönlichen Vernunft. Sie bestimmt, in welche Richtung der Wille sich wenden soll.

Das Thema der Willensfreiheit hatte in der griechischen Philosophie kaum eine Rolle gespielt, ist aber für das Christentum enorm wichtig, da die Erlösung des Menschen von der willentlichen Entscheidung des Menschen für Gott abhängt und Begriffe wie »Sünde« und »Schuld« sonst nicht erklärbar sind. Thomas hält deshalb auch daran fest, dass Gott den Menschen frei geschaffen hat, also mit der Fähigkeit, sich auch gegen Gott zu entscheiden.

Für diejenigen, die sich bewusst gegen Gott entscheiden und dieser Entscheidung auch nach mehrmaliger Belehrung nicht abschwören, fordert Thomas die Todesstrafe. Für ihn liegt hier eine Korruption der Seele vor, ein ungleich schlimmeres Vergehen als eine körperliche Schädigung. Die Idee der religiösen Toleranz, wie sie sich im Westen seit der Aufklärung durchgesetzt hat, war sowohl ihm als auch der Kirche insgesamt fremd.

Thomas greift die These des Aristoteles auf, dass alle Menschen nach Glück streben. Die neuplatonischen Philosophen der Spätantike wie Plotin und Boethius hatten dieses Glück mit einem jenseitigen Gott identifiziert. Thomas greift beide Traditionen auf: Das Glück, nach dem alle Menschen natürlicherweise streben, liegt in der Hinwendung zum christlichen Gott.

Dem Menschen stehen zwei sich ergänzende Wege offen, um die Verbindung zu Gott herzustellen: ein weltlicher und ein religiöser. Dabei werden das weltliche und das religiöse Leben nicht gegeneinander ausgespielt. Der Mensch muss beide Wege gehen, er muss sowohl weltliche als auch religiöse Tugenden ausprägen, doch erst im religiösen Leben erlangt er den endgültigen Zugang zu Gott.

Der weltliche Weg führt über die vier Kardinaltugenden, die Thomas von Platon übernimmt. Es sind Maß, Gerechtigkeit, Tapferkeit, Klugheit, die er auch als »Angeltugenden« bezeichnet. Sie müssen auf dem religiösen Weg ergänzt werden durch die »gotteskundlichen Tugenden« Glaube, Liebe und Hoffnung. In den weltlichen Tugenden steht der Bezug zu anderen Menschen im Mittelpunkt, in den religiösen der Bezug zu Gott. Die ersteren beschreiben den Bereich der Klugheit, die letzteren den Bereich der Weisheit. Auch die Klugheit hat bei Thomas als eine ethisch wertvolle Haltung ihren Platz und wird nicht als Ablenkung vom Glauben abgelehnt. Weisheit baut bei Thomas auf der Klugheit auf. Das Lebensideal der griechisch-römischen Ethik wird nun, in neuer religiöser Aufmachung, zur wahren christlichen Lebenshaltung.

Die Frage, in welcher Lebensform sich ein glückliches Leben ausdrückt, hatte die Antike meist mit zwei einander entgegengesetzten Varianten beantwortet: dem aktiven, tätigen Leben, der sogenannten »vita activa«, und dem zurückgezogenen, der Kontemplation gewidmeten Leben, der »vita contemplativa«. Auch hier orientiert sich Thomas an den griechischen Klassikern Platon und Aristoteles, die sich beide für die philosophische Kontemplation als höchste Lebensform ausgesprochen hatten. Erst in dem kontemplativen, oder, wie Thomas es nennt, dem »beschauenden« Leben kann sich Weisheit und damit der Bezug zu Gott entfalten, weil nur hier der wichtigste, nämlich der geistige Teil des Menschen seiner Bestimmung zugeführt wird. An die Stelle der rein rationalen Kontemplation ist bei Thomas die religiöse Kontemplation getreten.

Überall in der *Summe der Theologie* sind die Spuren des antiken Denkens deutlicher zu sehen als die des Neuen Testaments. Von den frühchristlichen Eiferern, die mit ihrem gekreuzigten Gott die hellenistische Vernunftphilosophie bekämpften, ist die Lehre des Thomas von Aquin schon sehr weit entfernt: Sein Bild des Christen ist auf den Umrissen des antiken Weisen gemalt, und sein Gott hat die kosmische Vernunft der klassischen griechischen Philosophie angenommen.

Thomas verstarb am 7. März 1274 auf dem Weg zum Konzil nach Lyon. Schon knapp fünfzig Jahre später, 1323, sprach ihn der Papst heilig. Während viele andere klassische Werke der Philosophie bei der kirchlichen Orthodoxie in Ungnade fielen und auf den Index der verbotenen Bücher gesetzt wurden, nahm die *Summe der Theologie* den genau umgekehrten Weg. Im 16. Jahrhundert erhob man Thomas in den Rang eines Kirchenlehrers, und im Jahre 1879 erklärte Papst Leo XIII. den »Thomismus« zur »offiziellen Philosophie« der katholischen Kirche.

Im Mittelalter markiert die *Summe der Theologie* den Höhepunkt der Scholastik. Sie lieferte das Weltbild für Dantes *Göttliche Komödie* und die Vorlage für die Erneuerung der Scholastik durch den Spanier Francesco Suarez im 16. Jahrhundert. Aber auch noch im 20. Jahrhundert haben »Neothomisten« wie Jacques Maritain oder Josef Pieper versucht, eine religiös inspirierte Philosophie im Anschluss an Thomas zu entwickeln. *Endliches und Ewiges Sein*, das Hauptwerk der in Auschwitz ermordeten Philosophin Edith Stein, gehört zu den wichtigsten Ergebnissen dieser Bemühungen in der Moderne.

Doch die *Summe der Theologie* ist keineswegs nur Zeugnis des immer wieder erneuerten Versuchs, religiösen Überzeugungen ein philosophisches Gesicht zu geben. Sie gehört vielmehr zu den großen Werken, mit denen die Vernunft beginnt, sich religiöser Grundsätze zu bemächtigen, um sich schließlich in der Aufklärung des 18. Jahrhunderts von ihnen zu emanzipieren. Themen wie die Beweisbarkeit Gottes, die Unsterblichkeit der Seele und die Willensfreiheit beschäftigten Denker wie Descartes, Spinoza, Leibniz oder Kant.

Die Kathedralen des Mittelalters genießen aufgrund ihrer technischen und ästhetischen Konstruktion auch die Wertschätzung jener, für die der christliche Glaube, der sie inspiriert hat, seine verbindliche weltanschauliche Kraft verloren hat. Auch das philosophische Gotteshaus des Thomas von Aquin, in dem die Vernunft so viele Spuren gelegt hat, ist ein Ort für philosophische Schatzsucher geblieben.

Ausgabe:
THOMAS VON AQUINO: Summe der Theologie, 3 Bde.
Zusammengefasst, eingeleitet und erläutert von Josef Bernhart.
Stuttgart: Kröner 1985.

Blick über die Grenzen des Denkens

NIKOLAUS VON KUES: Die belehrte Unwissenheit (1440)

Menschen, die an eine Erfahrungsgrenze geführt werden, tun sich oft schwer, mit den uns verständlichen Ausdrucksmitteln das zu beschreiben, was sich hinter dieser Grenze auftut. Das, was sie uns zu sagen haben, nimmt häufig eine paradoxe oder geradezu negative Form an. Der russische Maler Kasimir Malewitsch stieß auf der Suche nach der vollendeten Form auf die »Monochromie«, auf die Ausschaltung jeglicher Farbenvielfalt, und schuf ein »weißes Quadrat auf weißem Feld«. Ebenso bewegt sich die Musik des estischen Komponisten Arvo Pärt von allem Hörbaren weg auf die Stille zu. In den östlichen Weisheitslehren von Laotse bis Buddha gilt das »Leere« oder das »Nichts« als höchste Form der Erkenntnis. Doch es handelt sich hier keineswegs um den Versuch, unsere Erkenntnis- und Wahrnehmungsmöglichkeiten zu verengen. Im Gegenteil: Mit der Blickrichtung auf das Gestaltlose, die Leere oder das Nichts eröffnen sich für unsere Erkenntnis oft völlig neue, unentdeckte Räume.

Auch in der Philosophie, die lange beansprucht hat, die höchste Form des Wissens zu repräsentieren, finden wir immer wieder Denker, die mit der provokanten These auftreten, dass das eigentliche Wissen im Bewusstsein des Nichtwissens besteht. Der bekannteste davon war Sokrates, einer der großen Gestalten der klassischen griechischen Philosophie, der mit dem Satz berühmt wurde: »Ich weiß, dass ich nichts weiß.« – »Und kaum das!«, fügte im 20. Jahrhundert der Philosoph und Sokrates-Verehrer Karl Popper hinzu.

Es blieb aber dem deutschen Kardinal Nikolaus von Kues vorbehalten, mit einem Werk über das Nichtwissen in der Philosophiegeschichte Furore zu machen. Wie in der Tradition der mittelalterlichen Philosophie üblich, stellte er das Thema »Gott« und dessen Verhältnis zur Welt und zum Menschen in den Mittelpunkt des Buches. Doch bereits im Titel seines Hauptwerks, *De docta ignorantia*, zu Deutsch: *Die belehrte Unwissenheit*, deutet Nikolaus Cusanus, wie er in der latinisierten Form auch heißt, die scheinbar paradoxe Antwort an, die er auf die Frage nach einer möglichen Erkenntnis Gottes gibt.

Für ihn steht Gott immer jenseits des Baus, den die menschliche Vernunft errichten kann. Das Wissen von Gott ist in Wahrheit ein Wissen des Nichtwissens: »Es wird einer umso gelehrter sein«, so Nikolaus im ersten Kapitel seines Buches, »je mehr er um sein Nichtwissen weiß.« Das »belehrte Nichtwissen« rückt die Erkenntnis Gottes in unerreichbare Ferne, doch der Blick hinter die Grenzen des Denkens erweitert gleichzeitig den Horizont unseres Blickes auf die Welt. Anders als für die Philosophen der mittelalterlichen Scholastik ist die Welt für Nikolaus kein überschaubarer Kosmos mehr. Als ein Abbild Gottes ist sie selbst unbegrenzt und bietet dem menschlichen Erkenntnisstreben unendlichen Raum. Damit stellt das »belehrte Nichtwissen« die Beziehung zwischen Gott, Welt und Mensch auf eine völlig neue Grundlage.

Eine neue Weltsicht brach sich im europäischen 15. Jahrhundert überall Bahn. Renaissance und Humanismus hatten in Italien, dem damals fortgeschrittensten europäischen Land, schon einhundert Jahre zuvor Fuß gefasst. Die Hinwendung zur Welt der Erfahrung und das Studium antiker Quellen sollten das Wissen neu fundieren. Nördlich der Alpen allerdings begann diese große kulturelle Veränderung erst sehr langsam zu greifen. Aber nicht nur deswegen musste Nikolaus einen langen Weg zurücklegen. Von der Herkunft ein deutscher Provinzler, von Stand ein Bürgerlicher, war es für ihn keineswegs selbstverständlich, an den großen Bildungs- und Reformbewegungen seiner Zeit teilzunehmen.

Dass er studieren konnte, verdankte er seinem Vater Johann Kryffts, der es in dem kleinen Dorf Kues, zwischen Trier und Koblenz an der Mittelmosel gelegen, als Kaufmann zu erheblichem Wohlstand gebracht hatte. »Kryffts« bedeutet »Krebs«, und den

Krebs sollte auch der später berühmte Sohn im Wappen führen. Johann Kryffts besaß ein eigenes Schiff, mit dem er seine Waren auf den damals bedeutendsten Verkehrswegen, den Flüssen, bis nach Holland oder den Rhein hinauf bis nach Basel transportieren konnte. Sein Vermögen erlaubte es ihm, seinen im Jahr 1401 geborenen Sohn Niklas mit fünfzehn Jahren an die junge Heidelberger Universität zu schicken.

In Heidelberg wurde noch ganz im Geist der Scholastik unterrichtet und die christliche Lehre auf der Grundlage der Philosophie des Aristoteles interpretiert. Gott war die erste Ursache allen Geschehens und gleichzeitig der höchste und letzte Zweck, auf den die Ordnung der Welt ausgerichtet war. Er stand an der Spitze einer Hierarchie, in der alle Dinge, sei es in der Natur oder in der Gesellschaft, einen vorgegebenen Platz hatten. In dieser nach dem Bild des Feudalismus ausgerichteten Weltordnung war Gott für die Welt das, was der herrschende Fürst für das Gemeinwesen war. Da Gott als reiner Geist und die Welt als begrenzter Kosmos gedacht wurden, genoss derjenige, der auf dem Weg der empirischen Forschung die Weltkenntnis erweitern wollte, nur geringes Ansehen. Wer etwas über die Welt wissen wollte, sollte nicht beobachten, sondern die heiligen Schriften lesen.

Als Nikolaus nach einem Jahr an die Universität Padua wechselte, fand er dort ein völlig anderes geistiges Klima vor. Er befand sich nun in einem der intellektuellen Zentren des neuen Zeitalters. Hier wandte man sich auf allen Gebieten des Wissens neuen Entdeckungen zu. Ging es um Texte, so erforschte man die Quellen. Ging es um die Natur, so machte man Experimente. Astronomen beobachteten neue Himmelskörper, Mediziner erforschten die menschliche Anatomie, Architekten die Statik antiker Bauwerke und Ökonomen die Entwicklung der Geldwirtschaft. Vor allem die Mathematik avancierte zu einer Schlüsselwissenschaft in einem Zeitalter, in dem sich die Überzeugung durchzusetzen begann, dass alle Welterkenntnis auf der Grundlage des Messens und Berechnens beruht. Die modernen empirischen Naturwissenschaften auf der Basis der Mathematik waren hier schon geboren.

Auch in der Haltung gegenüber den Hierarchien in Kirche und Staat herrschte hier ein offener Geist. Hundert Jahre vor der Reformation wurde bereits die Rechtfertigung päpstlicher und weltlicher Autorität heiß diskutiert. Ein Sohn der Stadt, Marsilius von Padua, hatte schon im 14. Jahrhundert die revolutionäre These vertreten, dass alle Bürger vor dem Gesetz gleich sind und dass politische Herrschaft sich auf die Zustimmung der Bürger stützen müsse. Marsilius war für seine Thesen mit dem Kirchenbann bestraft worden, doch seine Philosophie wirkte fort in einer Zeit, in der heftig um eine Reform der Kirche und die Beziehungen zwischen geistlicher und weltlicher Herrschaft gestritten wurde.

Nikolaus erwarb in Padua eine umfassende Bildung und empfing hier Anregungen, die sein gesamtes künftiges Denken prägen sollten. Insbesondere seine mathematischen Kenntnisse lieferten ihm eine rationale und zugleich symbolisch verwendbare Sprache, mit deren Hilfe er seine philosophischen Anliegen ausdrücken konnte. Zwar stand für ihn nach wie vor außer Frage, dass wahre Philosophie im Dienst der Theologie steht und den christlichen Glauben mit rationalen Argumenten untermauern muss. Doch seine Hinwendung zu antiken Quellen und seine Offenheit gegenüber den neuen wissenschaftlichen Entwicklungen ließen ihn zu einem Denker der Renaissance werden.

In Padua baute Nikolaus ein Netzwerk sozialer Beziehungen auf, das seiner späteren Karriere höchst förderlich war. Von besonderer Bedeutung war die Freundschaft mit Guiliano Cesarini, der aus einem alten römischen Adelsgeschlecht stammte und bereits als Dozent in Padua lehrte, als Nikolaus dort sein Studium aufnahm. Bereits mit 28 Jahren Kardinal, wurde der nur wenige Jahre ältere Cesarini zu einem der wichtigsten Diplomaten der Kurie und gleichzeitig zu einem Mentor des jungen Deutschen. Der Kardinalsrang, den auch Nikolaus in seinem späteren Leben erlangen sollte, war dem eines Fürsten gleich und mit zahlreichen politischen und administrativen Aufgaben, aber auch mit entsprechendem Einfluss verbunden. Cesarini wurde für Nikolaus beides: philosophischer Anreger und Karriereförderer.

Diese Karriere fand innerhalb der Kirche statt, denn einem Bürgerlichen war das Fortkommen in einer vom Feudalismus geprägten Welt enge Grenzen gesetzt. Nikolaus ließ sich zum Priester weihen und promovierte im Alter von 22 Jahren im Fach Kirchenrecht, eine in der damaligen Zeit ideale Vorbereitung für einen Aufstieg innerhalb der kirchlichen Hierarchie. Rechtsstreitigkeiten zwischen weltlichen und geistlichen Herrschern sowie der Streit um die innere Organisation der Kirche waren an der Tagesordnung.

Nach dem Studium begann das rastlose, physisch aufreibende und mit ständigen Ortswechseln verbundene Leben des Nikolaus von Kues im Dienste geistlicher Herrschaft. Seine philosophischen Schriften entstanden in den wenigen Ruhepausen. Er kehrte zunächst nach Deutschland zurück und trat eine Stelle bei seinem heimischen Landesherrn, dem Bischof von Trier, an.

In dessen Auftrag nahm er auch an einem der bedeutendsten kirchenpolitischen Ereignisse des frühen 15. Jahrhunderts teil, dem Baseler Konzil, das 1431 begann und erst 1449 seinen Abschluss fand. Dort ging es auch um die Auseinandersetzung zwischen konservativen Vertretern, die die Macht des Papstes stärken wollten, und Vertretern des reformatorischen Flügels, den sogenannten »Konziliaristen«, die für eine Demokratisierung der Kirche eintraten. Hier gelang dem jungen deutschen Priester der Durchbruch als Intellektueller. Im Dienste der Konziliaristen schrieb er 1433 seine erste größere Schrift über die Einheit innerhalb der katholischen Kirche, *De concordantia catholica*.

Das Problem der »Einheit« rückte für Nikolaus zunehmend ins Zentrum seines Denkens. Es war ein kirchenpolitisches Problem, das aber in einem philosophischen Problem wurzelte: Gab es eine Wahrheit, in der die Widersprüche, in die sich die Aussagen über Gott und die Welt immer wieder verstrickten, aufgelöst werden konnten?

Während er in der Verfolgung dieser Frage sein Leben lang konsequent blieb, wechselte er schon 1437 kirchenpolitisch die Fronten. Zusammen mit seinem Freund Guiliano Cesarini ging er auf die Seite des Papstes über, ein Wechsel, der seiner Karriere nützte, seiner Glaubwürdigkeit unter den Konzilsteilnehmern aber erheblich schadete. Bis heute wird darüber spekuliert, ob päpstliches Geld dabei eine Rolle gespielt hat. Ein Ergebnis dieses Frontenwechsels war jedenfalls, dass der Papst ihn zum Mitglied einer Delegation machte, die im Juli 1437 mit dem Schiff nach Konstantinopel reiste, um den byzantinischen Kaiser samt Gefolge nach Italien zu bringen, mit dem Ziel, Ost- und Westkirche wieder miteinander zu vereinigen.

Die Reise nach Konstantinopel ermöglichte Nikolaus eine mehrmonatige kreative Pause, in der – inspiriert von Gesprächen und Diskussionen – die Grundidee für sein Hauptwerk *Die belehrte Unwissenheit* entstand. Im Zentrum stand wiederum das Thema der »Einheit«. Einheit als Überwindung der Vielheit war ein altes philosophisches Thema, insbesondere in der Tradition der platonischen Philosophie, die im Neuplatonismus der Spätantike zu einer Form der philosophischen Mystik weiterentwickelt wurde. Platons Welt der »Ideen« war eine Welt der unveränderlichen idealen Formen, die als eine wahre Wirklichkeit der immer wechselnden, veränderlichen Welt der sinnlichen Wahrnehmung entgegenstand. Sie gipfelte in der »Idee des Guten« als dem Inbegriff des Wahren, Guten und Schönen.

Der Begründer des Neuplatonismus, Plotin, entwickelte daraus sein oberstes Wirklichkeitsprinzip »des Einen« als unveränderlichen, geistigen Ursprung und Ziel alles Wirklichen. Für Plotin war das Eine nicht mehr durch Sprache und Vernunft, sondern nur durch eine mystische Vision erfassbar. Spätantike und frühmittelalterliche Anhänger des Neuplatonismus wie Boethius oder der bis heute nicht identifizierte Mystiker, der sich Dionysios Areopagita nannte, identifizierten dieses Eine mit dem christlichen Gott. Im Hochmittelalter dominierten zwar die Bemühungen, Glauben und Vernunft miteinander zu versöhnen, doch auch der mystische Gott als Einheitsprinzip jenseits aller rationalen Erkenntnis lebte fort. Einflussreich für Nikolaus wurde vor allem der jüdische Philosoph Moses Maimonides, der als »Rabbi Salomon« in seinen Schriften zitiert wird, und der von der Kirche verurteilte Dominikanermönch Meister Eckart.

Diese Einflüsse eines mystischen Neuplatonismus wurden durch die Begegnung mit dem oströmischen Philosophen Plethon noch verstärkt. Plethon befand sich im Gefolge des byzantinischen Kaisers, der sich, von der päpstlichen Delegation abgeholt, zwischen November 1437 und Februar 1438 auf die Reise von Konstantinopel nach Italien gemacht hatte. Plethon betrachtete die verschiedenen christlichen Konfessionen als volkstümliche Varianten der einen, unteilbaren Wahrheit, die Platon mit seiner höchsten Idee des Guten und Plotin mit seinem Begriff des Einen formuliert hatte.

Konnte man diese Einheit für den menschlichen Geist fassbar machen, auch wenn Vernunft und Sprache hier an eine Grenze stießen? In einem späteren Brief an Giuliano Cesarini berichtet Nikolaus, dass ihm die Idee der »belehrten Unwissenheit« auf der »Rückkehr aus Griechenland auf dem Meerwege« gekommen sei, auf jener Reise, bei der er mit Plethon zusammentraf. Hier formierten sich seine Grundgedanken, nämlich dass unsere rationale Erkenntnis sich in einem Netz sich ausschließender Gegensätze und logischer Widersprüche bewegt: Wenn etwas existiert, so kann es nicht sein, dass es gleichzeitig nicht existiert, und wenn etwas eckig ist, kann es nicht gleichzeitig rund sein. Wenn wir uns Gott nähern wollen, müssen wir diese Gegensätze allerdings überschreiten. Gott ist die Einheit im Sinne einer »Koinzidenz«, einer Vereinigung oder eines Zusammenfalls von Gegensätzen auf einer höheren Ebene. Das Wissen um diese Einheit ist aber verbunden mit dem Verzicht auf »Wissen« im üblichen Sinn: Es ist ein Wissen des Nichtwissens.

Genau um dieses Verhältnis von Wissen und Nichtwissen und um die Möglichkeit der rationalen Erkenntnis, sich dem Einheitsgedanken anzunähern, ging es in der Schrift, die nun Gestalt annahm. Man kann vermuten, dass Nikolaus sich bereits auf dem Schiff erste Notizen gemacht hat. Doch es dauerte noch knapp zwei Jahre, bis, wie er später in seinem Buch schrieb, die »großartige Lehre des Nichtwissens« ausformuliert war.

Das Tagesgeschäft im Dienst der Kurie nahm den größten Teil seiner Zeit in Anspruch. Nachdem Ost- und Westkirche auf dem Unionskonzil in Florenz 1439 ein Einigungsdokument unterzeichnet hatten, wurde Nikolaus von der Kurie wieder nach Deutschland geschickt, um die Landesfürsten auf die päpstliche Seite zu ziehen. Bezeugt sind u. a. Aufenthalte in Mainz, Frankfurt, Lahnstein und

Koblenz. Erst zu Beginn des neuen Jahres 1440 kam er dazu, sich für einige Wochen in seinen Heimatort Kues zurückzuziehen, wo er in einer konzentrierten Anstrengung das Manuskript seines Buches am 12. Februar vollendete. Gewidmet ist es seinem wichtigsten Freund, Mentor und Dialogpartner Guiliano Cesarini, »dem gottgeliebten hochwürdigsten Vater und Herrn Julian, dem erlauchten Kardinal des Heiligen Apostolischen Stuhles, seinem verehrten Lehrer«.

Der Titel *De docta ignorantia* signalisiert: Es geht in dem Buch um eine besondere Art der »ignorantia«, der Unwissenheit. Es ist die Unwissenheit über Gott als der Einheit aller Gegensätze in der Welt. Indem wir aber den Grund dieser Unwissenheit kennen lernen und uns über die Grenzen unserer Erkenntnisfähigkeit klar geworden sind, wird sie zu einer bewussten und »belehrten« Unwissenheit, einer Unwissenheit, die mit einem neuen Wissen verbunden ist.

Die belehrte Unwissenheit besteht aus drei Bänden: Der erste und meistgelesene behandelt Gott als die Einheit, »in der die Gegensätze zusammenfallen«. Der zweite Band widmet sich dem Universum und der dritte der Rolle Jesus Christus als dem Bindeglied zwischen Gott, Welt und Mensch. Grob gesagt: Der erste Band hat einen metaphysischen, der zweite einen kosmologischen und der dritte einen theologischen Schwerpunkt.

Wenn das Reden und rationale Argumentieren über die höchste Einheit an Grenzen stößt, so muss man auf bildliche oder symbolische Ausdrucksweisen zurückgreifen. Nikolaus bedient sich zu diesem Zweck der ihm vertrauten Sprache der Mathematik. Anknüpfend an einen Gedanken, der bis auf die frühgriechische Philosophie der Pythagoreer zurückgeht, nimmt er an, dass zwischen der für uns zugänglichen Welt und der uns verborgenen Welt Gottes eine Verbindung besteht, die sich in Form mathematischer Relationen verdeutlichen lässt. Wie viele seiner Zeitgenossen in der Renaissance ist Nikolaus von den Erkenntnisleistungen der Mathematik fasziniert und deshalb davon überzeugt, dass »wegen ihrer unverrückbaren Sicherheit« mathematische Symbole sich dazu eignen, das Sichtbare mit dem Unsichtbaren und das Diesseitige mit dem Transzendenten zu verknüpfen.

Bereits in der Art, wie Nikolaus sein Thema formuliert, sind die

Anleihen bei der Mathematik deutlich. Er bedient sich der Sprache der Quantifizierung, der Sprache der Größen und Messverhältnisse. Sowohl bei Gott als auch bei dem Universum und auch bei Jesus Christus handelt es sich um eine Form des »Maximums«, des jeweils »Größten«. Gott ist ein Maximum gegenüber allem anderen, was existiert; das Universum ist ein Maximum gegenüber allen einzelnen Dingen in der Welt; und auch Jesus Christus ist als Gott und zugleich Mensch eine besondere Art des Maximums. Die Fragen, die zu klären sind, lauten also: Welche besondere Art des Maximums ist Gott, welches Maximum ist die Welt und welches Jesus Christus?

Gott ist, so Nikolaus, das »schlechthin und absolut« Größte, das alle Proportionen übersteigt. Der Versuch, ihn als extreme Größe sowohl am oberen als auch am unteren Ende der Zahlenskala festzumachen, stößt immer an Grenzen. Denn jede sogenannte größte Zahl könnte, sofern sie quantifizierbar ist, immer noch übertroffen werden, indem man eine weitere endliche Zahl, also z. B. eine Eins, hinzufügt. Die gleiche Rechnung kann man anstellen, wenn man das Maximum in der anderen Richtung sucht, also die sogenannte kleinste Zahl. Auch sie kann, sobald sie als Zahl fassbar ist, durch Subtraktion immer noch kleiner gedacht werden.

Symbol für Gott als Maximum ist eine Zahl, die in Wahrheit keine richtige Zahl ist, weil wir mit ihr nicht wie mit einer normalen Zahl rechnen können: das Unendliche. So bleibt das Unendliche immer noch das Unendliche, auch wenn wir eine endliche Zahl addieren. Es gibt kein Unendliches plus eins. Wie das Unendliche eine Größe ist, auf die die Zahlenreihe zuläuft, ohne sie je zu erreichen, ist Gott das Maximum, auf das alles in der Welt zuläuft, ohne ihn zu erfassen. Gott ist das Maß aller Dinge, das selbst nicht gemessen werden kann, da, so Nikolaus, »Maß und Gemessenes trotz aller Angleichung immer verschieden bleiben«. Man kann lediglich symbolisch auf ihn hindeuten.

Geometrische Symbole für Gott sind auch Kugel und Kreis. Der Kreis steht in einem vergleichbaren Verhältnis zu den Vielecken wie Gott zur erfassbaren Welt. Der Kreis ist die nie erreichte Verwirklichung des unendlichen Vielecks, wie viele Ecken wir auch immer anfügen. Ebenso können wir unsere Erkenntnis der Welt unendlich erweitern, ohne je zur Erkenntnis Gottes zu gelangen. Der Mensch bleibt, bildlich gesprochen, im Denken der Vielecke befangen. Er erfasst die Wahrheit immer nur als Annäherungswert. Wir ergreifen Gott, so formuliert es Nikolaus, immer nur »in der Weise des Nichtergreifens«.

Auch wenn wir von Gott als »Einheit« sprechen, müssen wir unser normales Verständnis von »Einheit« vergessen. Kein einziges konkretes Beispiel für Einheit kann das ausdrücken, was Gott wirklich ist. So sieht die menschliche Rationalität in Begriffen wie »Einheit« und »Verschiedenheit« Gegensätze. Doch Gott gehört einem Bereich der Wirklichkeit an, in dem alle Unterschiede und Gegensätze zusammenfallen und keine sprachlich fassbare Bedeutung mehr haben. Er ist immer jenseits dessen, was unser Verstand begreifen kann, er ist eine nicht begreifbare Einheit aus Einheit und Verschiedenheit, aus Sein und Nicht-Sein. »Wenn es auch den Anschein hat«, so Nikolaus, »als ob ›Einheit‹ dem Namen des Größten ziemlich nahe käme, so bleibt er doch vom wahren Namen des Größten, der das Größte selbst ist, unendlich weit entfernt.«

Gott ist »alles, was sein kann«, eine Formulierung, mit der Nikolaus auch immer wieder in die Nähe des Pantheismus gerückt wird, eine philosophische Anschauung, in der Gott und Welt miteinander identifiziert werden. Der cusanische Gott jedoch ist in dem Sinne umfassend, dass er auch das in einer Einheit umschließt, was unserer Rationalität als paradox und unvereinbar erscheint. Alle Prädikate, die wir vergeben können, treffen gleichzeitig auf ihn zu und auch nicht zu. Sprache und Logik laufen leer, wenn sie Gott qualifizieren wollen. Eine Theologie, die dies nicht berücksichtigt und beansprucht, Gott erklären und seine Eigenschaften benennen zu können, lehnt Nikolaus ab. Eine solche »affirmative« Theologie kann lediglich ein vorläufiges Hilfsmittel sein, um zu der wahren, nämlich »negativen« Theologie zu gelangen, die die »heilige Unwissenheit« und die »Unaussprechlichkeit« Gottes lehrt.

Die negative Theologie ist eine Theologie der Verneinungen. Sie stellt alles, was wir über Gott aussagen, in Frage. Wenn wir wirklich etwas von Gott erkennen wollen, müssen wir über den Bereich rationaler Erkenntnis hinausgehen. Eine Möglichkeit sieht Nikolaus in einer intuitiven, mystischen Erkenntnis, welche er mithilfe der Bildlichkeit von Dunkelheit und Licht beschreibt, die in der Geschichte der philosophischen Mystik eine lange Tradition hat und sich bereits bei Platon findet. Es ist eine Erkenntnis, so Nikolaus, »bei der die genaue Wahrheit im Dunkel unserer Unwissenheit in der Weise des Nichterfassens aufleuchtet«. Rationales Nichtwissen wird also in einer nicht-rationalen »Erleuchtung« überwunden.

Nikolaus' Kosmologie, d. h. seine Theorie des Universums, war für die zeitgenössische Theologie ebenso provozierend wie seine Lehre vom rational unerkennbaren Gott. Die Welt als ein Abbild Gottes verlor ihre Begrenztheit und wurde nun ebenfalls unendlich. In unserem Versuch, die Welt »messbar« zu erfassen, können wir nie an ein Ende gelangen. Es gibt keine »abschließende« Erkenntnis der Welt, sondern immer nur Annäherungen. Allerdings unterscheidet Nikolaus die Unendlichkeit der Welt von der Unendlichkeit Gottes: Es ist eine relative oder eingeschränkte Unendlichkeit. Während Gott jenseits jeder Mess- und Zählbarkeit steht und damit absolut unendlich ist, ist die Welt dadurch eingeschränkt unendlich, dass wir die Menge der Dinge nie überschauen können. Die absolute Unendlichkeit Gottes spiegelt sich in einer sinnbildlichen Form in der relativen Unendlichkeit der Welt.

Auch das Universum ist eine Art Maximum, aber ein Maximum, das durch die Vielheit, die vielen einzelnen Dinge, die die Welt ausmachen, begrenzt ist. Es gibt kein Universum als Einheit unabhängig von den vielen Dingen. Auch die Gattungen und Arten, mit denen wir die Welt der Dinge einteilen, schaffen keine Einheit unter den Dingen. Jedes einzelne Ding ist ein Individuum, jedes Pferd ist anders als jedes andere Pferd. Die im Mittelalter heftig geführte Diskussion, ob das Allgemeine oder das Einzelne Vorrang in unserer Sicht der Wirklichkeit haben soll, wird bei Nikolaus zugunsten des Einzelnen entschieden. Er öffnet damit den Blick für die Vielfalt der Welt und unterstreicht die Bedeutung der Beobachtung und empirischen Forschung. Den Weg dieser Erforschung hat Gott selbst geebnet:

»Gott«, so Nikolaus, »hat bei der Erschaffung der Welt sich der Arithmetik, der Geometrie, der Musik und der Astronomie bedient, Künste, die auch wir anwenden, wenn wir nach proportionalen Verhältnissen der Dinge, der Elemente und der Bewegungen forschen.« Mit anderen Worten: Gott hat dem Menschen Mathematik, Musik und Astronomie an die Hand gegeben, damit er den göttlichen Bauplan des Universums nachvollziehen kann.

Allein aus einer philosophischen Argumentation heraus kam Nikolaus zu Schlüssen, die Erkenntnisse der späteren Naturwissenschaften vorwegnehmen: Das Universum hat für ihn keinen geographischen Mittelpunkt mehr. Sein wahrer Mittelpunkt ist der überall präsente Gott. Es gibt auch keine Peripherie der Welt mehr. Die Erde ist ein in Bewegung befindlicher Planet irgendwo im All. Sie verliert dadurch aber nicht ihre göttliche Prägung und ihren Adel, denn »ihre Gestalt ist edel und kugelförmig«, womit sie an die göttliche Vollkommenheit erinnert. Allerdings ist die Erde nicht vollkommen kugelförmig, ebenso wie ihre Bewegung nicht vollkommen kreisförmig ist. Es ist ein Universum, das überall an Gott erinnert und gleichzeitig unbegrenzte Möglichkeiten in sich birgt. So hält Nikolaus auch die Existenz von Bewohnern anderer Planeten und anderer Regionen des Universums für möglich.

Bei allen revolutionären philosophischen Überlegungen, die Nikolaus über Gott und das Universum anstellt, darf man nicht vergessen, dass er ein Theologe war, der fest auf dem Boden der Glaubenslehre der Kirche stand. Wenn er im dritten Band der *Belehrten Unwissenheit* Überlegungen über die Rolle von Jesus Christus im Verhältnis zwischen Gott und Mensch anstellt, so hat dies vor allem theologische Gründe: Es musste die These untermauert werden, dass Jesus als Gottes Sohn zugleich Gott und Mensch ist.

In der Sprache der *Belehrten Unwissenheit* hieß das: Jesus Christus musste zugleich ein absolutes Maximum und ein eingeschränktes Maximum sein. Dass dies eine sehr schwierige Denkfigur ist, war Nikolaus wohl bewusst. Wenn wir uns, so seine Argumentation, ein Maximum innerhalb einer bestimmten Gattung, also z. B. der Gattung der Pferde, vorstellen, so müsste dieses Pferd alle Eigenschaften der Gattung in Vollkommenheit besitzen. Es wäre damit weiterhin Teil der Welt, also eine eingeschränkte Größe, hätte aber auch etwas von der absoluten Einheit, die nur in Gott ist. Stellen wir uns nun ein Ding in der Welt vor, das das Maximum aller möglichen Dinge ist, das also alle Eigenschaften aller Dinge in Vollkommenheit umfasst. Dies könnte, so Nikolaus, nur ein Exemplar der vollkommensten Gattung sein, also ein Mensch. Denn der Mensch ist so etwas wie ein Mikrokosmos der Welt, er umfasst sowohl Materie als auch Geist, Sinnlichkeit und Vernunft. Dieser vollkommene Mensch, der das Maß aller Dinge für den Menschen ist, wäre in seiner Absolutheit gleichzeitig Menschensohn und Gottessohn. Auf diese Weise findet die Menschheit in Jesus Christus ihre wahre, in Gott begründete Einheit.

Von hier schlägt Nikolaus am Ende des Buches noch einmal den Bogen zu dem Thema, das ihn als Kirchenpolitiker sein Leben lang beschäftigte: die Einheit der Kirche. Sie findet in jener »Einung der Naturen in Christus« erst ihre Begründung. Nicht ohne Seitenblick auf das Einigungskonzil zwischen Ost- und Westkirche und einhundert Jahre vor einer erneuten Spaltung der Kirche in der Reformation postulierte er: »Einigung der Kirche aber ist die größte kirchliche Einigung.«

Wie die modernen Künstler und Denker des Negativen, des Leeren und Gestaltlosen war Nikolaus von Kues im Grunde ein Neuerer und Avantgardist, der seine Zeitgenossen zunächst verstörte. Doch sowohl sein Gottesbegriff als auch seine Weltsicht hinterließen in der Philosophiegeschichte tiefe Spuren. Die These von der Unendlichkeit der Welt und der Undenkbarkeit Gottes fand Eingang in das Werk Giordano Brunos, der dafür auf dem Scheiterhaufen starb. Dass die Widersprüche, in die sich die menschliche Vernunft verwickelt, von ihr selbst nicht gelöst werden können, findet sich in der sogenannten »Antinomienlehre« in Immanuel Kants *Kritik der reinen Vernunft* wieder. Im Unterschied zu Nikolaus verzichtete Kant aber darauf, hieraus einen Gottesbegriff abzuleiten.

Der cusanische Gott machte auch im Deutschen Idealismus eine bemerkenswerte Karriere. Die »Einheit von Einheit und Verschiedenheit« wurde zur entscheidenden Denkfigur in Hegels Dialektik. Aus dem Gott der cusanischen Theologie machte Hegel das Entwicklungsgesetz, mit der sich die Weltvernunft in der Menschheitsgeschichte durchsetzt.

Fruchtbar wurde aber vor allem das Projekt, die Grenze der menschlichen Erkenntnisfähigkeit in den Mittelpunkt der philosophischen Diskussion zu stellen. Dass die Anerkennung des Nichtwissens, dass also intellektuelle Bescheidenheit dem Menschen die Welt nicht verschließt, sondern ihre produktive Aneignung erst ermöglicht: Dies ist das Erbe der *Belehrten Unwissenheit*, das bis in die Gegenwart reicht.

Ausgabe:
Nicolai de Cusa: De docta ignorantia. Die belehrte Unwissenheit. Lateinisch-Deutsch. 3 Bände. Buch I und II übersetzt und herausgegeben von Paul Wilpert. Buch III übersetzt und herausgegeben von Hans Gerhard Senger. Hamburg: Meiner 1964–1977.

Der Staat als starker Mann
Thomas Hobbes: Leviathan (1651)

Bürger in westlichen Ländern wachen aufmerksam über ihre individuellen Freiheiten und reagieren mit Abwehr und Misstrauen, wenn der Staat versucht, seine Befugnisse zu erweitern und in diese Freiheiten einzugreifen. In anderen Teilen der Welt jedoch, in denen das Recht des Stärkeren, Korruption und Kriminalität herrschen, erwarten die Bürger geradezu vom Staat, dass seine Präsenz stärker sichtbar wird, dass er Rechtssicherheit herstellt und die Bürger vor Willkür und Gewalt schützt.

Doch auch in Westeuropa gab es Zeiten des Bürgerkriegs und der Anarchie, in denen die Menschen sich nichts sehnlicher wünschten als einen von einem starken Staat durchgesetzten Frieden. Das 17. Jahrhundert, in dem der englische Philosoph Thomas Hobbes lebte, war eine solche Zeit. In diesem Zeitalter der sogenannten »Glaubenskriege« gab es kaum ein Land, das nicht von blutigen konfessionellen und politischen Konflikten erschüttert wurde.

Frankreich erlebte 1610 die Ermordung Henris IV., eines Königs, der dem Land einen vorläufigen konfessionellen Frieden gebracht hatte. Deutschland war 1618–1648 Schauplatz des Dreißigjährigen Krieges, in dem Söldnerheere aus ganz Europa das Land verwüsteten. In England spitzte sich der Konflikt zwischen protestantischen Dissidenten und Anglikanern, zwischen Parlament und König 1642 zu einem Bürgerkrieg zu, der zur Machtergreifung Oliver Cromwells und zur Hinrichtung des Stuartkönigs Charles I. führte.

Die Erfahrung von Rebellionen, Bürgerkriegen und ständig wechselnden Machtverhältnissen hat in Thomas Hobbes' staatsphilosophischem Hauptwerk *Leviathan* tiefe Spuren hinterlassen. Wie Platon in seinem *Staat* wollte er eine politische Ordnung entwerfen, in der Frieden und Stabilität gesichert sind. Deshalb plädiert er dafür, dass sich alle Bürger und alle Gruppen in der Gesellschaft bedingungslos der Macht des Staates unterwerfen. Nur der Staat als starker Mann ist nach Hobbes in der Lage, den Bürger vor Willkür zu schützen. Wie das Meeresungeheuer Leviathan, von dem es am Ende des alttestamentarischen Buches Hiob heißt: »Auf Erden ist nicht seinesgleichen; er ist ein Geschöpf ohne Furcht. Er sieht allem ins Auge; er ist König über alle stolzen Tiere«, so muss der Staat sich als eine Macht erweisen, vor der sich alle beugen müssen. Was dieses Buch jedoch zu einem der Basiswerke der politischen Philosophie der Neuzeit macht, ist die Art, wie Hobbes sich die Konstitution, also die Grundlegung und Entstehung dieses Staates, vorstellt.

Der Italiener Niccolò Machiavelli hatte in seinem 1532 erschienenen Buch *Der Fürst* Politik als ein zum Zweck der Machterhaltung ausgeübtes Handwerk beschrieben und damit die im Mittelalter übliche Sicht in Frage gestellt, Staat und Politik fänden ihre Begründung in der Herrschaft Gottes über die Welt. Obwohl Hobbes seine Theorie durch zahlreiche Bezüge zur Bibel auch theologisch zu unterfüttern versucht, vollendet er in Wahrheit die Trennung von politischer Philosophie und Theologie endgültig: Für ihn ist nicht nur die Politik, sondern ist auch der Staat selbst ganz und gar Menschenwerk, nämlich das Ergebnis eines Vertrags, einer Vereinbarung zwischen den Bürgern. Damit wurde Hobbes gleichzeitig zum Begründer der sogenannten »Vertragstheorie«, deren Einfluss bis in die Gegenwart reicht.

Trotz der Gefahren, die die unsicheren Zeiten auch für ihn persönlich mit sich brachten, schaffte es Hobbes, sich unbeschadet durch die Grabenkämpfe der verfeindeten Parteien zu bewegen, ohne seine politischen Überzeugungen zu verleugnen. Geboren 1588, in dem Jahr, in dem die englische Flotte die spanische Armada besiegte, starb er 1679 in dem für seine Zeit geradezu biblischen Alter von 91 Jahren, als die Stuarts längst wieder auf den englischen Thron zurückgekehrt waren. Als Sohn eines westenglischen Landpfarrers gehörte er jener Gesellschaftsschicht an, die zwar nicht Zugang zu den höchsten Ämtern hatte, der aber sehr wohl die Bildungsinstitutionen und Kontakte offen standen, die bis zum Hof reichen konnten. Aus ihr gingen nicht zufällig viele Intellektuelle hervor.

Auch Hobbes, der schon in jungen Jahren durch seine Kenntnis der lateinischen und griechischen Sprache glänzte, konnte in Oxford studieren. Über dieses Studium zu Beginn des 17. Jahrhunderts, das von den neuen Erkenntnissen der Naturforschung noch ganz unberührt war, äußerte er sich später stets abfällig: Es diene vor allem dazu, so schrieb er, staatstreue Pfarrer auszubilden. Als er mit zwanzig Jahren das Studium abschloss, war von dem Philosophen Hobbes noch nicht viel erkennbar. Es sollte noch Jahrzehnte dauern, bis er mit eigenen philosophischen Schriften hervortrat.

Einen großen Teil seines Lebens verbrachte Hobbes als Tutor in adligen Familien, eine Stellung, die ihm einerseits genug Zeit zum eigenen Studium ließ und ihm andererseits, als Begleiter seiner adligen Schützlinge, Gelegenheit zu Bildungsreisen gab. Junge englische Adlige machten einmal im Leben die sogenannte »Grand Tour«, die in der Regel durch Frankreich, Italien und die Schweiz führte und häufig mehrere Jahre dauerte. Hobbes begab sich mit verschiedenen Zöglingen dreimal, zwischen 1610 und 1613, zwischen 1628 und 1630 und schließlich zwischen 1634 und 1636, auf die Grand Tour. Auf diesen Auslandsaufenthalten erhielt er entscheidende Anstöße für sein Denken.

Auf der ersten dieser Reisen wurde er 1610 Zeuge der Ermordung Henris IV. Hobbes entwickelte spätestens von diesem Zeitpunkt an die Überzeugung, dass die Hinrichtung des Herrschers, also des Souveräns, gleichbedeutend mit der Absage an eine rechtliche Ordnung ist. Die unangreifbare Macht des Souveräns blieb deshalb ein Eckpfeiler seiner politischen Theorie.

Auf seiner zweiten Europatour stieß er 1630 in Paris auf die *Elementa* des Euklid, in denen die Lehrsätze der Mathematik, besonders aber der Geometrie, logisch von einem Grundgerüst von Axiomen aus aufgebaut werden. Wie viele Philosophen des 17. Jahrhunderts, unter ihnen Descartes und Spinoza, war Hobbes von dem logischen Lehrgebäude der Geometrie fasziniert und betrachtete diese fortan als Vorbild für die Philosophie.

Auf seiner dritten Reise machte er schließlich die Bekanntschaft namhafter zeitgenössischer Philosophen und Wissenschaftler, mit denen er zwar nicht in allen Punkten übereinstimmte, denen aber gemeinsam war, dass sie die Naturerklärung der mittelalterlichen Scholastik ablehnten, die auf Aristoteles beruhte und nach der die Natur ein Reich von Zwecken und verborgenen Kräften ist. In Paris lernte er den Begründer des neuzeitlichen Rationalismus, René Descartes, und den Naturphilosophen Pierre Gassendi kennen. Gassendi hatte die in der griechischen Philosophie von Demokrit und Epikur vertretene Lehre, nach der sich alles Naturgeschehen aus den Eigenschaften und Bewegungen von Grundbestandteilen, den Atomen, erklären lässt, erneuert.

Zu der für Hobbes wichtigsten Begegnung kam es aber 1636 in Florenz, wo er Galileo Galilei traf, den wichtigsten Pionier der neuen wissenschaftlichen Weltanschauung. Galilei verstand Natur als einen den Gesetzen der Mechanik folgenden Zusammenhang, der sich mithilfe der euklidischen Mathematik beschreiben ließ. Demnach hat alles, was geschieht, eine »natürliche« Ursache und gehorcht dem Gesetz von Druck und Stoß, von Aktion und Reaktion. Jede Bewegung unterliegt dem »Trägheitsgesetz«, wonach ein Körper so lange in Ruhe oder gleichförmiger Bewegung bleibt, bis von außen Kräfte auf ihn einwirken. Diese mechanistische Naturerklärung kam immer wieder in Konflikt mit der Kirche, da ihr unterstellt wurde, sie propagiere ein Weltbild, in der Gott nicht mehr vorkommt.

Für Hobbes wurde die Mechanik Galileis die Grundlage seines eigenen philosophischen Denkens. Als er schließlich nach England zurückkehrte, war er überzeugt davon, dass man die neue Mechanik der Natur auch auf die Gesellschaft und Politik übertragen müsse. Ihm schwebte eine Mechanik der sozialen Welt vor, in der die sozialen Beziehungen zwischen Menschen als gesetzmäßige Bewegung von Körpern aufgefasst werden. Dies bedeutete, dass auch der Staat diesen Bewegungsgesetzen unterworfen ist und als eine Art Körper aufgefasst wird. Hobbes spricht deshalb nicht zufällig von einem »body politic«, einem »politischen Körper«.

Hobbes' politische Philosophie nimmt ihren Anfang mit einer

kleinen Schrift, die in Anlehnung an die *Elemente* des Euklid den Titel *Elements of Law, Natural and Politic* – zu Deutsch: *Naturrecht und Staatsrecht in den Anfangsgründen* – trägt. Bereits hier unterscheidet er zwischen zwei gesellschaftlichen Zuständen des Menschen: einer »Lage des Menschen in bloßer Natur«, die er mit Chaos und Anarchie identifiziert, und einem politisch organisierten Zustand, in dem die absolute Macht beim Souverän liegt. Eine der Absichten des Autors war es dabei, vor den Folgen einer Rebellion zu warnen. Die *Elements* erreichten keine große Öffentlichkeit, sondern wurden in einer Art Privatdruck vervielfältigt und 1840, als sich im englischen Parlament die Diskussion um die Machtbefugnisse des Königs zuspitzte, auch an die Parlamentarier verteilt.

Als sich im selben Jahr die Waage der Macht immer mehr den Puritanern zuneigte, entschloss sich der als königstreu bekannte Hobbes, das Land zu verlassen. Außerdem fürchtete er wegen seiner naturphilosophischen Anschauungen den Vorwurf des Atheismus, der lebensbedrohend sein konnte. Für etwa ein Jahrzehnt lebte er in Paris, einer Stadt, die er von seinen Reisen kannte und in der er einige Kontakte hatte. Hier entstanden seine beiden wichtigsten Werke zur politischen Philosophie, das lateinisch geschriebene *De Cive* (*Vom Bürger*) und der in Englisch verfasste *Leviathan*. Beide sind nicht nur Beispiele für die angestrebte »politische Mechanik«, sondern auch indirekte Kommentare zu den Bürgerkriegsereignissen in England. Hobbes wollte auf eine neue Art die Notwendigkeit eines gesetzlich geregelten Zustands und einer uneingeschränkten souveränen Macht begründen.

Vom Bürger war eigentlich als dritter und letzter Teil eines größeren Werks geplant, das, wiederum in Anlehnung an Euklid, den Titel *Elementa Philosophiae* (*Elemente der Philosophie*) tragen sollte. Wegen der drängenden politischen Ereignisse erschien *Vom Bürger* jedoch 1642 vor den beiden anderen Teilen, während Teil 1 und 2, *Vom Körper* und *Vom Menschen*, erst 1655 bzw. 1658 veröffentlicht wurden.

In der Schrift werden endgültig die Fundamente der Hobbes'schen politischen Philosophie gelegt. Aus der »Lage des Menschen in bloßer Natur« ist nun der »Naturzustand« geworden, ein vorstaatlicher Zustand, in dem jeder auf sich selbst angewiesen ist und seine Interessen schützen muss. Mit dem berühmten Satz »homo homini lupus« – »Der Mensch ist des Menschen Wolf« – beschreibt Hobbes nicht nur die Situation des Menschen im Naturzustand, sondern legt auch sein Menschenbild offen. Anders als die antike und christliche Philosophie versteht er den Menschen nicht als soziales Wesen, sondern zuerst als Einzelwesen. So wie Gassendi die Natur als eine Zusammensetzung von Atomen ansieht, begreift Hobbes die soziale Welt als eine Zusammensetzung von Individuen. Die Gesetze der Selbsterhaltung zwingen sie, aus dem Naturzustand in einen »gesellschaftlichen Zustand« überzutreten, indem sie miteinander eine vertragliche Vereinbarung treffen. Erst diese garantiert Frieden und den Schutz aller Bürger. Der zu zahlende Preis ist die Unterwerfung unter die Macht des Souveräns.

In *Vom Bürger* macht Hobbes keinen Hehl daraus, dass er mit dem Souverän den Herrscher in einer absoluten Monarchie meint. Dies war möglicherweise einer der Gründe, warum die Schrift am englischen Hof eine wohlwollende Aufnahme fand und ihr Autor die Gunst der Königs erwarb. Als die königliche Familie nach Paris ins Exil gegangen war, wurde Hobbes sogar als Lehrer des zukünftigen Königs Charles II. angestellt. Doch der Atheismusvorwurf war ihm bis nach Frankreich gefolgt, und die Hofintrigen machten auch vor Hobbes nicht halt. Seine Reputation beim König nahm Schaden. Vielleicht begann Hobbes sich deshalb mit dem Gedanken anzufreunden, nach England zurückzukehren.

1649, in dem Jahr, in dem der englische König Charles I. hingerichtet wurde und das »Rumpfparlament« der Puritaner die Macht übernahm, begann er mit der Arbeit am *Leviathan*. Die in *Vom Bürger* aufgestellten Thesen sollten hier in einem größeren Zusammenhang ausformuliert werden. Als das Buch im April 1651 erschien, neigte sich die Zeit des Exils für Hobbes ihrem Ende entgegen. Sein Blick war bereits auf die heimische Leserschaft gerichtet. Während *Vom Bürger* in einer sehr niedrigen Auflage gedruckt worden war und nur ein kleines, des Lateinischen kundiges Publikum erreicht hatte, hatte Hobbes den *Leviathan* bewusst in Englisch geschrieben und in London publiziert, um dadurch eine große Öffentlichkeit anzusprechen. Aber auch dem zukünftigen englischen König in Paris überreichte er ein Exemplar. Doch anders als seine Schrift *Vom Bürger* wurde der *Leviathan* nicht mehr gnädig aufgenommen. Ab Oktober 1651 empfing man Hobbes nicht mehr am Hof. Im Februar 1652 entschloss er sich zur Rückkehr nach England.

Der *Leviathan* besteht aus vier umfangreichen Teilen. Im ersten Teil, »Vom Menschen«, nimmt Hobbes Überlegungen vorweg, die er in seinen späteren Schriften *Vom Körper* und *Vom Menschen* ausführlicher darlegt: Er enthält zunächst eine sensualistische Erkenntnistheorie, d. h. eine Theorie, in der menschliche Empfindungen, Vorstellungen und Erkenntnisse auf sinnliche Eindrücke zurückgeführt werden. Darauf aufbauend, vertritt er eine materialistische Lehre vom Menschen, in der der Mensch als Teil einer stofflichen, physikalisch beschreibbaren Umwelt definiert wird. Auch die moralischen und sozialen Eigenschaften werden mit physikalischen Begriffen beschrieben.

Im zweiten Teil, der gemeinhin als das Kernstück des Buches angesehen wird, geht es um das »Gemeinwesen«, d. h. um die Art, wie eine gerechte politische Ordnung rational begründet werden kann. Im dritten Teil, »Von einem christlichen Gemeinwesen«, versucht Hobbes, die Übereinstimmung seiner neuen politischen Philosophie mit der christlichen Lehre nachzuweisen. Der vierte Teil mit dem religiös anmutenden Titel »Vom Königreich der Finsternis« schließlich interpretiert das biblische Reich des Satans als Reich der Phantasmen und Unwissenheit. Hobbes setzt sich hier mit all jenen Interpretationen und Positionen auseinander, die er als theologische und philosophische Irrtümer ansieht. Die unorthodoxe und rationale Art der Bibelinterpretation, die Hobbes in den Teilen drei und vier entwickelt, hat ihm sogar den Ruf eingetragen, der Vater der historischen Bibelkritik zu sein, wie sie nach ihm von Spinoza und vor allem in der Aufklärung vorgetragen wurde.

Hobbes führt den Leser in ein Universum, das ganz von den Bewegungsgesetzen der Mechanik beherrscht ist und in dem es keine okkulten – also dunklen und geheimnisvollen – Kräfte mehr, aber auch keine vorherbestimmten Zwecke gibt. Selbst die Empfindung ist für Hobbes »Bewegung in den Organen und inneren Teilen des Körpers«. Hobbes' Universum ist ein Universum von physischen, psychischen, sozialen und politischen Körpern.

So ist sein Bild von der sozialen und politischen Welt auch grundsätzlich anders als das der aristotelisch-christlichen Tradition. Für Hobbes ist der Mensch weder auf die Verwirklichung des Guten hin angelegt noch für die Gemeinschaft geschaffen. Im Naturzustand ist jeder Mensch ein Einzelkämpfer, der sich wie ein isolierter Partikel in einem offenen Raum bewegt und auf sich selbst angewiesen ist. Jeder muss seine Interessen und Lebensbedürfnisse gegen die anderen durchsetzen. Der Mensch im Naturzustand ist kein Gutmensch, sondern egoistisch und verfolgt seine Selbsterhaltung auf Kosten anderer: Es herrscht ein »Krieg aller gegen alle«.

Es ist ein Zustand absoluter Anarchie, in dem sich der Stärkere durchsetzt. Schutz und Rechtssicherheit gibt es für niemanden. Die Folge ist ein Klima der ständigen Unsicherheit und Furcht. Es ist aber auch ein Zustand der Freiheit und Gleichheit in dem Sinne, dass alle von Natur aus gleich und gleichermaßen frei im Durchsetzen ihres Lebensspielraums sind.

Im Naturzustand herrscht das »Naturrecht«. Anders als wir diesen Begriff heute verstehen, beschreibt er bei Hobbes keine grundlegenden Rechtsansprüche wie z.B. den auf Unversehrtheit der Person, sondern Naturrecht bedeutet nichts anderes als »die Freiheit, die jeder Mensch besitzt, seine eigene Macht nach Belieben zur Erhaltung seiner eigenen Natur, das heißt seines eigenen Lebens, zu gebrauchen«.

Das Bild, das Hobbes vom Naturzustand zeichnet, wurde sicherlich durch die rechtlosen und anarchischen Zustände inspiriert, die im englischen Bürgerkrieg zu beobachten waren. Wie bei Machiavelli speist sich das Menschenbild bei Hobbes aus konkreter Anschauung. Dennoch ging es ihm nicht um eine Zustandsbeschreibung, sondern um ein Modell, das verstehen hilft, auf welchem Fundament eine staatlich und damit auch rechtlich geordnete Gemeinschaft steht.

Das, was den Menschen dazu bewegt, den Zustand des Fressens und Gefressenwerdens zu verlassen und sich auf ein gesetzmäßiges und soziales Verhalten einzulassen, ist die Einsicht in die Notwendigkeit. Es ist die Erkenntnis, dass Selbsterhaltung letztlich nur in der Gemeinschaft mit anderen möglich ist.

Um ein friedliches Zusammenleben der Menschen zu ermöglichen, muss jeder Einzelne bereit sein, seine Ellbogen einzuziehen, auf bestimmte egoistische Handlungsweisen zu verzichten und auch die Interessen der anderen in den Blick zu nehmen. Den Weg, wie man dem Dilemma der Anarchie entkommen kann, zeigen eine ganze Reihe von »Naturgesetzen«. Sie definieren bestimmte moralische Einstellungen wie »Gerechtigkeit«, »Mäßigkeit« oder »Erbarmen«, aber formulieren auch soziale Klugheitsregeln, die Ergebnisse des gesunden Menschenverstandes sind.

Die ersten beiden einer ganzen Reihe von Naturgesetzen geben die Richtung an, die schließlich vom Naturzustand zu einem »Gemeinwesen« führen sollen: Sie fordern erstens vom Menschen, nach Frieden zu streben, und zweitens die Bereitschaft, im Interesse des Friedens nur die Rechte zu beanspruchen, die man auch anderen zu gewähren bereit ist. Die Naturgesetze verlangen, kurz gesagt, eine symmetrische, d. h. gegenseitig gleiche Verteilung von Rechten und Pflichten und eine vertragliche Regelung, die dies festlegt.

Durch die Einhaltung der Naturgesetze werden die Menschen auf einen dauerhaften Friedenszustand eingestimmt – aber dieser Friedenszustand wird dadurch noch nicht erreicht. Hobbes hat zu viel vom Menschen gesehen, als dass er ihm trauen könnte. Um den gesellschaftlichen Frieden wirklich zu sichern, bedarf es einer übergeordneten Macht, die auch in der Lage und befugt ist, ihn notfalls mit Gewalt durchzusetzen.

Diese Einsicht hat Hobbes mit einem seiner berühmtesten Sätze formuliert: »Covenants, without the Sword, are but Words« – »Verträge ohne Schwert sind nur Worte«, schreibt er im 17. Kapitel des *Leviathan*.

Um eine Macht zu etablieren, die den Frieden auch mit dem Schwert durchsetzen kann, ist ein für alle geltender »Gesellschaftsvertrag« notwendig. Es ist ein Vertrag zwischen Freien und Gleichen zugunsten eines Dritten: des Souveräns. Auf ihn übertragen die Vertragsschließenden alle ihre Rechte. Der Souverän wiederum übernimmt den Schutz der Bürger vor gewaltsamen Übergriffen, aber auch die materielle Grundversorgung der Bevölkerung. Bei Hobbes sind also bereits erste Merkmale eines Sozialstaats erkennbar: Der Souverän übernimmt auch Verantwortung für die Armen.

Das bahnbrechend Neue an der Konstruktion des Gesellschaftsvertrags ist sofort sichtbar: Es gibt keine naturgegebenen Standesunterschiede zwischen den Menschen und auch keine Herrschaft »von Gottes Gnaden« mehr. Das Gemeinwesen erwächst vielmehr aus dem Willen von freien und gleichen Bürgern. Damit war der Theorie der Volkssouveränität, wie sie in der Aufklärung entwickelt wurde, ein großes Tor geöffnet.

Anders als die späteren Aufklärer beharrt Hobbes jedoch auf der Machtfülle des Souveräns. Der Souverän ist der Dreh- und Angelpunkt der politischen Philosophie des *Leviathan*. Mit der in ihm konzentrierten Macht zur Durchsetzung des Rechts erlangen die Naturgesetze erst ihre Geltung. Recht, Macht und Staat: Sie alle treten erst mit dem Souverän ins Leben und sind mit ihm identisch. Im Souverän vereinigt sich für Hobbes der gemeinsame Wille der Vertragsschließenden. Als die »in einer Person vereinigte Menge« verkörpert er das Gemeinwesen. »Das ist«, so Hobbes, »die Entstehung jenes großen *Leviathan* oder besser... jenes *sterblichen Gottes*, dem wir unter dem *unsterblichen Gott* unseren Frieden und unsere Sicherheit verdanken.«

Das berühmte, in vielen Ausgaben des *Leviathan* abgebildete und von dem Kupferstecher Wenceslaus Holler gestaltete Titelbild hat der Hobbes'schen Vorstellung vom Souverän Gestalt verliehen. Im Mittelpunkt steht eine bekrönte Person, die selbst wiederum aus Menschen zusammengesetzt ist. Der Souverän ist die Überperson, die zur Einheit gebrachte Ansammlung von Einzelmenschen. Als »sterblicher Gott« ist er mit unbeschränkter Herrschaftsgewalt ausgestattet. So trägt er sowohl die Insignien der weltlichen als auch die der geistlichen Macht: zu seiner Rechten ein Schwert und zu seiner

Linken den bischöflichen Krummstab. Für die Kirche als Institution bedeutet dies Unterordnung unter die Herrschaft des Staates.

Die Hobbes'sche Theorie vom Souverän, der durch einen Gesellschaftsvertrag installiert wird, hat eine demokratische und eine totalitäre Seite. Während die Art der Staatsbegründung durch einen Vertrag von Freien und Gleichen das Modell für die Verfassungsgebung eines Rechtsstaats abgibt, trägt die von der Figur des Souveräns beherrschte Staatskonstruktion Züge absoluter und totalitärer Herrschaft. Die Macht des Souveräns bei Hobbes ist unbegrenzt und wird auch durch keine Institutionen kontrolliert. Eine Gewaltenteilung zwischen Herrscher, Parlament und Rechtsprechung wie später bei Locke und Montesquieu gibt es nicht. Der Souverän ist Herr über Krieg und Frieden, Leben und Tod. Es gibt keine Möglichkeit, ihn abzusetzen. Allerdings endet die Gehorsamspflicht der Untertanen dann, wenn der Souverän seine Schutzverpflichtung gegenüber den Bürgern nicht mehr erfüllen kann.

Wenn Hobbes den Souverän auch bildlich als eine »Person« bezeichnet, so ist damit die Frage, welche konkrete Gestalt er als Verkörperung des Gemeinwesens annimmt, noch nicht beantwortet. Hobbes diskutiert neben der monarchischen Einpersonenherrschaft auch die Möglichkeit, dass eine »Versammlung« diese Funktion übernimmt, entweder als Versammlung aller Bürger oder eines Teils von Bürgern. Seine Vorliebe gilt aber dem Modell der absoluten Monarchie. Er begründet dies damit, dass nur in dieser sich private und öffentliche Interessen vollständig decken.

Der Souverän ist als »sterblicher Gott« Stellvertreter und Handlanger des unsterblichen Gottes. Doch dieser unsterbliche Gott ist in Hobbes' politischem Universum merkwürdig abwesend. Erst nachträglich hat Hobbes der Ableitung der politischen Herrschaft »aus der Natur« eine theologische Rechtfertigung beigefügt. Nicht nur die Zeitgenossen argwöhnten, dass Hobbes' rationaler Umgang mit religiösen Fragen wenig Raum für die Wahrheit einer Offenbarungsreligion lässt. Für ihn hatten logische Schlussfolgerungen allemal Vorrang vor obskuren Autoritäten. »Denn wer mit Worten«, so schreibt er im 46. Kapitel, »die er versteht, richtig folgert, kann nie zu einem Irrtum gelangen.« Entsprechend bezeichnete er dasjenige als »Scheinphilosophie«, »was irgendjemand durch übernatürliche Offenbarung weiß, weil es nicht durch Schlussfolgerung erlangt ist«.

John Aubrey, der berühmte Biograf und Freund des Autors, glaubte, dass Hobbes den *Leviathan* schrieb, »ohne jede Absicht, seiner Majestät zu schaden oder Oliver [Cromwell] zu schmeicheln..., aber mit dem Zweck, seine Rückkehr zu erleichtern«. Doch der Atheismusverdacht hing Hobbes noch weit über seinen Tod hinaus an. 1683 verurteilte die Universität Oxford das Buch als häretische Schrift. Anspielend auf seinen Heimatort, nannte man ihn »the monster of Malmesbury«. Keine der politischen Parteien in England fand sich in einem Denken wieder, bei dem weder der göttliche Ursprung politischer Herrschaft noch die Einschränkung königlicher Macht durch das Parlament eine Rolle spielte. Die englische Öffentlichkeit fasste das Buch nur mit spitzen Fingern an. Erst 1881 konnte dort eine zweite Auflage erscheinen.

Viel nachhaltiger wirkte das Buch in der Philosophiegeschichte. Die Vertragstheorie wurde zum Grundmuster der politischen Philosophie der Aufklärung und wurde u. a. von Spinoza, Locke, Rousseau und Kant weiterentwickelt. Rousseau ist dabei derjenige, dessen Idee einer »volonté générale«, eines »Gesamtwillens«, der den Willen aller repräsentiert und deswegen keinen Widerstand erfahren darf, dem Hobbes'schen Souverän am nächsten kommt.

Sowohl die demokratische als auch die totalitäre Tendenz des *Leviathan* haben bis ins 20. Jahrhundert Einfluss ausgeübt. So übernahm der Rechtsphilosoph Carl Schmitt von Hobbes die These, dass die Geltung des Rechts an die Macht eines Souveräns geknüpft ist, und rechtfertigte damit die Führerideologie und die Abschaffung des Rechtsstaats durch die Nazis. Der amerikanische Philosoph John Rawls wiederum lieferte mit Hilfe der Figur des Gesellschaftsvertrags eine Theorie der Demokratie und die Begründung für ein Sozialstaatsmodell, in dem sich alle Entscheidungen auch an den Bedürfnissen der sozial Schwächsten ausrichten.

Bei all dem bleibt Hobbes derjenige, der dem Staat die metaphysischen Weihen entzogen hat und ihn als das darstellt, was er, nüchtern betrachtet, ist: ein effektives Instrument des Menschen, um das friedliche Zusammenleben einer Gesellschaft zu organisieren.

Ausgabe:

THOMAS HOBBES: Leviathan. Aus dem Englischen übertragen von Jutta Schlösser. Mit einer Einführung und herausgegeben von Hermann Klenner. Hamburg: Meiner 1996.

Das Buch über Gott und die Welt
Baruch de Spinoza: Die Ethik (1677)

Gott hat nicht nur in den Religionen, sondern auch in der Philosophie immer eine große Rolle gespielt, selbst wenn Friedrich Nietzsche, der große Ketzer unter den Philosophen des 19. Jahrhunderts, vielleicht etwas voreilig verkündete: »Gott ist tot!« Doch in den meisten Fällen unterscheiden sich die philosophischen Gottesvorstellungen von den religiösen beträchtlich. Schon für einen der Väter der westlichen Philosophie, den Griechen Aristoteles, war Gott nichts anderes als ein sehr abstraktes kosmologisches Prinzip: der »unbewegte Beweger«, auf den alle Vorgänge in der Welt ausgerichtet waren. Aber auch nach dem Eindringen des Christentums in die Philosophie hatte der rationale Gott der Philosophen wenig Ähnlichkeit mit dem persönlichen Gott, an den die Gläubigen sich zu wenden pflegen.

Eine der einflussreichsten rationalen Gottesvorstellungen hat uns der niederländische Philosoph Baruch de Spinoza in einem Buch mit dem etwas irritierenden Titel *Die Ethik* überliefert. Ethik, also Moralphilosophie, ist hier nämlich nur ein Thema unter anderen. Es handelt sich vielmehr um ein klassisches Werk der Metaphysik, um eine Lehre von den ersten Gründen der Wirklichkeit. Die *Ethik* ist ein Buch über Gott und die Welt, genauer gesagt: ein Buch über Gott *in* der Welt und über die Welt in Gott. Erst auf der Grundlage der Beziehung zwischen Welt und Gott wird die Frage des richtigen Lebens und Handelns erörtert.

Spinozas Gott residiert nicht außerhalb der Welt – in keinem Himmel und in keiner Transzendenz. Er ist, wie es in einem frühen Song der Beatles heißt, »here, there and everywhere«. »Alles, was ist«, schreibt Spinoza, »ist in Gott, und nichts kann ohne Gott sein und begriffen werden.« Spinozas Gott ist gleichbedeutend mit dem Wesen der Welt. Er offenbart sich nicht durch heilige Bücher, sondern er liegt für die Vernunft des Menschen offen zu Tage. Die Welt und ihre unwandelbaren Gesetze, das »Buch der Natur« also, enthält für Spinoza die Offenbarung Gottes.

Dieser »immanente«, der Welt innewohnende Gott hat große Diskussionen ausgelöst. Er hat bei vielen nicht nur das Gottesbild, sondern auch das Weltbild nachhaltig verändert. Denn ebenso wie Gott weltlich wurde, wurde die Welt jetzt göttlich. Die eigentliche Revolution, die Spinozas *Ethik* im Denken der Nachwelt hervorrief, war eine Revolution der »Weltanschauung« im wörtlichen Sinn: Die Welt hatte die Eigenschaften Gottes angenommen, sie war ewig, unendlich und wunderbar geworden. Und die Frömmigkeit und Ehrfurcht, die sich bis dahin auf Gott gerichtet hatte, übertrug sich nun auf die Welt. Doch auch damit, so ist man sich einig, ist dieses Buch noch lange nicht ausgeschöpft. Spinozas *Ethik* ist wie eine Kugel aus geschliffenem Glas, die ihre Farbe ändert, je nachdem, in welchem Licht man sie betrachtet.

So wie sein Werk für viele Betrachtungsweisen offen bleibt, so hat auch die Person des Baruch de Spinoza bis heute viel Rätselhaftes bewahrt. Der 1632 im jüdischen Viertel Amsterdams geborene Denker blieb ein Außenseiter, der bis zu seinem frühen Tod 1677 ein stilles, zurückgezogenes Leben führte und dennoch mit den Autoritäten seiner Zeit immer wieder in Konflikt geriet. Bento de Espinosa, wie sein portugiesischer Taufname lautete, war der Abkömmling sephardischer Juden, die, ursprünglich aus Spanien vertrieben, Ende des 16. Jahrhunderts ihren Weg über Portugal und Frankreich in die Niederlande gefunden hatten. Das junge Land nahm verfolgte Bürger zu einem Zeitpunkt auf, als es sich selbst noch mitten im Unabhängigkeitskampf gegen Spanien befand.

Spinozas Vater, ein angesehener Kaufmann, hatte innerhalb der jüdischen Gemeinde hohe Ämter inne und ließ seine Kinder im Sinne jüdischer Rechtgläubigkeit erziehen. Neben den von Jugend an vertrauten Sprachen Portugiesisch, Spanisch und Niederländisch lernte der junge Spinoza in der Gesetzesschule der Gemeinde Hebräisch, erwarb umfassende Bibelkenntnisse und schärfte seinen Geist, seit er dreizehn war, durch Talmudstudien. Später kamen die Beherrschung des Lateinischen und Kenntnisse in Französisch, Italienisch und Deutsch dazu.

Doch schon sehr früh, mit achtzehn Jahren, zeichnete sich ab, dass der geistige Weg des jungen Spinoza nicht in die jüdische Orthodoxie führen würde. Er nahm Kontakt zu einem Kreis freigeistiger protestantischer Kaufleute und Intellektueller, den sogenannten »Kollegianten«, auf. Im Umkreis der Kollegianten begann Spinoza, sich von der jüdischen Schultradition zu lösen und sich eine umfassende weltliche Bildung anzueignen. So machte er sich mit dem neuen Weltbild eines Kopernikus, Kepler und Galilei vertraut, nach dem alle Vorgänge in der Welt natürliche Ursachen haben und Naturgesetzen gehorchen. Wie viele seiner Zeitgenossen betrachtete Spinoza die Mathematik als die eigentliche Schlüsselwissenschaft. Er verknüpfte den Gedanken Gottes mit dem Gedanken einer rationalen, mathematisch erklärbaren Weltordnung. Den Boden des jüdischen Glaubens hatte er damit verlassen.

Als sein Vater 1654 starb, trat er zunächst den für ihn vorgezeichneten Weg an: Er wurde Teilhaber des väterlichen Geschäfts. Doch hatte man in der jüdischen Gemeinde seine Kontakte zu den freigeistigen Kollegianten schon eine Weile beobachtet und war durch die kritischen Ansichten, die der junge Spinoza gegenüber den Glaubensinhalten geäußert hatte, argwöhnisch. Als er sich mehrfach weigerte, seine Überzeugungen zu widerrufen, sprach die Gemeinde am 27. Juli 1656 den sogenannten »großen Bann« gegen ihn aus und verstieß ihn. Ein solcher Ausschluss hatte einschneidende persönliche Konsequenzen: Er bedeutete soziale Isolierung und Verlust der wirtschaftlichen Lebensgrundlagen. Auch die Führung der väterlichen Geschäfte war unter diesen Umständen nicht mehr möglich.

Für Spinoza begann nun ein Leben der Verbannung im eigenen Land. Die jüdische Gemeinde verzieh dem Abtrünnigen nicht und versuchte immer wieder, ihren Einfluss gegen ihn geltend zu machen. Und auch außerhalb der Gemeinde blieb seine Lage prekär. Spinoza fand zwar ein Leben lang Freunde und Gönner, und seine

Kontakte reichten bis in höhere gesellschaftliche Kreise hinein. Doch auch in den ansonsten liberalen Niederlanden gab es eine calvinistisch geprägte Zensur. Seine gegen die Orthodoxie gerichteten religiösen Auffassungen waren ebenso bekannt wie seine Verbindungen zu den »Regenten«, den Vertretern der liberalen Oberschicht, die in heftige politische Auseinandersetzungen mit den Anhängern des Hauses Oranien verwickelt waren. Als politisch Liberaler und religiöser Freigeist war er sein Leben lang Verdächtigungen und Verfolgungen ausgesetzt. So entschied er sich für eine unauffällige und zurückgezogene Existenz, ohne ein Amt in einer Kirche, einer Universität oder der Politik zu bekleiden. Für sein Siegel wählte er nicht zufällig den Wahlspruch »Caute!« (Sei vorsichtig!).

Seine Amsterdamer Freunde aus dem Umkreis der Kollegianten halfen ihm, sich außerhalb der jüdischen Gemeinde einzurichten. Doch die wichtigste Rolle für die weitere philosophische Entwicklung des jungen Spinoza spielte der Ex-Jesuit Franciscus van den Enden, ein schillernder und vielseitig gebildeter Intellektueller, der sich von der Kirche gelöst und sich zum Atheisten und Materialisten gewandelt hatte.

Er betrieb in Amsterdam eine Lateinschule und nahm Spinoza bei sich auf. In van den Endens aufgeklärter Denkerwerkstatt verkehrten viele begabte junge Leute. Hier lernte Spinoza die antike Naturphilosophie kennen, so den Atomismus des Vorsokratikers Demokrit und die im 16. Jahrhundert weit verbreiteten Schriften der Stoiker, die glaubten, dass der Kosmos von einer einheitlichen Weltvernunft beherrscht werde. Aber auch mit den Schriften des italienischen Renaissancephilosophen Giordano Bruno, für den das Universum unendlich war und den man wegen seiner Äußerungen auf dem Scheiterhaufen verbrannt hatte, wurde er vertraut.

Noch wichtiger aber wurde die Bekanntschaft mit dem Werk des französischen Philosophen René Descartes, des Begründers des neuzeitlichen Rationalismus. Cartesius, wie er in Fachkreisen auch genannt wurde, hatte über zwanzig Jahre lang, von 1628 bis 1649, in den Niederlanden gelebt. Seine Schriften waren dort gut bekannt und wurden ab 1656 ins Niederländische übersetzt.

Descartes war ebenfalls ein Anhänger Galileis gewesen, hatte selbst naturwissenschaftliche Studien betrieben und die Mathematik, insbesondere die Geometrie, zum Vorbild für die Philosophie erklärt. Er war davon überzeugt, dass der Ratio, der Vernunft, die Struktur der Wirklichkeit durch intuitive Gewissheit und logische Schlussfolgerungen zugänglich ist. Aus der Gewissheit des eigenen Denkens (»Cogito ergo sum« – »Ich denke, also bin ich«) erschloss er Schritt für Schritt ein System von Vernunftwahrheiten, in dem auch Gott als Garant wahrer Erkenntnis seinen Platz hatte.

Descartes schied die Welt in zwei voneinander streng getrennte Substanzen: die »res extensa«, die durch Ausdehnung charakterisierte Materie, und die »res cogitans«, den Geist, der als »denkende Sache« den Gesetzen der Materie nicht unterworfen war. Aus der Existenz des Geistes begründete Descartes auch die Willensfreiheit des Menschen, die Möglichkeit also, mit eigenen Handlungen frei in die Kette von Ursache und Wirkung einzugreifen. Eine Verbindung zwischen Materie und Geist war für Descartes einzig vermittels der menschlichen Seele gegeben, deren Sitz er in der Zirbeldrüse des Gehirns vermutete.

Nach dem großen Bann von 1656 markierte das Jahr 1660 einen weiteren wichtigen Einschnitt in Spinozas Leben. Auf Betreiben der Amsterdamer Rabbiner musste er Amsterdam verlassen. Damit endete auch seine Lehrzeit bei van den Enden. Er siedelte zunächst nach Rijnsburg, nahe der Universitätsstadt Leiden, um. Drei Jahre später zog er nach Voorburg vor den Toren Den Haags und schließlich, 1669, nach Den Haag selbst, wo er bis zu seinem Tod wohnte. Seinen Lebensunterhalt verdiente er sich mit dem Schleifen optischer Linsen, ein Handwerk, zu dem ihn Descartes' wissenschaftliche Untersuchungen über Optik angeregt hatten.

In der Auseinandersetzung mit Descartes entwickelte Spinoza nun seine eigene Form des Rationalismus. Erste Ansätze dazu finden sich in der Schrift, die Spinoza als einzige unter seinem eigenen Namen zu Lebzeiten veröffentlichte, *Descartes' Prinzipien der Philosophie, auf geometrische Weise begründet,* von 1663. Spinoza kommentiert und erläutert darin die 1644 erschienenen *Prinzipien der Philosophie,* lässt aber auch immer wieder eigene Gedanken einfließen.

Spinoza übernahm von Descartes den Denkansatz und rekonstruiert dessen Philosophie nach einer Methode, die er selbst in seinen Schriften anwenden sollte. Wie Descartes glaubte er, dass die Vernunft aus sich selbst heraus sichere Erkenntnisse über die Welt hervorbringen könne. Doch für ihn ist nicht mehr das subjektive Bewusstsein, das Ich, der Grundbaustein, auf dem das Haus der Wirklichkeit errichtet wird, sondern Gott. Die hier erstmals erprobte »geometrische Methode« baut nach dem Vorbild der Mathematik eine Argumentation auf, die deduktiv vorgeht, d. h. aus obersten Prinzipien alle übrigen Aussagen logisch ableitet.

Erste Aufzeichnungen zur *Ethik* machte Spinoza ab 1661, unterbrach die Arbeit an der Schrift aber 1665, als er mit der Abfassung seines zweiten Hauptwerks, des *Theologisch-Politischen Traktats*, begann. Erst nach dem Erscheinen des *Traktats* 1670 wandte er sich wieder der *Ethik* zu und schloss das Manuskript 1675 ab. Es ist, wie in der damaligen europäischen Gelehrtenwelt üblich, in lateinischer Sprache geschrieben. Von einer Veröffentlichung zu seinen Lebzeiten sah Spinoza allerdings ab.

Der Aufruhr, den der anonym publizierte *Traktat* mit seiner rationalen Gottesvorstellung und seiner kritischen Bibelauslegung in orthodox religiösen Kreisen ausgelöst hatte, veranlasste ihn, den Text zurückzuhalten. Dennoch kursierten Teile des Manuskripts unter Freunden und wurden dort auch intensiv diskutiert. Die *Ethik* war bereits vor ihrer Veröffentlichung ein gleichermaßen berüchtigter und begehrter Untergrundtext. Gottfried Wilhelm Leibniz, nach Descartes und Spinoza der dritte große Rationalist, versuchte bei einem Besuch Spinozas 1676 vergeblich, ein Exemplar des Textes zu erhalten.

Die *Ethik, in geometrischer Weise dargestellt und in fünf Teile geschieden,* wie der Titel vollständig lautet, ist ein streng logisch gegliederter Text, bei dem die Freunde klarer Definitionen und eindeutig formulierter Schlussfolgerungen voll auf ihre Kosten kommen. Jeder der fünf Teile des Buches gliedert sich in Begriffsbestimmungen, Grundsätze, Lehrsätze mit Beweisen und Erläuterungen, Folgesätze und Hilfssätze. Dazu kommen Anhänge, Anmerkungen und Postulate. Die geometrische Methode ist aber keine äußerliche Darstellungsweise, keine Spielerei eines Mathematikliebhabers. Sie ist vielmehr der Versuch, die rationale Ordnung der Dinge selbst abzubilden. Spinoza war davon überzeugt, dass die Welt rational geordnet und es Aufgabe der Philosophie ist, diese Ordnung argumentativ nachzuvollziehen. Erkenntnis und Welt, Innen und Außen korrespondieren miteinander, ein Gedanke, der in der Tradition der Mystik seinen Ursprung hat und den Spinoza aus der Kabbala, der Sammlung jüdischer mystischer Schriften, kennen konnte. Spinozas System will, im strengen Sinne des Wortes, ein »Weltbild« im Sinne einer »Weltabbildung« sein.

Die *Ethik* stellt die Welt als ein ewiges, unendliches und in seiner Grundstruktur unwandelbares Gefüge dar. Spinoza übernimmt hier Vorstellungen, die im 16. Jahrhundert von Giordano Bruno, aber lange vorher schon in der antiken Philosophie formuliert worden waren: Die Annahme eines ewigen kosmischen Seins findet sich in den Ideen Platons ebenso wie in der ewigen kosmischen Weltvernunft der Stoiker. Vor allem aber verabschiedet er sich von der jüdisch-christlichen Tradition, die einen Gott annimmt, der außerhalb der Welt steht und diese aus dem Nichts erschaffen hat.

Spinoza hält an der Idee eines Gottes fest, aber er lehnt jeden »Anthropomorphismus«, d. h. jeden Versuch ab, Gott der menschlichen Vorstellungswelt anzupassen oder ihm menschliche Züge zu verleihen. Gott ist weder Weltenschöpfer noch Weltenlenker, noch ist er ein »persönlicher« Gott. Er ist vielmehr das Zentrum eines in sich geschlossenen Weltensystems, das vom Gesetz der Ursache und Wirkung beherrscht wird.

So beginnt die *Ethik* bei Gott als dem Angelpunkt des Weltensystems. Erst in den weiteren Teilen, »Von der Natur und dem Ursprung des Geistes«, »Von dem Ursprung und der Natur der Affekte«, »Von der menschlichen Unfreiheit« und »Von der Macht der Erkenntnis«, kommen der Mensch und seine Möglichkeiten ins Spiel, sich der göttlichen Weltordnung gegenüber angemessen zu verhalten.

Wenn alles, was geschieht, nach den Gesetzen von Ursache und Wirkung geschieht, so stellt sich sofort die Frage nach der ersten Ursache, die alles andere in Gang gesetzt hat. Diese erste Ursache ist für Spinoza Gott. Da die erste Ursache aber nicht selbst wiederum Wirkung einer anderen Ursache sein kann – sonst wäre sie nicht »erste« Ursache –, muss sie Ursache und Wirkung zugleich sein. Entsprechend ist Gott für Spinoza »causa sui« – die »Ursache seiner selbst«. Gott ist also ein Wesen, das in dem, was es ist und wie es ist, nicht von anderen Wesen oder Vorgängen abhängig ist. Gott ist damit das einzig freie, weil unabhängige Wesen, aber auch das einzige notwendige Wesen, da alles, was existiert, von der Existenz Gottes abhängt und sich nur durch sie rechtfertigen lässt.

Gibt es ein solches Wesen? Existiert ein solcher Gott? Spinoza sagt: Gerade die Notwendigkeit Gottes bedeutet, dass Gott existieren muss. Hier stutzt der Leser, und hier stutzen bis heute auch viele Fachphilosophen. Denn Spinoza macht von einem der berühmtesten Gottesbeweise der Philosophie Gebrauch, den der Engländer Anselm von Canterbury schon im 11. Jahrhundert benutzt hatte, dem sogenannten »ontologischen« Gottesbeweis (von griechisch »on« = »seiend«). Dabei wird vom »Sein«, von der Art, wie eine Sache gedacht wird, auf ihre Existenz geschlossen. Ein notwendiges Wesen bedarf zu seiner Hervorbringung keines anderen Wesens und ist daher vollkommen. Zur Vollkommenheit gehört aber auch die Existenz. Ein Gott, der nicht existiert, wäre demnach ein Widerspruch in sich.

Für manche ist dies bis heute einleuchtend. Andere weisen darauf hin, dass die Tatsache, dass ich einen bestimmten Begriff von Gott habe, noch nicht heißt, dass diesem Begriff etwas Wirkliches, Erfahrbares entspricht.

Spinoza jedenfalls hat Gott und Wirklichkeit immer zusammen gedacht. Dasjenige, zu dessen Natur die Existenz gehört, nennt er »Substanz«. Eine Substanz ist unendlich, unteilbar und kann nicht durch etwas anderes hervorgebracht werden. Sie selbst ist nur eins, sie hat aber unendlich viele Attribute.

Der Begriff der Substanz kommt ursprünglich aus der *Metaphysik* des griechischen Philosophen Aristoteles. Dort bedeutet er u. a. den unveränderten Wesenskern einer Sache, im Gegensatz zu den wechselnden Eigenschaften, den Akzidentien. Bei Aristoteles gibt es so viele verschiedene Substanzen, wie es selbstständig existierende Dinge gibt. Descartes hatte hingegen nur zwei Substanzen angenommen, Materie und Geist. Bei Spinoza gibt es nur noch eine einzige Substanz, nämlich Gott. Aus Descartes' »Dualismus«, seiner zweipoligen Weltsicht, ist ein »Monismus« geworden, eine Weltsicht, die alles auf ein einziges Prinzip zurückführt. Materie und Geist werden von Spinoza zu »Attributen« der einen Substanz heruntergestuft. Es sind die einzigen beiden Attribute Gottes, die Spinoza nennt und die seiner Meinung nach der Erkenntnis des Menschen zugänglich sind, obwohl er theoretisch unendlich viele Attribute für möglich hält.

Gott ist immer gleichzeitig »res cogitans« und »res extensa«. Spinoza ist also keineswegs ein Materialist, sondern jemand, der den Gegensatz zwischen Materialismus und Spiritualismus, zwischen der Materie und dem Geist als letztem Grund der Wirklichkeit überwunden hat.

Damit wird auch das in der Philosophie Descartes' auftauchende Problem gelöst, wie man sich die Beziehung und gegenseitige Beeinflussung von Körper und Geist vorstellen kann, ein Problem, das in der Philosophie normalerweise als »Leib-Seele-Problem« bezeichnet wird. Für Spinoza gründen Körper und Geist in derselben ewigen Substanz, sind also in Wahrheit eins. Sie sind zwei Seiten derselben Medaille: Alle Vorgänge in der Natur können unter einer körperlichen und einer geistigen Perspektive betrachtet werden. Körperliche und geistige Vorgänge laufen parallel ab.

Im Grunde ist nichts wirklich »wirklich« außer Gott. Gott als die ewige, unteilbare und unendliche Substanz ist mit der Natur, mit der Welt identisch. Genau dies ist mit Spinozas berühmter Wendung »Deus sive natura« – »Gott oder die Natur« gemeint. Spinoza vertritt einen Pantheismus, eine Lehre also, nach der Gott und Welt identisch sind.

Spinozas Natur ist kein Reich der Zwecke, wie dies Aristoteles angenommen hatte, dessen Naturphilosophie bis in die Renaissance hinein beherrschend gewesen war. Danach tut die Natur nichts vergebens, und jedes Ding lässt sich dadurch erklären, dass es für etwas Bestimmtes da ist. Spinoza dagegen akzeptiert in der Natur keine

Zweckursachen, sondern nur Erklärungen, die sich auf eine Wirk- oder Kausalursache beziehen. Es regnet nicht, um die Flüsse mit Wasser zu versorgen, sondern umgekehrt: Die Flüsse führen Wasser, weil es genügend Regen gibt. Gott verfolgt in der Natur keine Zwecke: Er ist die Natur und damit sich selbst Zweck. Alles geschieht notwendig. Denn, so Spinoza, »sobald Gott um eines Zweckes willen handelt, erstrebt er notwendig etwas, was er entbehrt«. Dies widerstreitet aber der Idee Gottes als eines vollkommenen Wesens. Die teleologische (von griech. »telos« = »Zweck«) Naturerklärung des Aristoteles wird, wie schon bei Descartes, durch eine mechanistische Naturerklärung abgelöst.

Man kann die Natur aus zwei Blickwinkeln betrachten: als »wirkende Natur«, als »natura naturans«, als die mit Gott identische Substanz, die Ursache ihrer selbst ist; und als »gewirkte Natur«, als »natura naturata«, die die »Modi«, die »Daseinsformen« Gottes enthält, wie sie sich uns in der Welt darstellen.

Zu diesen »Modi« gehört auch der Mensch, der, wie Spinoza sagt, »die Natur Gottes auf begrenzte Weise ausdrückt«. Der Mensch hat nicht die Vollkommenheit Gottes, aber er kann über seinen Geist und seine Erkenntnisfähigkeit an dieser Vollkommenheit teilhaben. Er kann die göttliche Seite seines Wesens aktivieren, indem er gegenüber der göttlichen Weltordnung eine bestimmte Haltung, eine bestimmte Perspektive einnimmt. Die richtige Haltung gegenüber der Welt ist für Spinoza gleichzeitig ein Willens- und Erkenntnisakt. Er geht sogar so weit, Wille und Verstand zu identifizieren.

Eine Willensfreiheit, wie Descartes sie noch angenommen hatte, gibt es bei Spinoza nicht mehr. Der strenge Determinismus Spinozas, also die Ansicht, dass alles nach den Gesetzen von Ursache und Wirkung abläuft, lässt keinen Spielraum für eine Freiheit, die sich außerhalb der Kausalität stellt. Für Spinoza ist Freiheit nichts anderes als Anpassung an die ewigen Naturgesetze, sie ist »Einsicht in die Notwendigkeit«.

Wahre Erkenntnis, Tugend und Glück: Sie fallen bei Spinoza in einer Haltung zusammen, in der sich der Mensch in das ewige, von Ursache und Wirkung bestimmte Weltsystem einfügt. Der Mensch muss sich zu der richtigen Sicht des Universums erheben, er muss sich als eins mit diesem Universum sehen.

Dazu bedarf es einer speziellen Art von Erkenntnis. Spinoza unterscheidet zwischen der unzuverlässigen Erkenntnis der sinnlichen Wahrnehmung, der rationalen Erkenntnis mit Hilfe von Begriffen und schließlich der wichtigsten, nämlich der intuitiven und anschaulichen Erkenntnis. Diese dritte Erkenntnis ist es, die die Beziehung zwischen den Dingen und Gott unmittelbar erfasst.

Spinoza verdeutlicht diese Art der Erkenntnis mit einem Beispiel aus der Mathematik: Sind die Zahlen 1, 2 und 3 gegeben und suche ich eine vierte Zahl, die zur dritten im gleichen Verhältnis steht wie die zweite zur ersten, so ist sozusagen »auf den ersten Blick«, ohne Räsonnieren und Schlussfolgern klar, dass es sich um die Zahl 6 handeln muss, also um das Doppelte von 3.

In dieser anschaulichen und intuitiven Erkenntnis bestehen, so Spinoza, »das höchste Bestreben des Geistes und die höchste Tugend«. In ihr befinden sich Affekte und Vernunft in vollständiger Übereinstimmung. Indem sie das Wesen der Dinge erfasst und gleichzeitig dem Menschen Glück durch Seelenruhe vermittelt, hat sie sowohl etwas Visionäres als auch etwas Kontemplatives. In ihr betrachtet der Mensch die Welt »sub specie aeternitatis«, unter dem »Blickwinkel der Ewigkeit«, und er verwirklicht »die in der Erkenntnis ruhende Liebe des Geistes zu Gott«.

Einordnung in die Weltvernunft, Seelenruhe und Gottesliebe: In Spinozas *Ethik* vereinigen sich die Glücksideale der antiken Philosophie und der monotheistischen Religionen zu einer neuen Art der weltfrommen Kontemplation. Es ist eine Weisheit, die, so Spinoza, »fast von jedermann vernachlässigt wird«, obwohl sie »leicht zur Hand und ohne viel Mühe gefunden werden kann«.

Spinoza starb 1677, im Alter von nur vierundvierzig Jahren, an Lungentuberkulose. Noch im selben Jahr veröffentlichten seine Freunde seine nachgelassenen Werke, die *Opera Posthuma*, die auch die *Ethik* enthielten. Was Spinoza bereits vorausgesehen hatte, trat prompt ein: Am 25. Juni 1678 wurde das Buch durch die Zensur verboten.

Die Verleumdungen Spinozas und die Versuche, die Verbreitung seiner Schriften zu verhindern, dauerten auch noch das gesamte 18. Jahrhundert an. Die Faszination, die von Spinozas Einheitsphilosophie ausging, ließ sich dadurch aber nicht verhindern.

Gerade die klassische Periode der deutschen Literatur und Philosophie, von 1770 bis 1830, ist von spinozistischem Geist getränkt. Lessing bekannte sich offen zu Spinoza, ebenso Goethe und Herder. Der Gedanke einer die Wirklichkeit durchdringenden Weltvernunft wurde zum Ausgangspunkt der Philosophie des Deutschen Idealismus. Fichte und Schelling, besonders aber Hegel haben auf Spinoza aufgebaut. Spinozas Forderung nach »Einsicht in die Notwendigkeit« wurde von den Vertretern des Marxismus übernommen, wenn sie zum Ausdruck bringen wollten, dass der Mensch in Übereinstimmung mit den objektiven Gesetzmäßigkeiten der Geschichte handeln müsse. Auch Nietzsche hat in Spinozas Weltfrömmigkeit eine enge Verwandtschaft zu seinem eigenen Denken entdeckt.

Die Eigentümlichkeit des Spinozismus liegt aber auch darin, dass er tiefe Wurzeln in der Vergangenheit und gleichzeitig eine erstaunliche Aktualität hat. Dass Materie und Geist nur scheinbare Gegensätze sind, trifft sich sowohl mit Erkenntnissen östlicher Religionen und Meditationslehren als auch mit denen der modernen Physik. Spinozas Werk hat die Aura einer Weltanschauung, die von ganz weit her kommt und gleichzeitig weit in die Zukunft weist. In kaum einem anderen Werk spürt der Leser das, was seit der frühen Neuzeit »philosophia perennis«, also »ewige Philosophie« genannt wird: den immer wieder erneuerten Anspruch, in der Kontemplation der einfachen, bleibenden Wahrheiten die Zeit zu überwinden.

Ausgabe:

Baruch de Spinoza: Die Ethik. Schriften und Briefe. Übertragen von Carl Vogl. Revidierte Übertragung und herausgegeben von Friedrich Bülow. Stuttgart: Kröner 1976.

Was uns die Erfahrung lehrt
DAVID HUME: Eine Untersuchung über den
menschlichen Verstand (1748)

Erfahrung spielt in unserem Leben eine große Rolle. Wir berufen uns besonders dann auf sie, wenn wir Probleme lösen müssen. Streikt unser Computer, vergleichen wir den Fall mit ähnlichen, in der Vergangenheit aufgetretenen Fällen, oder wir wenden uns an jemanden, der mit solchen Fällen Erfahrung hat. Aber auch wenn wir in unserem Leben einmal einen schweren Fehler gemacht haben, ist es die Erfahrung, aus der wir zu lernen versuchen, um diesen Fehler in Zukunft zu vermeiden. Ebenso verfährt die Wissenschaft: Sie schreitet dadurch voran, dass sie aus Erfahrungsdaten die richtigen Schlussfolgerungen zieht.

In Alltag und Wissenschaft genießt die Erfahrung große Autorität. Gewonnene Erfahrung gilt als angehäuftes Kapital und sichere Grundlage für unsere Orientierung in der Welt. In merkwürdigem Gegensatz dazu steht die Bedeutung, die viele Philosophen der Erfahrung beimessen. In der Geschichte der Philosophie wird sie häufig wie ein Schmuddelkind behandelt, das sich erst mit der harten Bürste der Vernunftkategorien schrubben muss, um als Erkenntnis durchgehen zu können. Seit den Zeiten der griechischen Philosophie gibt es eine alte, beherrschende Tradition, die dem »Geist«, dem »reinen« Denken, den Vortritt vor der »sinnlichen« Erfahrung lässt.

Eine Ausnahme bildet die britische Philosophie, die eine ganze Reihe von Denkern hervorgebracht hat, die sich mit den Konsequenzen beschäftigen, die die Philosophie aus der Erfahrung ziehen sollte. Nicht umsonst wurden die britischen Inseln zur Heimat des neuzeitlichen Empirismus, einer Richtung, in der das der Erfahrung entstammende Wissen als Maßstab für Erkenntnis und Wissen gilt.

Mit dem Schotten David Hume erreicht die britische Tradition des Empirismus ihren Höhepunkt. Hume lebte im Zeitalter der Aufklärung, deren Programm er noch ein Stück weiter als seine Zeitgenossen ausdehnte. Er ging nicht nur daran, die Spinnweben der Vorurteile mithilfe der Vernunft zu zerstören, er attackierte im Namen der Erfahrung auch jene Vorurteile, mit denen die Vernunft sich selbst belügt. Mit seiner *Untersuchung über den menschlichen Verstand* hat Hume so radikal wie niemand vor ihm die Konsequenzen aus dem gezogen, was die Erfahrung uns philosophisch lehrt. Von dem, was die traditionelle Metaphysik bis dahin als sichere Erkenntnis angeboten hatte, blieb schließlich nicht mehr viel übrig.

Dabei ging es Hume ursprünglich nicht darum, die Metaphysik auszumisten. Er versprach sich von der Beschäftigung mit Philosophie vielmehr einen neuen, positiven Ausblick auf die Welt und ein Mittel, sein Leben zu ändern. Der junge Hume war nämlich ein unglücklicher Mensch, geprägt von einer streng religiösen, dem Geist des Calvinismus verpflichteten Erziehung. 1711 in Edinburgh als Spross einer traditionsreichen schottischen Familie geboren, nur vier Jahre nach der Vereinigung von Schottland und England, wuchs er in Ninewells auf, einem kleinen Ort in der südöstlichen Grenzregion des Landes. Gerade in dieser Gegend hatte der von John Knox im 16. Jahrhundert eingeführte schottische Calvinismus besonders tiefe Spuren hinterlassen. Dazu gehörte die Überzeugung, dass das Böse im Menschen tief verwurzelt ist. Der calvinistische Gott war ein strenger Gott, der Selbstkontrolle und unablässige Seelenerforschung verlangte, um auch die geheimsten Verstecke der menschlichen Sünde ausfindig zu machen.

Auch für den jungen Hume wurde Seelenerforschung zu einer täglichen, aber quälenden Gewohnheit und die Vernunft zu einer Instanz, die beanspruchte, der menschlichen Natur den richtigen Weg zu zeigen. Doch es fiel ihm schwer, seine eigene Natur und die in ihr angelegten Neigungen zu ignorieren. Das Unbehagen darüber, dass seine religiösen Überzeugungen der menschlichen Natur die

Rolle eines Zöglings in einer Erziehungsanstalt zuwiesen, meldete sich früh. So kam er immer wieder in Konflikt mit den Erwartungen, die an ihn gestellt wurden. Als man ihn mit fünfzehn Jahren zum Studium der Rechtswissenschaften nach Edinburgh schickte, folgte er nur widerwillig. Den Lehrbetrieb lehnte er ab. Was ihn wirklich interessierte, waren Literatur und Philosophie. Aus dem Studium antiker Autoren schöpfte er nicht nur ästhetisches Vergnügen, sondern entnahm er auch das Lebensideal der Seelenruhe, das den spätantiken Philosophenschulen, insbesondere den Stoikern, als Vollendung des Glücks galt. Doch weder christliche Askese noch antiker Gleichmut vermochten es, Hume mit sich selbst zu versöhnen. Er wurde immer wieder von Depressionen und psychosomatischen Störungen heimgesucht.

1729 brach er sein Studium ab und kehrte nach Hause zurück. Nur noch gelegentlich nahm er eine bezahlte Beschäftigung an. Eine feste Stellung in der Welt fand er nicht, wohl aber verschaffte ihm das väterliche Vermögen die Freiheit und Unabhängigkeit, seinen philosophischen Neigungen zu folgen. Der Calvinist in Hume lebte aber noch lange fort: Er sorgte dafür, dass Hume eine große Arbeitsdisziplin entwickelte und mit den ihm zur Verfügung stehenden Geldmitteln peinlich genau haushaltete.

Sein Hauptinteresse galt einer neuen Sicht der menschlichen Natur, die nicht dem rationalistischen oder religiösen Wunschdenken, sondern der Erfahrung Rechnung trug. So stieß er auf die Tradition des britischen Empirismus, darunter die philosophischen Väter der modernen empirischen Naturwissenschaften, Francis Bacon und Isaac Newton, aber auch die Philosophen der britischen Aufklärung von John Locke über George Berkeley, den Grafen von Shaftesbury bis zu Francis Hutcheson, deren Errungenschaften, wie Hume stolz vermerkte, sich einem Land der Freiheit und Toleranz verdankten. Dort fand er die Methode einer wissenschaftlichen, sich auf Experiment und Beobachtung stützenden Philosophie und das Bild vom Menschen als einem von Natur aus wohlwollenden und sozialen Wesen, einem Wesen, das mit einem »moralischen Sinn« ausgestattet ist und nicht ständig wie ein Bonsaibäumchen zurechtgestutzt und von bösen Neigungen befreit werden muss. Von allen Empiristen spielte der in Glasgow lehrende Hutcheson für Hume eine bedeutende Rolle. Er war einer derjenigen, die dazu beitrugen, Schottland zu einem Zentrum der europäischen Aufklärung zu machen.

Hume trennte sich vom pessimistischen Menschenbild des Calvinismus und wurde zu einem Anhänger des optimistischen Menschenbildes der britischen Aufklärung. Damit war auch eine positive Neubewertung der gesamten sinnlich erfahrbaren Welt verbunden. Für Hume wurden vor allem die erkenntnistheoretischen Konsequenzen dieser Neubewertung wichtig: Wie John Locke und George Berkeley ging er nun davon aus, dass alle Erkenntnis der Wirklichkeit ihren Ursprung in der Erfahrung hat.

Als Hume 1734 zu einer Frankreichreise aufbrach, hatte er eine Fülle von Notizen im Gepäck, die im Laufe seiner philosophischen Lektüre entstanden waren. Schon während seines Studiums hatte er den Plan zu einer eigenen philosophischen Schrift gefasst. Sie nahm nun Gestalt an. Von 1735 bis 1737 mietete er sich in einem Haus in La Flèche ein, jenem kleinen Ort in der Provinz Anjou, in dem René Descartes, der große rationalistische Gegenspieler des Empirismus, seine Ausbildung in einer Jesuitenschule erhalten hatte. Hier schrieb Hume den *Traktat über die menschliche Natur*, sein erstes wichtiges Werk, in dem die Erfahrung zum Ausgangspunkt sowohl einer neuen Erkenntnistheorie als auch einer neuen Moralphilosophie wurde. Die drei Bände des *Traktats* erschienen zwischen 1739 und 1740 in London, gefolgt von einer kleinen Schrift, die er als *Abstract*, also als Kurzzusammenfassung seines größeren Werks, bezeichnete.

Hume glaubte, dass in einer neuen und realistischen Sicht des Menschen der Schlüssel zur Lösung aller philosophischen Fragen liegt. Ob wir nun Erkenntnistheorie, Metaphysik oder Moralphilosophie betreiben, wir müssen wissen, welche natürlichen Anlagen und welche Erkenntnismöglichkeiten der Mensch hat. Dabei müssen Experiment und Beobachtung an die Stelle von metaphysischer Spekulation treten. Mit Humes Philosophie erreichte eine Debatte ihren Höhepunkt, in der sich der Empirismus gegen die Behauptung rationalistischer Philosophen wie Descartes, Spinoza oder Leibniz wandte, es gebe Wahrheiten, die der Vernunft unmittelbar, also ohne den Weg über die Erfahrung, einsichtig seien. Dazu gehörte z. B. die Erkenntnis der Existenz Gottes, der Unsterblichkeit der Seele, aber auch die Überzeugung, dass alle Vorgänge in der Natur eine Ursache haben.

Das Ergebnis, zu dem Hume gelangte, war allerdings nicht nur für die rationalistische Metaphysik, sondern auch für den Empirismus selbst niederschmetternd. Nicht nur die sogenannten »Vernunftwahrheiten« stehen auf wackligen Beinen, so seine Diagnose, sondern auch der Glaube an eine sichere Erkenntnis der Wirklichkeit auf empirischer Basis. So beruht unser Glauben, dass bestimmte Ereignisse andere Ereignisse notwendig hervorrufen – also das, was wir normalerweise unter »Kausalität« verstehen –, auf einer falschen Schlussfolgerung, zu der uns die menschliche Einbildungskraft verführt. Wir machen bestimmte sinnliche Erfahrungen und speichern sie in der Erinnerung, z. B. dass jede Berührung einer Flamme die Empfindung der Hitze nach sich zieht. Was wir wirklich erfahren haben, ist eine regelmäßige Aufeinanderfolge zweier Phänomene. Unsere Schlussfolgerungen gehen aber darüber hinaus. Wir glauben, dass diese beiden Phänomene notwendig als Ursache und Wirkung miteinander verknüpft sind. Wir schließen also fälschlicherweise von einer beobachteten Regelmäßigkeit auf eine gesetzmäßige Notwendigkeit. Mit dieser Kritik am Kausalitätsdenken hatte Hume eine der heiligen Kühe der philosophischen Tradition geschlachtet und sich zugleich in eine etwas ungemütliche Situation hineinmanövriert.

Auf der Suche nach gesicherter Erkenntnis war er überall auf die trügerischen Aktivitäten der menschlichen Einbildungskraft gestoßen, und dort, wo »Wahrheiten« geschrieben standen, hatte er immer nur »Schimären« vorgefunden. Der Empirismus war in einen Skeptizismus eingemündet.

Auch die Aufnahme des Buches konnte ihm keine Freude bereiten. »Nie ist es«, so schrieb er später, »einem literarischen Unternehmen unglücklicher ergangen als meinem *Traktat über die mensch-*

liche Natur. Als Totgeburt fiel er aus der Presse und fand nicht einmal so viel Beachtung, um wenigstens unter den Eiferern ein kleines Murren zu erzeugen.«

Allerdings verdankt die Welt gerade diesem Misserfolg die *Untersuchung über den menschlichen Verstand.* Denn Hume hatte nicht vor, sich wieder von der philosophischen Bühne abzumelden. Er machte sogar einen Versuch, einen Lehrstuhl an der Universität Edinburgh zu erhalten, der jedoch scheiterte. Vor allem aber war er entschlossen, einen neuen Anlauf zu nehmen, um seinen philosophischen Thesen Beachtung zu verschaffen.

Er begann eine neue, populärere literarische Form zu wählen, um seine Ideen darzustellen: den Essay. Zwischen 1741 und 1748 veröffentlichte er mehrere Essaybände zu Fragen der Moral, der Politik, der Religion und Metaphysik. Sie erwiesen sich als ungleich erfolgreicher als der frühe *Traktat.* So zog sich Hume im Januar 1747 in seinen Heimatort Ninewells zurück, um wichtige Thesen des *Traktats* in eine essayistische Form zu gießen. Inzwischen hatte ihn der einflussreiche britische General Sinclair als Begleiter auf militärischen und diplomatischen Missionen engagiert. Die Einnahmen daraus ermöglichten es Hume, in der Zeit, die ihm verblieb, sorgenfrei zu arbeiten.

Bereits 1748 hatte Hume sein zweites großes philosophisches Werk fertiggestellt, das zunächst unter dem Titel *Philosophische Essays über den menschlichen Verstand* erschien. Das neue Buch war jedoch kein reines Remake des *Traktats.* Es war wesentlich kürzer und hatte sowohl sprachlich als auch inhaltlich ein verändertes Gesicht. Den erkenntnistheoretischen Teil des *Traktats* löste Hume in sieben Essays auf. Aus dem moralphilosophischen Themenkreis übernahm er sehr wenig, so z. B. einen Essay über das Problem der Willensfreiheit. Daneben enthielt der Band vor allem religionsphilosophische Überlegungen, darunter den neu aufgenommenen Essay »Über Wunder«. Der thematische Schwerpunkt der neuen Schrift lag nun eindeutig in der Erkenntnistheorie und der Religionskritik. Seine Überlegungen zur Moralphilosophie sollte Hume einige Jahre später in seiner *Untersuchung über die Prinzipien der Moral* noch einmal neu formulieren.

Die später *Untersuchung über den menschlichen Verstand* genannten *Philosophischen Essays* vertreten weiterhin einen Skeptizismus, der aber frei ist von dem melancholischen und pessimistischen Ton, den er am Ende des *Traktats* angeschlagen hatte. Hume grenzt seinen »gemäßigten« Skeptizismus von dem »pyrrhonischen« Skeptizismus ab, der von der antiken Philosophenschule der Skeptiker unter ihrem Gründer Pyrrhon vertreten worden war. Während dieser eine generelle Urteilsenthaltung in allen philosophischen Streitfragen forderte, verlangt Hume lediglich, sich am gesunden Menschenverstand zu orientieren und auf endgültige Sicherheiten zu verzichten.

Hume strebt einen Mittelweg an zwischen einer »leichten« Philosophie, die sich eng an Alltagsbeobachtungen anlehnt und unser Verhalten beeinflussen will, und einer »abstrakten« und »tiefsinnigen« Philosophie, deren Ziel es ist, die letzten Prinzipien unserer Verstandeserkenntnis und unserer Moralvorstellungen zu ergründen. Hume will die Kluft zwischen einer lebenspraktisch und einer metaphysisch orientierten Philosophie schließen, indem er durch eine gründliche Untersuchung der Wirkungsweise des menschlichen Geistes die Metaphysik vom Gestrüpp einer unbegründbaren Spekulation befreit und gleichzeitig den Bezug zum Alltagsleben im Auge behält. Es ist die Absage an eine akademische Philosophie, die den Kontakt zu den Erfahrungen der Menschen verloren hat. Nicht nur deswegen sind Humes Ziele die des Aufklärers, der »Tiefe der Forschung« mit »Klarheit« verbinden will und dem es darum geht, »jene unzugängliche Philosophie und das metaphysische Kauderwelsch zu zerstören, welches, vermischt mit dem Volksaberglauben, dieselbe für sorglose Denker gewissermaßen undurchdringlich macht und ihr das Ansehen von Wissenschaft und Weisheit verleiht«.

Humes Erkenntnistheorie kann als radikale Konsequenz aus dem Empirismus seiner Vorgänger Locke und Berkeley verstanden werden. Locke war davon ausgegangen, dass das menschliche Bewusstsein eine »tabula rasa«, also ein leeres Blatt, ist, das erst durch äußere und innere Wahrnehmungen beschrieben wird, aus denen wir unterschiedlich komplexe Vorstellungsinhalte gewinnen. Erkenntnis entsteht nach Locke durch ein induktives Vorgehen, d. h., indem ich viele Einzelbeobachtungen zu einer allgemeinen Aussage zusammenfasse.

Locke glaubte, dass nicht nur Aussagen über unsere Wahrnehmungen, sondern auch verlässliche Aussagen über die Außenwelt als die Ursache unserer Wahrnehmungen möglich sind. So nahm er an, dass uns über die Sinne bestimmte »primäre Qualitäten« von Dingen übermittelt werden, z. B. Ausdehnung, Bewegung oder Ruhe.

Berkeley zerstörte diese Verbindung, die Locke zwischen Bewusstsein und Außenwelt gelassen hatte. Das, was wir Wirklichkeit nennen, setzt sich für ihn ausschließlich aus den Vorstellungsinhalten zusammen, die wir aus der sinnlichen Erfahrung gewinnen. Seine Grundthese lautet: »Esse est percepi« – »Sein ist Wahrgenommenwerden«. Die Welt des Menschen ist auf das beschränkt, was ihm sein Bewusstsein zugänglich macht. Mehr noch: Berkeley bestreitet die Existenz einer Außenwelt. Die Einheit und Konstanz der Wahrnehmungen, die wir empfangen, wird nicht durch eine außer uns liegende materielle Welt, sondern durch Gott verbürgt, der unsere Wahrnehmungen hervorbringt.

Auch für Hume baut alle Erkenntnis auf »Perzeptionen«, auf sinnlichen Wahrnehmungen, auf, und auch er hält Aussagen über Dinge der Außenwelt für nicht möglich. Dennoch verzichtet er darauf, auf Gott als Ursache unserer Wahrnehmungswelt zurückzugreifen. Im Gegenteil: Im religionskritischen Teil seiner Essays versucht Hume, die Illusion zu zerstören, die Existenz Gottes könne mit den Mitteln der Vernunft bewiesen werden.

Hume unterscheidet zwischen unmittelbaren, deutlichen Perzeptionen, die er »impressions«, d. h. »Eindrücke«, und minder lebhaften, die er »ideas«, also »Vorstellungen« nennt. »Vorstellungen« sind »Eindrücke«, die wir mit Hilfe unseres Gedächtnisses gespeichert haben. Auf der Basis der Eindrücke verbinden wir einfache zu komplexen Vorstellungen. Alle Vorstellungen haben also ihren Ursprung in der sinnlichen Erfahrung und damit keinen eigenen Erkenntniswert. Sie sind wie Abbilder eines Originals, wie mehr oder minder gut erhaltene Fotos einer Wirklichkeit, die wir einmal mit eigenen Augen gesehen haben. Wahre Vorstellungen zeichnen sich dadurch aus, dass sie immer eng an die Eindrücke, d. h. die unmittelbaren sinnlichen Erfahrungen, angebunden bleiben. Der Grund für viele Irrtümer liegt nach Hume darin, dass die Einbildungskraft des Menschen auch neue Vorstellungen entwickeln kann, die keinen direkten Bezug zur Erfahrung mehr haben.

Unsere Einbildungskraft verknüpft Vorstellungen mittels Assoziation. Durch sie erzeugen wir aus einzelnen Vorstellungen eine zusammenhängende Vorstellungswelt. Hume unterscheidet drei Arten von Assoziationen: eine Assoziation aufgrund von Ähnlichkeit, eine Assoziation aufgrund von zeitlicher und räumlicher Nähe und eine Assoziation aufgrund einer Ursache-Wirkung-Beziehung. Sehe ich z. B. das Foto einer Person, lenke ich meine Gedanken unwillkürlich zu dieser Person selbst oder einer Person, die ihr gleicht. Komme ich in eine Straße, die ich von früher kenne, schweifen meine Gedanken zu dem Haus, in dem ich einmal gewohnt habe.

Am wichtigsten für die Herstellung einer einheitlichen Vorstellungswelt ist aber die Ursache-Wirkung-Verknüpfung. Sie liegt auch den naturwissenschaftlichen Gesetzen zugrunde, mit denen wir unsere Welt theoretisch erklären. Hume erneuert hier seine Kausalitätskritik aus dem *Traktat* und verbindet sie mit einer Kritik der Induktion, des Schlusses von einzelnen Fällen auf eine allgemeine Gesetzmäßigkeit.

Eine der »dunklen« metaphysischen Vorstellungen, die Hume zurückweisen möchte, ist die, dass materielle Kräfte oder Energien als Ursachen bestimmter Wirkungen gelten – so etwa, wenn eine Billardkugel auf eine andere Kugel trifft und diese vermeintlich in Bewegung setzt. Doch in Wirklichkeit erscheint den äußeren Sinnen nur, dass der Anstoß der einen Billardkugel die Bewegung der zweiten folgen lässt. Die Annahme einer wirkenden Kraft ist Produkt unserer spekulativen Fantasie. »Die Weltbegebenheiten«, so Hume, »ziehen in stetigem Wechsel vorüber, ein Gegenstand reiht sich dem anderen in ununterbrochener Folge an; aber die Macht oder die Kraft, welche die ganze Maschine in Tätigkeit erhält, ist uns gänzlich verborgen...« Da wir eine solche innere Kraft nicht voraussetzen können, müssen wir auch auf die Annahme verzichten, das Aufeinandertreffen der beiden Kugeln habe »notwendigerweise« eine Bewegung zur Folge. Wir gehen also zu weit, wenn wir den Anstoß der ersten Kugel als »Ursache« und die Bewegung der zweiten als »Wirkung« interpretieren.

Der Kritik am Kausalitätsdenken folgt die für unser Verständnis von Wissenschaft folgenreiche Kritik an der Induktion. Im induktiven Schluss schließen wir aus der wiederholten Beobachtung einer Ereignisfolge auf die Existenz eines Naturgesetzes. Wir nehmen jeden Morgen den Aufgang der Sonne wahr, bis wir schließlich überzeugt sind, die Sonne »müsse« jeden Morgen im Osten aufgehen. Dieser Schluss hat jedoch seinen Ursprung nicht in der Vernunft, sondern in der Gewohnheit. In Wahrheit, so Hume, können wir nicht wissen, ob sich die Natur auch weiterhin mit ähnlicher Gleichförmigkeit verhalten wird wie in der Vergangenheit. Aufgrund vergangener Regelmäßigkeit lässt sich die Zukunft nicht ableiten. Die Möglichkeit, Voraussagen über die Zukunft zu treffen, ein wesentliches Kennzeichen wissenschaftlicher Gesetze, lässt sich also nicht durch die Erfahrung begründen.

Mit seinen Zweifeln an der Gültigkeit des induktiven Schlusses hat Hume eine empiristische Kritik am Empirismus vorgelegt und den Nerv dessen getroffen, was seine Vorgänger von Bacon bis Locke als wissenschaftliche Methode gerechtfertigt hatten. Die auf Experiment und Beobachtung beruhende Induktion hatte man der deduktiven Methode der Rationalisten entgegengehalten. Diese war von Axiomen, von allgemeinen Prinzipien, ausgegangen und hatte von dort durch eine Ableitung »von oben nach unten« auf besondere Fälle geschlossen. Doch wenn man nach Hume Beobachtung und Experiment als Grundlage unserer Erkenntnis ernst nimmt, so muss man auch die Induktion als einen jener unzulässigen Vernunftschlüsse ansehen, die zu den Irrtümern der Metaphysik gehören.

Wenn von unserer Vernunft keine gesicherten Wahrheiten zu erwarten sind, wem kann man überhaupt vertrauen? Auf diese Frage gibt Hume eine ebenso pragmatische wie erfahrungsorientierte Antwort. Gefühl und Instinkt sind für ihn verlässlichere Orientierungshilfen als unsere rationalen Fähigkeiten. Wir können zwar nicht wissen, ob die Sonne morgen früh, wie in all den Jahren zuvor, wieder aufgehen wird. Doch Erfahrung, Gewohnheit, Gefühl und vor allem die angeborene Neigung, an die Gleichförmigkeit der Naturabläufe zu glauben, erlauben uns, dies auch weiterhin zu erwarten. Wir betrachten den Prozess der Gesetzmäßigkeit der Natur als Hypothese. Im Gegensatz zu einem großen Teil der philosophischen Tradition macht Hume die Vernunft nicht zum Herrscher, sondern zum Diener von Gefühl und Instinkt.

Unsere Gewohnheit, aus der Gleichheit von Umständen auf die Gleichheit von Folgen zu schließen, steht für Hume auch Pate für die Lösung eines der ältesten Probleme der Metaphysik: der Frage nämlich, ob der Mensch einen freien Willen hat und damit nicht ausschließlich dem Zusammenhang von Ursache und Wirkung in der Natur unterworfen ist. Nur ein solcher freier Wille scheint zu garantieren, dass der Mensch für seine Handlungen verantwortlich gemacht werden kann.

Im Grunde, so Hume, handelt es sich hier lediglich um einen Wortstreit. Denn die Gleichförmigkeit, die wir bei Ursache-Wirkung-Beziehungen in der Natur annehmen, nehmen wir auch bei menschlichen Handlungen an: Die gleichen Umstände, Motive und Beweggründe rufen bei gleichen Charakteren auch die gleichen Handlungsweisen hervor. Es gibt deshalb keinen Grund, von einer unabhängigen Willensursache auszugehen.

Dennoch ist es sinnvoll, an der Idee der menschlichen Freiheit festzuhalten. An die Stelle einer philosophisch nicht haltbaren Willensfreiheit setzt Hume eine Freiheit, die in der Möglichkeit besteht, einen Willensentschluss in die Tat umzusetzen. Im 19. Jahrhundert hat Arthur Schopenhauer, wie Hume ein Kritiker der Willensfreiheit, diese Freiheit als »Handlungsfreiheit« bezeichnet. Während ich keine Macht über die Motive habe, die meinen Willen bestimmen, habe ich doch Macht darüber, inwieweit ich den Willensentschluss verwirkliche. In dieser Lösung sieht Hume Freiheit und Gesetzmäßigkeit miteinander versöhnt und gleichzeitig die Idee der moralischen Verantwortlichkeit gerettet.

Der aufklärerische Charakter der *Untersuchung* Humes zeigt sich besonders deutlich in seiner Diskussion religiöser Themen. In der schottischen Öffentlichkeit als Atheist verschrien, untersuchte er Thesen und Inhalte der christlichen Religion mit der gleichen Nüchternheit und nach den gleichen Kriterien, die ihn gegenüber den Thesen der Metaphysik geleitet hatten. Auch hier muss nach Hume immer gefragt werden: Lassen sich die Behauptungen der Religion durch Erfahrung stützen? Können sie einen Beitrag dazu leisten, die Welt zu erklären?

Hume beschäftigt sich in der *Untersuchung* vor allem mit zwei Themen der christlichen Theologie: der Möglichkeit von Wundern und dem sogenannten »teleologischen Gottesbeweis«, der Behauptung also, dass sich die Existenz Gottes aus der Zweckmäßigkeit (von griech. »telos« = »Zweck«) und der Wohlgeordnetheit des Kosmos erschließen lasse.

Wunder sind Ereignisse, die die Gleichförmigkeit der Naturabläufe durchbrechen. Es sind also Ereignisse, die man normalerweise nicht erlebt und deren Glaubwürdigkeit von der Glaubwürdigkeit derjenigen abhängt, die uns diese Wunder bezeugen. Ist eine Falschaussage oder Täuschung dieser Zeugen unwahrscheinlicher als das berichtete Ereignis, so wäre dies möglicherweise ein Anlass, an Wunder zu glauben. Dies ist jedoch nach Hume bisher nie der Fall gewesen. Alle Erzählungen über Wunder haben sich bei näherem Hinsehen als problematisch erwiesen. »Alles in allem zeigt sich«, so Hume, »dass niemals ein Zeugnis für irgendeine Art von Wunder sich bis zur Wahrscheinlichkeit erhoben hat, geschweige denn zu einem Beweis.« Wer an Wunder glaubt, hat den Boden der Vernunft verlassen und sollte sich deshalb auch nicht auf sie berufen.

Auch die These von Gott als dem weisen Baumeister der Welt steht auf unsicherem Boden. Denn wir ziehen hier eine fragwürdige Analogie zwischen den gestaltenden Tätigkeiten des Menschen und Gott. Der Mensch setzt sich an die Stelle Gottes und macht ihn zu einem rational planenden Wesen. Vor allem aber: In der Welt ist keineswegs alles zweckmäßig eingerichtet. Wir erfahren so viel Böses und beobachten so viele Fehlentwicklungen, dass wir all dies nicht auf einen göttlichen Urheber zurückführen können, der alles zum Besten eingerichtet hat. Hume spricht hier das sogenannte »Theodizee«-Problem an, nämlich die Unvereinbarkeit des Bösen und des Übels in der Welt mit der Idee eines allgütigen und zugleich allmächtigen Gottes.

Humes gemäßigter Skeptizismus entlässt den Leser nicht in Verzweiflung über die Unerkennbarkeit der Welt, sondern fordert ihn am Ende der *Untersuchung* zur kritischen Prüfung auf. Von Theorien, die weder logisch widerspruchsfrei noch erfahrungsbezogen sind, sollten wir uns abkehren: »Greifen wir irgendeinen Band heraus, etwa über Gotteslehre oder Schulmetaphysik, so sollten wir fragen: Enthält er irgendeinen abstrakten Gedankengang über Größe oder Zahl? Nein. Enthält er irgendeinen auf Erfahrung gestützten Gedankengang über Tatsachen und Dasein? Nein. So werft ihn ins Feuer, denn er kann nichts als Blendwerk und Täuschung enthalten.«

Auch die im April 1748 in London erschienenen *Philosophischen Essays*, denen Hume erst 1758 den uns geläufigen Titel *Untersuchung über den menschlichen Verstand* gab, führten noch nicht zu dem großen öffentlichen Durchbruch des Autors. Ruhm unter seinen Zeitgenossen erwarb er sich erst mit seiner *Geschichte Englands*, deren erster Band 1754 herauskam. Doch die Wirkung der *Untersuchung* in der Philosophiegeschichte war nachhaltig und dauert bis heute an. Kant las Hume in der ersten deutschen Übersetzung von 1755 und wurde durch ihn zu seiner Kritik an der »reinen Vernunft« der Rationalisten inspiriert.

In der vom Empirismus dominierten angelsächsischen Philosophie erwarb sich Hume schnell den Status des wichtigsten Klassikers. Seine Schriften wurden auch zum Ausgangs- und Bezugspunkt für alle Bemühungen um eine Erneuerung des Empirismus im späten 19. und frühen 20. Jahrhundert. Ernst Mach stützte sich auf Humes Kausalitätskritik und begriff die Wirklichkeit als einen Zusammenhang von Empfindungskomplexen. Auf Hume bezogen sich auch die Begründer des logischen Positivismus, die den Empirismus mithilfe der logischen Sprachanalyse neu begründen wollten. Dies gilt für die Cambridger Philosophen um Bertrand Russell und Ludwig Wittgenstein ebenso wie für den Wiener Kreis um Moritz Schlick und Rudolf Carnap. Für Russell war Hume die große Herausforderung der Erkenntnistheorie. Sein 1940 erschienenes Spätwerk *An Inquiry into Meaning and Truth* knüpft bereits in seinem Titel an Humes Hauptwerk an.

Höchst einflussreich war auch Humes Kritik an der Gültigkeit des induktiven Schlusses. Sie wurde von Karl R. Popper in seinem frühen Hauptwerk *Logik der Forschung* von 1934 aufgegriffen und einer der wichtigsten Bausteine zur Begründung der modernen Wissenschaftstheorie. Popper übernahm auch ein weiteres, umfassenderes Erbe der Philosophie Humes: die Idee von der Philosophie als aufgeklärtem Alltagsverstand, als Verbindung von Bescheidenheit, intellektueller Bodenhaftung und kritischer Prüfung.

Mit Hume hat die Philosophie demonstriert, dass sie tief schürfen kann, ohne vom Schwindel der Spekulation erfasst zu werden.

Ausgabe:
DAVID HUME: Eine Untersuchung über den menschlichen Verstand. Übersetzt von Raoul Richter. Mit einer Einleitung herausgegeben von Jens Kulenkampff. 12. Auflage. Hamburg: Meiner 1993.

Landkarte der politischen Kulturen
Charles de Montesquieu: Vom Geist der Gesetze (1748)

Karten zu erstellen oder zu korrigieren ist eine mühevolle Tätigkeit, die Geduld und Genauigkeit erfordert. Kartografen sehen die Welt nicht mit der schwärmerischen Haltung des Romantikers, sondern mit dem scharf beobachtenden Auge des Forschers. Sie erweitern nicht nur unser Faktenwissen, sondern unser gesamtes Weltbild. Sie zeigen uns, wo wir uns befinden und was es außerhalb unseres gewohnten Horizonts gibt.

Einer der berühmtesten Kartografen der Philosophiegeschichte ist Charles Louis de Secondat, Baron de Montesquieu, ein Adliger aus dem Südwesten Frankreichs, der etliche Jahre seines Lebens damit verbrachte, die politischen Systeme seiner Zeit und der Vergangenheit zu studieren. Was er nach vielen Jahren Arbeit vorlegte, war eine bahnbrechende Leistung der Aufklärung. Sein Hauptwerk *Vom Geist der Gesetze* atmet nicht den Geist des Theoretikers, sondern den Geist des Empirikers: Nicht Ideale, sondern die Anschauung führten den Autor zu seinen Thesen.

Montesquieu war ein großer Sammler von Fakten: Davon zeugen nicht nur die beinahe eintausend Seiten Umfang, denen sich der Leser seines Werks gegenübersieht. Detailliert zeichnete er auch auf, wie unterschiedliche geschichtliche und geografische Faktoren die Bildung unterschiedlicher Verfassungen und politischer Institutionen begünstigen. Montesquieu begnügte sich aber nicht mit einer Aufzählung von Unterschieden und Faktoren, die für eine politische Kultur bestimmend sind. Er fügte seiner Landkarte auch einen Wegweiser bei, der zu einer Verfassung führen sollte, die vor den Ansprüchen der Vernunft Bestand hat. So entstand eine in der Philosophiegeschichte einmalige Mischung aus historischer Darstellung und politischer Theorie, ein Werk, das ebenso über die Vergangenheit belehrte wie auch in die Zukunft wies.

Mit *Vom Geist der Gesetze* zeichnete Montesquieu eine Landkarte der politischen Kulturen, die die Augen dafür öffnete, dass das auf die Zentralgewalt des Königs zugeschnittene System des Absolutismus, das in seinem Heimatland Frankreich herrschte, weder die einzige noch die beste Möglichkeit war, ein politisches System zu organisieren. Das Buch wurde zum Wegbereiter für eine neue Auffassung vom Staat und seinem Verhältnis zu den Bürgern, die schließlich zum demokratischen Rechtsstaat führte.

Als Angehöriger des Provinzadels wurde der junge Montesquieu schon sehr früh mit der Erwartung konfrontiert, politische Funktionen zu übernehmen. 1689 im Wasserschloss La Brède nahe bei Bordeaux geboren, blieb er sein ganzes Leben Angehöriger der herrschenden Klasse seiner Heimatregion und füllte dort neben seinen vielfältigen anderen Aktivitäten die sozialen Rollen des Gutsbesitzers, Standesvertreters und Richters aus.

Seine Erziehung fand, wie damals üblich, zunächst unter dem Dach der katholischen Kirche statt. Einige kirchliche Schulen gehörten zu den besten und fortschrittlichsten des Landes. So auch das Elite-Kolleg zu Juilly, das Montesquieu von 1700 bis 1705 besuchte und das von dem Orden der Oratorianer betrieben wurde. In Juilly erwarb Montesquieu seine vorzügliche Kenntnis der Antike, entwickelte aber auch schon eine eher kritisch-distanzierte Haltung zum Christentum.

Nach seinem Schulabschluss begab er sich in eine achtjährige juristische Ausbildung: zunächst an der juristischen Fakultät in Bordeaux und – nach bestandenem Examen – bei einer Pariser Anwaltskanzlei, wo er ein Praktikum machte. Lange bevor er über Gesetze schrieb, wusste Montesquieu über die Praxis des Rechtssystems Bescheid.

1713 kehrte er aus Anlass des Todes seines Vaters nach Bordeaux zurück und regelte seine äußeren Lebensumstände. Er ging eine Vernunftehe mit einer wohlhabenden Calvinistin ein und übernahm das väterliche Weingut. Auch die Übernahme öffentlicher Ämter, die in der damaligen Zeit gekauft werden mussten, aber auch verpachtet oder vererbt werden konnten, gehörte zur aristokratischen Repräsentation. So erwarb er einen Ratsherrensitz im Parlament seiner heimatlichen Provinz Guyenne, ein Amt, das hauptsächlich in richterlicher Tätigkeit bestand. 1716 schließlich erhielt er, in Nachfolge eines verstorbenen Onkels, den lukrativen Titel eines Kammerpräsidenten und fand Aufnahme in die Akademie von Bordeaux: eine erste Eintrittskarte für die Existenz als geachteter Autor.

Bereits sehr früh hatte Montesquieu versucht, sich neben seinen Verpflichtungen den Rücken für schriftstellerische Arbeit freizuhalten. Nun begann er, Teile des Jahres in Paris zu verbringen, wo er geistige Anregungen fand und wichtige soziale Kontakte pflegte. Er war ein für die Zeit typischer Homme de lettres, ein vielseitig gebildeter und interessierter Mensch, der aber jedes Expertentum ablehnte. So wurde er auch als Autor ein »Allrounder«, gleichermaßen belesen in Literatur, Naturwissenschaften, Geschichte, Politik und Philosophie.

Die Schrift, mit der er zum ersten Mal ins nationale Bewusstsein trat, vereinigte diese vielseitigen Interessen auf eine amüsante und höchst erfolgreiche Art: *Die Perserbriefe* von 1721 haben heute den Ruf, der erste europäische Briefroman von Rang zu sein. Sie reflektieren die Reiseerfahrungen während der frühen Aufklärung und damit die kulturelle Öffnung gegenüber dem Orient. Sie stehen aber auch in der Tradition der von Montaigne begründeten und von La Rochefoucauld und La Bruyère zu literarischer Blüte geführten französischen Moralistik. Wie La Bruyères *Charaktere* von 1688 sind sie ein Versuch, aus der Beobachtung sozialer Verhaltensweisen Urteile über die Natur des Menschen und Regeln einer vernünftigen Lebensführung abzuleiten.

Auch Montesquieu porträtiert in den *Perserbriefen* soziale Charaktere wie »Schöngeister« oder »Glücksritter« und gewinnt daraus wie seine moralistischen Vorgänger ein skeptisches und pessimistisches Menschenbild. Anders als bei La Bruyère jedoch nehmen politische und gesellschaftliche Verhältnisse einen großen Raum ein. Auch greift Montesquieu auf die in der Aufklärung häufig benutzte »orientalische Perspektive« zurück: Westliche Verhältnisse werden mit östlichen Augen gesehen. In den *Perserbriefen* sind es zwei Reisende aus Isfahan, die nach Frankreich kommen und die dortige Gesellschaft in Briefen kommentieren.

Mit diesem Kunstgriff kritisierte Montesquieu den französischen Absolutismus auf indirekte Art. Für die beiden Perser trägt der französische König die vertrauten Züge der heimischen Despoten, während die Religion der christlichen »Derwische« als wortverdrehende Heuchelei dargestellt wird. In den *Perserbriefen* wird auch schon die positive Haltung des Autors zu England deutlich, das 1689 die konstitutionelle Monarchie eingeführt hatte. So berichtet im 104. Brief der Perser Usbek, dass nach Meinung der Engländer jede Art von despotischer Herrschaft dem Volk das Recht gebe, sich von dieser Herrschaft loszusagen und seine »naturgegebene Freiheit« wieder in Besitz zu nehmen, und dass jede unbegrenzte Macht ungesetzlich sei, weil sie keinen »legitimen Ursprung« habe. Mit den *Perserbriefen* hatte Montesquieu den aufklärerischen Grundton seiner politischen Philosophie angestimmt.

Nach dem Erscheinen seines Erstlings wurde Montesquieu zu einer bekannten Figur in den Pariser Salons, den traditionellen Karriereschmieden. Hier erwarb er die entscheidenden Kontakte, die ihm schließlich 1728 zur Aufnahme in die renommierte Académie Française verhalfen. Nun war er auch auf nationaler Ebene ein gemachter Mann.

Montesquieu hat später immer wieder betont, er habe zwanzig Jahre lang am *Geist der Gesetze* gearbeitet. Ob er tatsächlich im Jahr 1728 damit begonnen hat, ist nachträglich schwer festzustellen. Sicher ist jedenfalls, dass er in jenem Jahr eine dreijährige Europareise antrat, die ihm umfangreiches Anschauungsmaterial für sein Buch lieferte. Sie führte ihn zunächst nach Deutschland, Österreich, Ungarn, in die Schweiz und nach Italien.

Die wichtigste Etappe der Reise begann jedoch, als er zu Beginn des Jahres 1729 in London eintraf. In England blieb er zwei Jahre. Er erwarb dort eine intime Kenntnis der Gesellschaft und des politischen Systems. Als bekanntem Literaten standen ihm die Türen der höheren Gesellschaft offen. Hier konnte er die in John Lockes zweiter *Abhandlung über die Regierung* entwickelte Theorie der Trennung von ausübender und gesetzgebender Gewalt unmittelbar vor Ort studieren. Montesquieu erlebte, dass es ausgerechnet die damals oppositionellen Tories, die englischen Konservativen, waren, die für eine öffentliche Kontrolle staatlicher Institutionen stritten.

Als er 1731 nach Frankreich zurückkehrte, brachte er nicht nur eine Unmenge Notizen, sondern auch die Erfahrung einer gelebten politischen Aufklärung mit nach Kontinentaleuropa. Er war nicht der Einzige. Kurze Zeit später, 1734, machte auch Voltaire mit seinen *Englischen Briefen* die französische Öffentlichkeit mit den Freiheitsrechten der englischen Verfassung vertraut und stieß damit eine Diskussion an, die in Montesquieus *Vom Geist der Gesetze* einen Höhepunkt fand.

Ein Teil der mitgebrachten Materialien floss in eine Schrift ein, die Montesquieu ebenfalls 1734 veröffentlichte: *Die Betrachtungen über die Ursachen von Größe und Niedergang der Römer*. Wenn es auch hier um Rom ging, so wussten viele zeitgenössische Leser doch, dass sie »Frankreich« verstehen mussten: Montesquieu legte dar, dass ein Staat, der in seinen Institutionen stagniert und in seinem Machtstreben die ihm gesetzten natürlichen Grenzen überschreitet, zum Untergang verurteilt ist.

Welche politischen Systeme man unterscheiden kann, wie sie sich erhalten, negativ verändern und von welchen Faktoren ihre Existenz beeinflusst ist: Dies war auch das Thema des umfangreichen Werks, der großen Landkarte der politischen Kulturen, die nun Gestalt anzunehmen begann. Spätestens ab 1735 ist Montesquieus intensive Arbeit an seinem Hauptwerk nachweisbar.

In Paris hielt er sich nun hauptsächlich zum Studium und zur Recherche in Bibliotheken auf. Zum Schreiben zog er sich dann wieder auf sein Wasserschloss La Brède zurück. Anfang der dreißiger Jahre, unmittelbar nach Abschluss der Europareise, war bereits das berühmte Kapitel über die Verfassung Englands entstanden. 1742 berichtet Montesquieu in einem Brief, er habe 18 Bücher, d.h. große Kapitel, des Werks fertig gestellt. 1745 überarbeitet er das bereits Geschriebene. Immer wieder meint er, neues Material einarbeiten zu müssen. Im Juni 1747 beginnt er mit der Niederschrift der Bücher 28,

30 und 31, die sich mit der Geschichte des römischen Rechts in West-europa und mit dem fränkischen Lehnrecht befassen. Zu einem systematischen Abschluss gelangte das Buch jeodch nie. Montesquieu hinterließ einen Torso, ein nicht ganz durchstrukturiertes Manu-skript, das er im Frühjahr 1748 schließlich zum Satz gab.

Die politische Philosophie der Neuzeit hatte, unter dem Einfluss der empirischen Naturforschung, Staat und Politik als eine gesetz-mäßig wirkende und vom Menschen gestaltbare Sphäre entdeckt. Machiavelli hatte Politik als rationales Machtkalkül beschrieben, und der Franzose Jean Bodin hatte im 16. Jahrhundert ebenso wie der Engländer Thomas Hobbes im 17. Jahrhundert eine Theorie der absoluten Souveränität der Staatsmacht entwickelt. In der politi-schen Philosophie John Lockes war diese absolute Form der Herr-schaft zugunsten der Rechte des Parlaments und der Bürger infrage gestellt worden.

In *Vom Geist der Gesetze* führt Montesquieu diese aufklärerische Kritik am Absolutismus fort. Aber er knüpft auch an die Auffassung an, dass der Staat ein Funktionszusammenhang ist, dessen Mecha-nismen genauso beschrieben werden können wie Vorgänge in der Natur. Der Begriff »Gesetz« wird bei ihm in ausdrücklicher Analogie zu naturwissenschaftlichen Gesetzen verwendet. Ein Gesetz ist keine willkürliche Vorschrift, sondern Ausdruck für eine konstante, ver-nunftgeleitete Beziehung zwischen Mensch und Umwelt. Dadurch, dass er die soziale Umwelt, die Gesellschaft, die Welt des Rechts und die Welt der Politik als ebenso gesetzmäßig begreift wie die natür-liche Umwelt und in ihr einen eigenständigen Untersuchungsbe-reich entdeckt, wird er zu einem der Väter der Soziologie als eigen-ständiger Wissenschaft.

Doch die vernunftgeleiteten Gesetze des sozialen Zusammen-lebens können nicht im gleichen Sinne vorausgesetzt werden wie naturwissenschaftliche Gesetze. Es gibt gute und schlechte Gesetze ebenso wie bessere und schlechtere Verfassungen, denn die Men-schen sind – anders als die Natur – irrtumsanfällig. Dennoch hält Montesquieu an der Auffassung fest, die schon Aristoteles, einer der Großen der politischen Philosophie der Antike, geäußert hatte: dass nämlich die staatliche Gemeinschaft eine natürliche Form des Zusammenlebens der Menschen ist.

Demgegenüber hatte einige Jahrzehnte zuvor der Engländer Thomas Hobbes in seinem *Leviathan* behauptet, der Staat sei ein künstliches, ganz dem Willen und den Planungen der Menschen unterworfenes Gebilde. Hobbes hatte die Idee des sogenannten »Naturzustands« in die Philosophie eingeführt, des Zustands also, in dem die Menschen sich befinden, bevor sie sich in einem Gesellschaftsvertrag zu einem Gemeinwesen zusammenschließen. In einem solchen Zustand herrscht nach Hobbes ein Krieg aller gegen alle.

Auch wenn er selten genannt wird, richten sich viele Argumente Montesquieus gegen Hobbes. Nach seiner Ansicht gibt es in einem vorstaatlichen Zustand keinen Krieg aller gegen alle. Die Menschen sind vielmehr von Furcht beherrscht und neigen dazu, sich vor anderen Menschen zurückziehen. Auch einen »Gesellschaftsvertrag« gibt es bei Montesquieu nicht. Er nimmt an, dass der Mensch durch »Naturgesetze« dazu veranlasst wird, sich um Frieden, Nahrung und Nähe zu anderen zu bemühen. Konflikte und Verteilungskämpfe stellen sich erst dann ein, wenn Menschen zusammenkommen, ohne sich in einer vernunftgeleiteten politischen Gemeinschaft zu organisieren.

Vom Geist der Gesetze widmet sich, grob gesprochen, drei verschiedenen Themen: den verschiedenen Regierungsformen und den in ihnen verwirklichten Beziehungen zwischen Bürger und Staat; den sozialen und natürlichen »Umweltfaktoren«, die die Bildung einer Verfassung beeinflussen; und schließlich der Frage, welche Verfassungsmodelle es in der Geschichte gab und welche Lehren man aus ihnen für die Gegenwart ziehen kann.

Montesquieu unterscheidet zwischen drei Regierungsformen. Diese Dreiteilung geht auf die politische Philosophie der Antike zurück. So hatte Aristoteles in seiner *Politik* zwischen der Herrschaft der Mehrheit der Polisbürger, der Politie, der Herrschaft weniger, der Aristokratie, und der Herrschaft eines Einzelnen, der Monarchie, unterschieden. Jeder dieser Spielarten hatte er auch eine Verfallsform zugeordnet: Die Politie konnte zur »Demokratie«, einer Art Volksdiktatur, die Aristokratie zur Oligarchie, zur Herrschaft einer

Clique, und die Monarchie zur Tyrannis, zur diktatorischen Herrschaft eines Einzelnen, werden.

Bei Montesquieu erscheinen diese drei Formen, angelehnt an die politischen Gegebenheiten seiner Zeit, in etwas veränderter Form. Nicht mehr die antike Polis ist sein Bezugspunkt, sondern die Staatenwelt des 18. Jahrhunderts. Politie und Aristokratie fasst er zur »Republik« zusammen. Weil sie sich nur auf einem kleinen Staatsgebiet entfalten kann, ist sie für ihn eine vor allem der Antike und damit der Vergangenheit angehörige Regierungsform. Dennoch behält sie für ihn eine Vorbildfunktion, denn in ihr richten sich die Bürger nicht an Sonderinteressen, sondern am Gemeinwohl aus. Die für die Republik charakteristische Einstellung des Bürgers ist die politische Tugend der Vaterlandsliebe.

Die »mittlere« Regierungsform und gleichzeitig die für seine Zeit typische ist die Monarchie. Sie findet sich in den mittelgroßen Flächenstaaten Europas. Hier richten die Bürger ihr Verhalten am Ehrgefühl aus. Die Despotie als dritte Regierungsform war vor allem aus den riesigen Flächenstaaten des Orients vertraut. Die charakteristische Haltung des Bürgers ist hier die Furcht.

Zwischen natürlicher und sozialer Umwelt sieht Montesquieu enge Querverbindungen. Deshalb hat die Beantwortung der Frage, welche Regierungsform sich an welchem Ort herausbildet, auch sehr viel mit natürlichen Umweltbedingungen zu tun. Unter diesen Bedingungen, zu denen u. a. die geografische Lage, Bodenbeschaffenheit, Fauna und Flora gehören, spielt für Montesquieu das Klima eine besondere Rolle.

In Montesquieus berühmter Klimatheorie gibt es einen grundsätzlichen Unterschied zwischen Orient und Okzident: Die heißen Klimate des Orients befördern sinnliche Eindrucksfähigkeit, aber gleichzeitig »Faulheit des Geistes«. Wie einst der griechische Historiker Herodot sieht Montesquieu in den Klimaten des Südens eine wichtige Ursache für die Herausbildung von Despotien. Es sind demgegenüber die gemäßigten nördlichen Klimate, in denen seiner Meinung nach die Freiheit am besten gedeiht. Besonders das Seeklima in England scheint hierfür in besonderer Weise förderlich zu sein.

Jeder Staat ruht also auf einem Geflecht natürlicher und sozialer Voraussetzungen, die zusammen den »Geist der Gesetze« ausmachen. Montesquieu nennt ihn auch »esprit général«, den »Gemeingeist« oder, wie es in manchen Übersetzungen heißt, die »Geisteshaltung« eines Gemeinwesens. »Verschiedene Dinge beherrschen den Menschen«, schreibt Montesquieu im 19. Buch, »Klima, Religion, Gesetze, Sitten und Gebräuche; und aus alledem entspringt und formt sich die Geisteshaltung eines Volkes.« »Esprit général« ist der Begriff, den Montesquieu für die gewachsene, unverwechselbare politische Kultur eines Landes prägt. Er umfasst sehr viel mehr als Rousseaus »volonté générale«, der »Gemeinwille«, der lediglich die politische Souveränität und Einheit eines Landes repräsentiert.

Montesquieu verbindet also seine aufklärerische Grundeinstellung mit der Wertschätzung von Traditionen und natürlichen Eigenheiten eines Landes. Jedes Land soll sich gemäß dem ihm eigenen »ésprit général« politisch organisieren. Doch soll es dies in einer Weise tun, die den Bürgern Freiheit und Identifizierung mit dem Gemeinwesen ermöglicht. Deshalb sieht Montesquieu auch nicht alle Regierungsformen als gleichwertig an.

Am ehesten entspricht die Republik seinem Ideal, während er in der Despotie die schlechteste Regierungsform sieht. Da Montesquieu sich die Republik aber, nach dem Muster der Antike, als kleinen Stadtstaat vorstellt, sieht er wenig Chanchen, sie in der Staatenwelt des 18. Jahrhunderts zu verwirklichen. Republiken neigen seiner Meinung nach in Flächenstaaten dazu, ihre Überschaubarkeit und den unmittelbaren Bezug zu den Bürgern zu verlieren und sich zu Monarchien zu entwickeln. In den Monarchien wiederum sieht er eine Tendenz zum Despotismus, vor allem dann, wenn die Macht zentralisiert und durch Eroberungen der natürliche Gebietsumfang überschritten wird. Genau diese Entwicklung stand ihm am Beispiel des französischen Absolutismus vor Augen.

Es war deshalb die Monarchie, die politische Regelform seiner Zeit, der er sein Hauptaugenmerk schenkte. Montesquieu ging es darum darzulegen, wie der Verfall der Monarchien zu Despotien verhindert werden kann. Dabei hatte er wie sein antiker Vorgänger Aristoteles eine Vorliebe für den Mittelweg, für politische Organisationsformen, in denen sich verschiedene gesellschaftliche Elemente und Einflüsse mischen und weder eine bestimmte gesellschaftliche Gruppe noch eine bestimmte Institution eine absolute Dominanz ausübt. »Der Geist der Mäßigung muss den Gesetzgeber beherrschen«, so fasst Montesquieu selbst sein eigenes Verfassungsprogramm zusammen.

Seine Studien der römischen und fränkischen Geschichte, vor allem aber die englische Verfassung boten ihm Anschauungsmaterial, wie die absolute Monarchie zugunsten einer »gemischten Verfassung« verändert werden kann. Im 6. Kapitel des 11. Buches, betitelt »Von der Verfassung Englands«, formuliert Montesquieu das berühmte Prinzip der Gewaltenteilung: »Wenn in derselben Person oder der gleichen obrigkeitlichen Körperschaft die gesetzgebende Gewalt mit der vollziehenden vereinigt ist, gibt es keine Freiheit ... Es gibt ferner keine Freiheit, wenn die richterliche Gewalt nicht von der gesetzgebenden und vollziehenden getrennt ist ... Alles wäre verloren, wenn derselbe Mensch oder die gleiche Körperschaft der Großen, des Adels oder des Volkes diese drei Gewalten ausüben würden: die Macht, Gesetze zu geben, die öffentlichen Beschlüsse zu vollstrecken und die Verbrechen oder die Streitsachen der Einzelnen zu richten.«

Montesquieus vorgeschlagene Trennung zwischen Regierung (Exekutive), Parlament (Legislative) und Gerichten (Judikative) ging sowohl über die von Locke vorgeschlagene Machtteilung zwischen König und Parlament als auch über die in England praktizierte Verfassungswirklichkeit hinaus. Es handelte sich, wie die Leser schnell erkannten, um eine bahnbrechende Theorie, die weit in die Zukunft wies. Dass z. B. die Justiz völlig unabhängig von politischen Einflussnahmen entscheiden muss, ist eine weltweit erhobene Forderung, die allerdings bis heute in nur wenigen Ländern eingelöst ist.

In der heutigen Diskussion zwischen dem »Universalismus«, also der These, dass es Grundregeln des Zusammenlebens geben muss, die für alle Menschen in allen Kulturen gelten, und dem »Relativismus«, der Auffassung, dass die Regeln des Zusammenlebens immer von den besonderen Bedingungen abhängen, unter denen ein Volk lebt, nimmt Montesquieu eine vermittelnde Position ein. Es gibt für ihn Grundsätze, die für alle gelten. Ihre konkrete Ausgestaltung aber bleibt Sache der besonderen Umstände.

Freiheit und Kontrolle der politischen Macht durch Institutionen, die sich gegenseitig auf die Finger sehen, sind die Grundsätze, die nach Montesquieu für alle politischen Gemeinwesen gelten müssen. Unser heutiges Verständnis von Freiheit und Gewaltenteilung ist allerdings erheblich weiter gefasst als das Montesquieus. Dieser strebte keine moderne Demokratie im westlichen Sinn an, und er hatte auch noch nicht denselben Begriff von Grundrechten und Grundfreiheiten, wie wir ihn heute haben. So wollte er noch für jeden sozialen Stand eigene Gerichte einrichten. Besonders der Adel, der für Montesquieu »mittlere Stand«, sollte gegenüber dem König in seiner Stellung gestärkt werden. Doch auch die Machtbefugnisse des Monarchen gegenüber dem Parlament blieben noch erheblich. So hatte der König ein Vetorecht gegenüber den Beschlüssen des Parlaments, und dieses wiederum konnte sich ohne Zustimmung des Königs nicht selbst einberufen.

Montesquieu wurde vor allem durch den Weg, den er beschritten hatte, und die Begründung, die er dafür gab, für die politische Philosophie wegweisend: Es gibt keine Patentlösung für eine ideale politische Verfassung, weil die jeweiligen Traditionen zu unterschiedlich sind. Die politische Vernunft hat viele Gesichter. Es hilft auch nicht das Vertrauen in das Gute im Menschen oder in einen guten Herrscher. Der von Leidenschaften beherrschte Mensch muss nach Montesquieu von Gesetzen gezähmt werden, von Gesetzen allerdings, die seine Eigenart respektieren und seine Freiheit gewährleisten. Bürgerfreiheit ist dabei eine Folge der Machtbalance zwischen Gruppen und Institutionen. Der Bürger ist dort am freiesten, wo sich die Institutionen gegenseitig in Schach halten, dort, wo alle gesellschaftlichen Gruppen an der Macht beteiligt sind, aber sich mit fest vereinbarten Einschränkungen arrangiert haben.

Vom Geist der Gesetze zeichnet eine Karte, die viele Grenzen enthält, aber auch zahllose Orte, an denen sich das politische Denken vor Montesquieu nie aufgehalten hatte. Montesquieus Hauptwerk ist ein Plädoyer gegen politische Willkür und für die Herrschaft des Gesetzes. Dieses Gesetz ist sowohl universal, weil es die Umrisse des Rechtsstaats skizziert und die Grundrechte aller Menschen berücksichtigt. Es lässt aber auch Raum für die Ausgestaltung des Rechtsstaats unter den jeweils besonderen Verhältnissen, in denen Menschen leben. Das Gesetz ist, so schreibt Montesquieu, »die menschliche Vernunft, sofern sie alle Völker der Erde beherrscht; und die Staats- und Zivilgesetze jedes Volkes sollen nur die einzelnen Anwendungsfälle dieser menschlichen Vernunft sein«.

Wie viele andere zeitgenössische Werke der Philosophie erschien auch *Vom Geist der Gesetze* anonym im Ausland, um die Bestimmungen der französischen Zensur zu umgehen. Nachdem die ersten Exemplare im Oktober 1748 die Druckpressen des Buchhändlers Barrillot in Genf verlassen hatten, konnte man sie ab dem 11. November auch schon in Paris kaufen. Mit »stillschweigender Genehmigung« der Behörden wurde im Frühjahr 1749 sogar eine Pariser Ausgabe möglich. »Ich habe zwanzig Jahre hintereinander an diesem Werk gearbeitet«, so schrieb Montesquieu, »und ich weiß noch nicht, ob ich beherzt oder vermessen war, ob die Größe des Themas mich erdrückt oder seine Erhabenheit mich unterstützt hat.«

Die Geistesgeschichte hat diese Frage eindeutig positiv beantwortet. *Vom Geist der Gesetze* wurde zu einem Bestseller in der politischen Philosophie. Bereits 1750, zwei Jahre nach seinem Erscheinen, hatte es 22 Auflagen erlebt und seinem Autor europäischen Ruhm beschert. Als eines der material- und ideenreichsten Bücher der politischen Philosophie wurde es auch eines der einflussreichsten.

So atmet die 1776 verabschiedete Verfassung der jungen Vereinigten Staaten von Amerika ganz den Geist Montesquieus. Auch die Protagonisten der Französischen Revolution beriefen sich neben Voltaire und Rousseau vor allem auf Montesquieu als einen der großen Kritiker des Absolutismus. Ironischerweise tat dies auch einer der größten Gegner der Französischen Revolution, der Brite Edmund Burke, der von Montesquieu die These übernahm, dass gewachsene politische Institutionen ein wichtiges Bindeglied zwischen dem Staat und seinen Bürgern darstellen. Die Rolle sich gegenseitig kontrollierender und die Macht des Staates begrenzender Institutionen für die Freiheit des Bürgers steht auch im Mittelpunkt des politischen Denkens von Alexis de Tocqueville, einem der Begründer des modernen Liberalismus.

In der Romantik wurde Montesquieus »esprit général« von Herder als »Volksgeist« wieder aufgenommen. Als »Geist« bzw. als »objektiver Geist«, in dem die sozialen Beziehungssysteme von Recht, Moral und Sittlichkeit zusammengefasst sind, fand er auch Eingang in Hegels *Phänomenologie des Geistes* und in seine *Enzyklopädie der philosophischen Wissenschaften.*

Vor allem aber ist Montesquieu zu einem der großen politischen Vordenker des modernen Rechtsstaats geworden, in dem das Projekt der Gewaltenteilung eine immer umfassendere Bedeutung angenommen hat: Die Lehre des »check and balance«, der Austarierung und gegenseitigen Kontrolle von Interessen und Institutionen, ist zur Geschäftsgrundlage westlicher Demokratien geworden. Für eine der wichtigsten politischen Denkerinnen des 20. Jahrhunderts, Hannah Arendt, bleibt Montesquieu unter den Theoretikern der politischen Moderne einzigartig in seiner Erkenntnis, dass Freiheit und politische Machtstrukturen sich gegenseitig bedingen.

Wie viele Aufklärer träumte Montesquieu Träume der Vernunft. Doch es ist eine Vernunft, die sich mit Geschichtsbewusstsein, Realitätssinn und pragmatischer Klugheit verschwistert hat. Sie hat uns das Gemeinwesen als ein ererbtes Haus sichtbar gemacht, dem wir gleichzeitig eine stabile Statik und offene Lebensräume verleihen können, ohne an den Bauplänen einer unerfüllbaren Utopie verzweifeln zu müssen.

Ausgabe:

CHARLES DE MONTESQUIEU: Vom Geist der Gesetze. 2 Bände. Übersetzt und herausgegeben von Ernst Forsthoff. Tübingen: Mohr (Paul Siebeck) 1992 (auch UTB).

Der Naturmensch im Laborversuch

JEAN-JACQUES ROUSSEAU: Emile (1762)

Wären wir bessere Menschen, wenn uns Philosophen erzogen hätten oder wenn unsere Erziehung nach philosophischen Maßstäben erfolgt wäre? Leise Zweifel sind hier wohl angebracht. Offensichtlich aber ist, dass Philosophen sich immer wieder Gedanken um die richtige Erziehung gemacht haben und dass von der Philosophie wichtige und bleibende Impulse für die Pädagogik ausgegangen sind, lange bevor es eine »Pädagogik« im heutigen Sinne gab. So hat Platon, einer der großen Klassiker der griechischen Philosophie, in seinem Hauptwerk *Politeia* der Frage große Bedeutung zugemessen, wie denn die zukünftigen Herrscher seines Idealstaates erzogen werden sollten, und ein ausgeklügeltes Erziehungsprogramm aufgestellt, in dem die Abfolge von körperlicher Ertüchtigung und geistiger Bildung genau geregelt ist.

Derjenige Philosoph aber, der unbestritten den größten Einfluss auf unsere Vorstellungen von Erziehung gehabt hat, ist der aus dem schweizerischen Genf stammende Jean-Jacques Rousseau. Rousseau ging es nicht um die Erziehung von »Funktionsträgern«, um eine »Ausbildung« also, die uns in die Lage versetzen soll, bestimmte gesellschaftliche Aufgaben effektiv zu erfüllen. Er wollte den Menschen zum *Menschen* erziehen, zu dem, was seine Würde ausmacht und seinen Fähigkeiten entspricht. Rousseaus Erziehungslehre ist damit Teil einer Lehre vom Menschen und von seinem Verhältnis zu Kultur und Gesellschaft.

Dabei vollzieht Rousseau eine kulturgeschichtlich höchst einflussreiche Kehrtwendung: Nicht der zivilisierte Mensch ist Ziel seines Erziehungsprogramms, sondern der natürliche Mensch, der von allem künstlichen Ballast, den die Zivilisationsgeschichte angehäuft hat, frei ist. Von allen Menschen, denen wir begegnen, ist es das Kind, der junge, unverbildete Mensch, der diesem natürlichen Menschen am nächsten kommt. Daher erhält das Kind mit seinen ganz eigenen Verhaltensweisen und Bedürfnissen auf diesem Weg zur Natürlichkeit einen besonderen Stellenwert. Aus den natürlichen Anlagen des Kindes den wahren Menschen zu bilden: Dies war im 18. Jahrhundert, in dem Kinder noch als kleine Erwachsene gemalt wurden und ihr Kindsein möglichst schnell ablegen sollten, ein revolutionäres Experiment.

Das Buch, in dem Rousseau dieses Experiment vorführt, trägt selbst experimentelle Züge: Es ist eine Mischung aus Traktat, Roman und Fallstudie. Zugleich ist es dasjenige Werk, das Rousseau für sein wichtigstes hielt. Es trägt den Titel *Emile*, benannt nach der Hauptfigur, dem Zögling Emile, der Gegenstand des Erziehungsexperiments ist. *Emile* führt vor, was aus dem Menschen werden kann, wenn man ihn von den schädlichen Einflüssen der Gesellschaft fernhält. Der Leser erlebt den Naturmenschen im Laborversuch, von der Geburt bis zur Eheschließung. *Emile* veränderte unsere Auffassung vom Menschen grundlegend und wurde zur einflussreichsten Erziehungstheorie in der Geschichte der Philosophie.

Mit seinem Programm »Zurück zur Natur!« schlug Rousseau wie ein Meteorit in die geistige Landschaft einer Epoche ein, die wie keine zuvor glaubte, allen vorhergehenden Zeitaltern zivilisatorisch überlegen zu sein. Aber auch für die Pariser Aufklärungsintellektuellen, die »philosophes«, war der Schweizer Autodidakt ohne Vermögen und vornehme Familienherkunft, der ein Vagabundenleben geführt und in den verschiedensten Bereichen der Kunst dilettiert hatte, ein explosives Naturereignis und eine höchst ungewöhnliche Erscheinung.

In der Tat hat Rousseaus Lebensgeschichte, die er später in seinen *Bekenntnissen* literarisch verarbeitete, immer genauso viel Interesse erweckt wie sein unorthodoxes Werk. Der 1712 in Genf geborene Jean-Jacques hatte eine Kindheit und Jugend, die man heute als »sozial problematisch« bezeichnen und die die pädagogischen Bemühungen von Streetworkern auf den Plan rufen würde.

Zwar wächst er als Sohn eines Uhrmachers im Genfer Mittelstand auf und erhält von seinem Vater zunächst auch zahlreiche Leseanregungen. Doch die Familie bricht schnell auseinander. Die Mutter verstirbt früh, Rousseaus Bruder wird in eine Erziehungsanstalt gegeben, und auch sein Vater verlässt die Familie, als Rousseau gerade zehn Jahre alt ist. Er wird zu einem Pfarrer in Obhut gegeben und lernt das Handwerk des Gravierens. Die Erziehung im Pfarrhaus hat er in schlechter Erinnerung behalten: Er wird gezüchtigt und mit trockenem Schulwissen vollgestopft.

Doch auch Genf, die Stadt Calvins, hat mit ihrem streng protestantischen geistigen Klima viele seiner Anschauungen bis an sein Lebensende beeinflusst. Rousseau verabscheute Luxus, die Künstlichkeit gesellschaftlicher Umgangsformen und die großen Städte als Horte von Laster und Vergnügungen. Sogar der Kunst stand er ablehnend gegenüber, wenn sie sich als Form gesellschaftlicher Unterhaltung präsentierte. So hat er in späteren Jahren Voltaires Absicht bekämpft, in Genf ein öffentliches Theater zu errichten. Obwohl Rousseau sich in vielen Punkten von der reinen calvinistischen Lehre entfernte, hatten seine Ideale der Natürlichkeit und der Tugend puritanische Züge, die auf seine calvinistischen Wurzeln verweisen.

Mit sechzehn Jahren verlässt Rousseau Genf ohne abgeschlossene Ausbildung, ohne Arbeit und ohne Ziel. Vierzehn Jahre lang wechselt er in der Region Südfrankreich, Schweiz und Norditalien von einem Ort zum anderen, verdingt sich als Hauslehrer und Katasteramtsgehilfe, oder er zieht einfach als Landstreicher und Musikant über das Land. In Turin wird er von einem katholischen Priester verköstigt und lässt sich von diesem überreden, zum Katholizismus überzutreten. Besonders lange ist er im Gebiet des damals unabhängigen Herzogtums Savoyen unterwegs und unternimmt dort ausgiebige Wanderungen. Seine intensiven Naturerfahrungen prägen seine entstehende Weltanschauung nachhaltig. Das ländliche Leben zieht er zeitlebens dem Stadtleben vor.

Rousseau war ein sensibler, aber auch emotional sehr unausgeglichener Mensch. Er neigte sowohl zur Schwärmerei als auch zur

Wehleidigkeit. Konflikte mit Menschen führten bei ihm sehr leicht zu endgültigen Zerwürfnissen. Auch eine gleichberechtigte, reife Beziehung zu einer Frau zu entwickeln fiel ihm schwer. In die sozialen Konventionen der höheren Gesellschaft konnte er sich nie einfinden. Er blieb ein schwieriger Sonderling.

Doch an Bildung fehlte es dem Provinzler Rousseau keineswegs. Er eignete sich beträchtliche Kenntnisse auf dem Gebiet der Musik an, die ihn nicht nur befähigten, jahrelang als Musiklehrer zu arbeiten, sondern auch der Academie Française ein musiktheoretisches Werk vorzulegen. Vor allem aber auf dem Gebiet der Literatur und Philosophie war er äußerst bewandert. So kannte er nicht nur die Erziehungsvorstellungen Platons, sondern auch die 1693 erschienenen *Gedanken über die Erziehung* des englischen Aufklärungsphilosophen John Locke, die seinen eigenen Anschauungen sehr entgegenkamen und sie auch beeinflussten. Locke wies hier bereits auf die besonderen Bedürfnisse des Kindes hin und verstand Lernen als eine Form der natürlichen Entwicklung, die sich am Vorbild eines Erziehers orientiert. Allerdings strebte Locke, anders als Rousseau, eine standesorientierte Erziehung, eine Erziehung zum Gentleman, an und gab der Entwicklung geistiger Kräfte Vorrang vor den körperlichen.

1742 ließ sich Rousseau in Paris nieder, wo er zunächst weiterhin in untergeordneten Stellungen sein Geld verdiente. Ein Jahr lang ging er sogar als Botschaftssekretär nach Venedig. Doch es gelang ihm, Anschluss an die Pariser Intellektuellenszene zu finden. Die dauerhafteste dieser Verbindungen war die Freundschaft mit dem beinahe gleichaltrigen Denis Diderot, der ihn auch einlud, an seiner – später berühmten – *Enzyklopädie* mitzuarbeiten. Diderot, Philosoph, Literat und Freigeist, kam wie Rousseau aus kleinen Verhältnissen, war arm und verfolgte wie dieser hochfliegende literarische Pläne.

Die Geburt des Philosophen Jean-Jacques Rousseau fällt in den Herbst des Jahres 1749, als er zu Fuß von Paris nach Vincennes geht, um seinen Freund Diderot zu besuchen, der dort eine von der Zensur verhängte Gefängnisstrafe absitzt. Er entdeckt eine Ausschreibung der Akademie von Dijon: »Ob die Erneuerung der Wissenschaften und Künste dazu beigetragen habe, die Sitten zu bessern«. Der bis dahin völlig unbekannte Rousseau sendet einen Beitrag ein und erhält den Preis der Akademie. Mit seiner Preisschrift, dem 1750 erschienenen ersten *Discours*, der *Rede über die Wissenschaft und Künste*, schlägt er den Grundton seiner Philosophie an. Zur Überraschung der Jury singt Rousseau nicht das Lied des wissenschaftlichen und künstlerischen Fortschritts, sondern behauptet, dass Wissenschaft und Kunst, die angeblichen Stützen der Zivilisation, nur Unglück und Verderbnis über die Menschen gebracht hätten. »Allmächtiger Gott«, schreibt Rousseau, »erlöse uns von den Kenntnissen und den unheilvollen Künsten unserer Väter und gib uns die Unwissenheit, die Unschuld und die Armut zurück.«

Von da an sieht er es als seine vornehmliche philosophische Aufgabe an, die angeblichen Errungenschaften der Zivilisation anzuprangern und die Tugend als die »erhabene Wissenschaft der schlichten Seelen« zu predigen. Es ist eine Tugend, in der Einfachheit gegen Künstlichkeit und Luxus, in der Arbeit gegen Muße und in der die intuitiven Fähigkeiten des »Herzens« gegen die rationalen Fähigkeiten des Verstandes ausgespielt werden, wie dies auch schon hundert Jahre zuvor in den *Gedanken* Blaise Pascals geschieht. Auch die Ungleichheit unter den Menschen ist für Rousseau die Konsequenz aus einer Menschheitsgeschichte, die er als Verfallsgeschichte begreift. In dem 1755 erschienenen zweiten *Discours*, der *Abhandlung über den Ursprung und die Grundlagen der Ungleichheit unter den Menschen*, macht er die Einführung des Privateigentums für die Entstehung der Klassen- und Standesgegensätze unter den Menschen verantwortlich.

Nach vielen Jahren Großstadtleben zieht sich Rousseau 1756 nach Montmorency nördlich von Paris zurück. Dort erlebt er seine produktivste Phase als Schriftsteller. Er klagt ständig über seine schlechte Gesundheit, doch er arbeitet ununterbrochen. Die Kinder, die er mit seiner Partnerin Thérèse Levasseur zeugt, gibt er in ein Findelheim.

In seiner Auflehnung gegen gesellschaftliche Vorurteile und Konventionen ist Rousseau zwar ein Aufklärer, aber ein Aufklärer ganz besonderer Art: Nicht der Verstand, sondern die Unverfälschtheit des Gefühls wird zum Kompass seiner Gesellschaftskritik. Literarisch demonstriert er dies an seinem höchst erfolgreichen Briefroman *Die neue Héloïse*. Die Dreiecksgeschichte zwischen dem Hauslehrer Saint-Preux, dem adligen Fräulein Julie und ihrem Gatten, dem Baron Wolgast, wertet die Rolle der Subjektivität auf und setzt einen Kult der Empfindsamkeit in Gang.

Als das Buch 1761 erscheint, ist auch schon das Manuskript des *Emile* vollendet, zusammen mit seinem zweiten großen Hauptwerk, dem *Gesellschaftsvertrag*. Nach Rousseaus eigenen Worten stellen beide Bücher ein Ganzes dar. Im *Gesellschaftsvertrag* geht es um die Einrichtung gesellschaftlicher und politischer Institutionen, im *Emile* um die Formung des Menschen als Individuum. Beide Werke beginnen mit einem rhetorischen Paukenschlag, in dem der Verlust des goldenen Zeitalters der Ursprünglichkeit und Natürlichkeit beklagt wird: »Der Mensch wird frei geboren, aber überall liegt er in Ketten«, heißt es am Anfang des ersten Kapitels des *Gesellschaftsvertrags*. Der erste Satz des *Emile* lautet: »Alles ist gut, wie es aus den Händen des Schöpfers kommt; alles entartet unter den Händen des Menschen.«

In *Emile* soll nicht der Mensch, sondern »die Natur selber« die Erziehung des Kindes leiten. Dieser Bezug zur Natur macht sich schon in der Bildlichkeit der Sprache bemerkbar. Rousseau vergleicht den Menschen mit einer Pflanze, die in Gefahr ist zu verdorren und die nur unter geeigneten Bedingungen und mit richtiger Pflege wieder »veredelt« werden kann. Zu diesem Zweck stellt er die für den Menschen geeignetsten Versuchsbedingungen her. Er zieht seinen fiktiven Zögling Emile, bildlich gesprochen, in einem Gewächshaus groß, in dem dieser ungestört gedeihen kann. Er entwirft also eine pädagogische Modellsituation.

Emile ist ein männliches Kind von adligem Stand, ein Kind also, das frei von sozialen und materiellen Zwängen aufwachsen kann. Er hat keine Geschwister. Er wird auch von Spielgefährten und, da er auf dem Land lebt, vom Sündenbabel der Stadt ferngehalten. Seine

Entwicklung wird nicht von den Eltern, sondern von einem Erzieher begleitet. Dieser ist jung genug, um dem Zögling auch als Gefährte zu gelten und keine Hierarchie zwischen beiden entstehen zu lassen. Der Erzieher ist nur für Emile da und steht ihm den ganzen Tag zur Verfügung. Er lebt das Leben seines Zöglings mit.

Rousseaus Erziehungskonzeption ist für seine Zeit revolutionär. Denn der Erzieher soll keine Autorität, sondern eine Hebamme der Natur sein. Er greift nicht von außen in das Leben Emiles ein. Rousseaus Erziehungsidee ist die einer »negativen Erziehung«, einer Erziehung ohne festgelegte Regeln und Vorschriften. Sie wird von dem Grundsatz geleitet, den wir heute »learning by doing« nennen würden. Es ist eine erfahrungsorientierte Erziehung, in der Selbsttätigkeit und Selbsterfahrung im Mittelpunkt stehen. Das Kind soll das, was es weiß, durch eigene Entdeckung erwerben und dabei auch unmittelbar den Nützlichkeits- und Praxisbezug erfahren. Auch Rousseau will eine Erziehung nach den Maßstäben der Vernunft, doch seine »Vernunft« ist eine eng an die Natur angebundene Vernunft, eine Vernunft, die den Menschen das lernen lässt, was er braucht, und nicht das, was die Konvention vorschreibt.

Rousseau spricht aus eigener leidvoller Erfahrung, wenn er eine Erziehung ablehnt, in der Regeln und tradiertes Wissen lediglich aufgepfropft werden. Überhaupt wendet er sich gegen reines Bücherwissen und gegen den Vorrang intellektueller Bildung. Der Herausbildung körperlicher Fähigkeiten misst er eine mindestens ebenso große Bedeutung wie der geistigen Erziehung bei. Der kindliche Entfaltungsdrang soll weder in körperlicher noch in geistiger Hinsicht gehemmt werden.

Diese Forderung Rousseaus wird nur auf der Grundlage seines Menschenbildes verständlich. In diesem Punkt entfernt er sich von dem pessimistischen Menschenbild der Calvinisten. Er ist davon überzeugt, dass die menschliche Natur ursprünglich gut ist, und glaubt nicht, wie viele seiner Zeitgenossen, dass in den Kindern etwas Böses steckt, das es auszurotten gilt. Das Böse kommt für ihn erst durch den Einfluss der Menschen und der Gesellschaft hinzu, durch Abschwächung und Unterdrückung der natürlichen Kräfte.

»Alle Bosheit entspringt der Schwäche«, so Rousseau, »das Kind ist nur böse, weil es schwach ist. Macht es stark, und es wird gut sein.«

Die von Rousseau immer wieder betonte Nützlichkeit und der von ihm geforderte Praxisbezug wiederum tragen deutlich den Stempel des bürgerlichen Selbstverständnisses, das sich von aristokratischen Werten absetzte. Im Bürgertum, das im 18. Jahrhundert immer mehr gesellschaftliche Bastionen besetzte und in der Französischen Revolution schließlich auch die politische Macht eroberte, galt Leistung mehr als Stand und Repräsentation. Vor allem die »Arbeit« im Sinne einer produktiven und wertschöpfenden Tätigkeit des Menschen wurde aufgewertet. Arbeit, Mäßigkeit in der Lebensführung, körperliche Bewegung: Dies sind typisch bürgerliche Tugenden, und es sind auch die Rousseau'schen Tugenden. Die Erziehung zum Menschen, die im *Emile* vorgeführt wird, schöpft in vielfacher Weise aus bürgerlichen Wertvorstellungen.

Konsequenterweise sind die ersten Lernschritte, die Emile machen soll, nicht solche des abstrakten Denkens, sondern solche des sinnlichen Erfassens. Das erste Begreifen der Welt geschieht durch eine, wie Rousseau es nennt, »sinnenhafte Vernunft«, also mit Hilfe der Füße, Hände und Augen. Das Kind lernt zunächst, indem es sich und die Umwelt sinnlich erfährt. Eines der wichtigsten Instrumente dieser frühen sinnlichen Welterfahrung ist das Spielen. Rousseau ist einer der ersten Philosophen, der der Rolle des Spielens eine zentrale pädagogische Bedeutung gibt.

Rousseau hatte in früheren Schriften immer wieder das einfache Leben in den Stadtstaaten der griechischen Antike dem verweichlichten Luxusleben seiner eigenen Zeit entgegengesetzt. Ein besonders positives Bild hatte er sich von dem asketischen Militärstaat Sparta und dessen Erziehungsvorstellungen gemacht. Mit Blick auf die »spartanisch« erzogene Jugend fordert er körperliche Abhärtung. Emile soll sich der Natur aussetzen, viel barfuß gehen und auf harter Unterlage schlafen. Ebenso müssen Kleidung und Ernährung dieser neuen, »natürlichen« Erziehung angepasst werden. Anders als die kleinen Adligen seiner Zeit, für die bestimmte Kleidervorschriften galten und die wie Pakete verschnürt wurden, bekommt Emile eine leichte und luftige Kleidung, in der er sich frei bewegen kann. Emiles Kost hat das Ökosiegel: Einfachheit der Speisen, mäßige Mengen, viel Rohkost und kein Fleisch.

Die intellektuelle Erziehung muss nach Rousseau auf der sinnlichen Erziehung aufbauen und über sie vermittelt werden. So lernt Emile Begriffe und theoretische Erklärungen immer in engem Zusammenhang mit den sinnlichen Erfahrungen, die er macht. Die Grundlagen der Geometrie eignet er sich mithilfe des Nachzeichnens von Formen an. Erd- und Himmelskunde lernt er durch unmittelbare Beobachtung der Natur. Mit Wissenschaften, die in keiner Beziehung zu seinem Erfahrungsumkreis stehen, beschäftigt er sich nicht.

Rousseau hat ein puritanisches Misstrauen gegen die Fantasie und freie, ästhetische Erfahrungen. Vor allem die Buchlektüre gilt ihm als die »Geißel der Kindheit«. Bis zu seinem fünzehnten Lebensjahr gelangen keine Bücher in Emiles Hände, mit einer einzigen, charakteristischen Ausnahme: *Robinson Crusoe* von Daniel Defoe, die Bibel des bürgerlichen Selfmademan, die Geschichte des Mannes, der nach einem Schiffbruch auf einer abgelegenen Insel landet und sich fern von der Gesellschaft mit eigenen Händen eine Existenz aufbaut. *Robinson Crusoe* erfüllte das, was Rousseau von der Literatur erwartete: Sie sollte belehrend und nützlich sein.

Emile darf kein Intellektueller werden. Er muss lernen, mit den Händen zu arbeiten und sich selbst zu versorgen. Arbeit ist für Rousseau eine gesellschaftliche Pflicht. Die Gesellschaft hat deshalb auch das Recht, Müßiggänger zur Arbeit zu zwingen. Deshalb fällt die natürliche Berufswahl auf ein Handwerk. Rousseau plädiert für ein Handwerk, in dem Emile sich nicht, wie bei der Schmiedekunst, ständig beschmutzt und das gleichzeitig auch geistige Anforderungen stellt. Er schlägt deshalb die Tischlerei vor.

Erst ab dem fünfzehnten Lebensjahr wird Emile mit der abstrakteren, geistigen Welt, also der Welt der Philosophie, Moral und Religion, vertraut gemacht. Mitten in sein Buch schiebt Rousseau nun, zur Verdeutlichung seiner religiösen und philosophischen Überzeugungen, das berühmte »Glaubensbekenntnis eines savoyischen Vikars« ein, das an Erfahrungen anknüpft, die er als junger Mann mit katholischen Priestern in Savoyen gemacht hat. Es ist das theoretische Herzstück des *Emile* und enthält, von der Maske des savoyischen Vikars kaum verhüllt, das Bekenntnis Rousseaus zu einer konfessionsübergreifenden, natürlichen Religion ohne Institution und Dogma. Wie andere Aufklärer seiner Zeit macht auch Rousseau einen Unterschied zwischen der konkreten, historisch bedingten Gestalt der christlichen Kirchen und der wahren christlichen Lehre. Nur sie allein ist für ihn wesentlich. Sie ist nicht an bestimmte Riten gebunden und lässt sich auf natürliche Einsichten reduzieren.

Rousseaus religiöse Überzeugungen sind auch jene, die in der rationalistischen Aufklärungsphilosophie, z. B. von Gottfried Wilhelm Leibniz oder Christian Wolff, vertreten wurden: die Annahme der Existenz Gottes, der Unsterblichkeit der Seele und eines freien menschlichen Willens. Sie werden allerdings nicht aus der Vernunft, sondern aus einem »inneren Gefühl« und der sinnlichen Anschauung abgeleitet. Dieser Lehre entsprechend leben heißt nichts anderes, als ein moralisch gutes Leben zu führen. »Die Hauptsache auf dieser Erde ist«, so schreibt er, »seine Pflicht zu erfüllen.«

Der Zögling Emile muss irgendwann auch lernen, sich auf andere Menschen und damit auf die Gesellschaft einzustellen. In Rousseaus Roman ist dieser Zeitpunkt erst relativ spät, nämlich in der Pubertät angesetzt. Bis dahin ist Emile ein von der Gesellschaft abgeschirmtes Landei. Moralische Integrität und soziale Nützlichkeit stehen bei Rousseau höher im Kurs als taktvolles und souveränes Auftreten. Auch hier gewinnen bürgerliche Erziehungsideale die Oberhand über aristokratische. Zwar soll auch Emile Weltläufigkeit lernen, die soziale Tugend, die im Mittelpunkt der Erziehung junger Aristokraten stand. Doch sie erhält bei Rousseau eine charakteristische Färbung. Emile soll mit Umgangsformen vertraut sein, ohne dass der Schein zum Sein wird: Er soll sie beobachten, beherrschen, aber gleichzeitig Distanz zu ihnen wahren. Sein natürliches Selbstbewusstsein darf nicht in Eitelkeit und Eigenliebe abrutschen. »Er ist fest«, so Rousseau, »aber nicht selbstgefällig. Seine Manieren sind frei, aber nicht herablassend.« Die wahre Höflichkeit darf keine Routine sein, sondern besteht in einer natürlichen Güte.

Vor allem aber muss Emile das andere Geschlecht kennen lernen. Rousseau plädiert, für seine Zeit höchst ungewöhnlich, für eine offene Sexualaufklärung. Dennoch ist Emile auch hier, im Vergleich zu seinen Zeitgenossen, ein eher später Junge. Bis zu seinem zwanzigsten Lebensjahr soll er keine sexuellen Erfahrungen machen. Und auch dann hat er keine echte Wahl: Seine erste Partnerin wird ihm von seinem Erzieher zugeführt. Für Rousseau ist die Frage des richtigen Partners zu wichtig, als dass er sie dem Zufall überlassen könnte.

Wie der biblische Gott dem ersten Menschen eine Gefährtin zugesellt, so erschafft auch er im 5. Buch des *Emile* die zukünftige Frau seines Zöglings. Sie heißt Sophie. Sophies Erziehung folgt, anders als die Emiles, eher traditionellen Mustern, denn die Frau ist, so Rousseau, »dazu geschaffen, zu gefallen und sich zu unterwerfen«. Sophie wird auf den Mann hin und für ein häusliches Leben erzogen. Dass sich Emile schließlich in sie verliebt, überrascht den Leser nicht. Denn in Rousseaus Erziehungswelt lenkt die Natur auch die Liebesbeziehungen auf vernünftige Weise: »Man liebt erst, nachdem man geurteilt hat«, so lautet der – von der Lebenserfahrung unberührte – Grundsatz Rousseaus.

Nachdem Rousseau seinen Zögling noch auf die für die höheren Stände üblichen Bildungsreisen geschickt hat, setzt er an das Ende des Buches das Happy End, die Eheschließung. Der märchen- und idyllenhafte Schluss des Buches erinnert den Leser daran, dass es sich hier nicht um einen Erfahrungsbericht und auch nicht um eine praktische Lebensanleitung handelt, sondern um einen in Erzählform eingekleideten Modellversuch, dessen Ergebnisse jeder in seine eigene Wirklichkeit übersetzen muss.

Die Publikation des *Emile* 1762 alarmierte sofort die Zensur und löste erhebliche Turbulenzen im Leben Rousseaus aus. Er musste Paris fluchtartig verlassen und sich viele Jahre lang dem Zugriff der Be-

hörden entziehen. Nicht die im Buch dargelegten Erziehungsmetho-
den, sondern die im »Glaubensbekenntnis des savoyischen Vikars«
enthaltenen unorthodoxen Ansichten über die Religion hatten zur
Beschlagnahmung und sogar zur Verbrennung des Buches geführt.
Auch von Zeitgenossen erfuhr Rousseau Kritik. Voltaire war der Erste, der darüber spottete, dass ein Mann, der seine fünf Kinder ins
Findelhaus gesteckt hatte, beanspruchte, den Leser über Erziehung
zu belehren.

Rousseau selbst war davon überzeugt, dass *Emile* von allen seinen
Büchern die größte Wirkung haben werde. Und spätestens als die Ja-
kobiner seinen Leichnam ins Pariser Pantheon überführten, begann
Rousseaus Karriere als Epochendenker. Die Aufklärer beriefen sich
auf seine Gesellschaftskritik, sein Plädoyer für Bürgertugenden und
seine Forderung nach Mündigkeit des Individuums. So ist die von
Immanuel Kant formulierte klassische Forderung der Aufklärung:
»Wage es, dich deines eigenen Verstandes zu bedienen!« unmittelbar
den Erziehungsgrundsätzen des *Emile* entnommen. Der von Rousseau initiierte Kult der Empfindsamkeit und Natürlichkeit, der das
späte 18. und frühe 19. Jahrhundert beherrschte, fand in Goethes
Werther einen Höhepunkt. Rousseau wurde damit auch zum philosophischen Anreger der Romantik.

Vor allem aber kann Rousseau als Vater der modernen Pädagogik
gelten, wie sie von dem Schweizer Rousseau-Verehrer Johann Hein-
rich Pestalozzi Ende des 18. Jahrhunderts begründet wurde. Die Er-
ziehungsprinzipien der Selbstentfaltung der natürlichen Kräfte und
der ganzheitlichen Erfahrung haben aber auch so unterschiedliche
Denker wie Rudolf Steiner, den Begründer der Anthroposophie,
oder John Dewey, den wichtigsten Erziehungstheoretiker des amerikanischen Pragmatismus, beeinflusst. Rousseaus Geist ist in allen
pädagogischen Reformbewegungen des 20. Jahrhunderts spürbar
und lebt auch in der Zivilisationskritik des zeitgenössischen ökologischen Denkens fort.

Rousseaus *Emile* ist das Werk eines philosophischen Restaura-
tors: Hinter den Prägungen der Kultur, den sozialen Schranken und
den gesellschaftlichen Konventionen hat er das Bild des Naturmen-

schen freigelegt, das bis heute in frischen und kräftigen Farben leuchtet. Für viele ist es das Bild des authentischen Menschen geblieben.

Ausgabe:
JEAN-JACQUES ROUSSEAU: Emil oder die Erziehung. In neuer deutscher Fassung besorgt von Ludwig Schmitts. Paderborn: Schöningh 1971 (auch UTB).

Hindernislauf im Erkenntnisparcours

GEORG WILHELM FRIEDRICH HEGEL:
Phänomenologie des Geistes (1807)

Unter den Großen in der Geschichte des Fußballs gibt es die technisch hochbegabten Ballkünstler, die, wie man so schön sagt, ihre Gegner »schwindlig spielen« können. Sie schlagen Haken wie Hasen, jonglieren den Ball von einem Fuß zum andern, lassen ihn kreisen und verschwinden, täuschen Bewegungen an und gehen schließlich an ihrem Gegenspieler vorbei wie an einem Laternenpfahl. Manche Zuschauer schwören darauf, dass erst diese Magie der Ballbehandlung »Fußball« genannt zu werden verdient. Doch es gibt auch diejenigen, die diesem Balljonglieren misstrauen und den fehlenden »Drang zum Tor« sowie die mangelnde Effizienz solcher Spieler beklagen. Andere betrachten die Szene mit offenem Mund und fragen sich zuweilen: Wo ist eigentlich der Ball?

Auch unter den Großen der Philosophiegeschichte gibt es solche Ballkünstler. Vielleicht der bekannteste ist Georg Wilhelm Friedrich Hegel, der mit seinen Schriften nicht nur die Zeitgenossen, sondern viele Generationen von Lesern schwindlig geschrieben hat. Hegels Art, mit einem ganzen Arsenal neuer und ungewöhnlicher Begriffe vor das Publikum zu treten, mit diesen auf eine unerschöpfliche und souveräne Art zu jonglieren und am Ende das »absolute Wissen« aus dem Hut zu zaubern, lässt den unvorbereiteten Leser völlig verblüfft zurück. Hegel hat auch unter Philosophen glühende Anhänger, die in seinen Schriften den Gipfel der europäischen Philosophie sehen. Andere begegnen seiner schwierigen Sprache mit großem Misstrauen, und der unbefangene Leser sieht sich immer wieder vor die Frage gestellt: Worüber redet Hegel hier eigentlich?

Von allen Werken Hegels hat die *Phänomenologie des Geistes*, sein erster und bis heute berühmtester Systementwurf, die Leser am meisten fasziniert. Hegel ist der letzte große Vertreter des philosophischen Idealismus. Er glaubt, dass eine geistige Substanz, die Vernunft nämlich, den Kern der Wirklichkeit ausmacht. Die *Phänomenologie* beschreibt den verschlungenen Weg, den die Vernunft zurücklegt, um in ihrer wahren Gestalt in Erscheinung zu treten. Als »Weltgeist« offenbart sie sich schrittweise in den Erkenntnisbemühungen und Kulturleistungen des Menschen. Hegels *Phänomenologie des Geistes* schildert den Weg der Selbstoffenbarung der Vernunft als einen Hindernislauf im Erkenntnisparcours, an dessen Ziel der »sich als Geist wissende Geist« oder, wie Hegel auch sagt, das »absolute Wissen« steht. Denn es ist der Mensch, der mit seinen Bemühungen um Welterkenntnis und Wissenschaft diesen Geist hervorbringt.

Einen mühsamen und hindernisreichen Weg musste auch Hegel selbst zurücklegen, bis er zu dem geworden war, als den ihn die geistige Welt am Ende seines Lebens wahrnahm: als den einflussreichsten Philosophen seiner Zeit. Hegel startete langsam und stolpernd in seine Karriere als Philosoph, doch er lief länger und ausdauernder und hatte am Ende alle seine Zeitgenossen überholt. Dass er einmal eine Geistesgröße werden und ein ganzes Zeitalter prägen würde, hätten ihm in jungen Jahren allerdings nur wenige vorausgesagt.

Der 1770 geborene Sohn eines Stuttgarter Beamten galt zwar während seiner Gymnasialzeit als Musterschüler, doch während seiner Studienzeit stand er in dem Ruf, ein geistig etwas langsamer und schwerfälliger Zeitgenosse zu sein. Der Student Hegel erhielt von seinen Kommilitonen den wenig schmeichelhaften Spitznamen »der Alte«, weil er eine etwas altkluge Behäbigkeit an den Tag legte. Außerdem kannte man ihn als regelmäßigen Kneipengänger, dessen Wein- und Tabakkonsum immer wieder die Universitätsautoritäten auf den Plan rief.

Und doch war es die Studienzeit im Tübinger Stift, in der das Fundament seines philosophischen Denkens gelegt wurde. Im Tübinger Stift ließen die protestantischen Württemberger Herzöge ihren Pfarrernachwuchs ausbilden, und auch Hegel schrieb sich hier zum Wintersemester 1788/89, versehen mit einem herzoglichen Stipendium, im Fach Theologie ein. Theologische Denkmuster prägten ihn von Beginn an: Die christliche Überzeugung, dass eine allumfassende, absolute Wahrheit, nämlich Gott, sich in der Welt den Menschen offenbart, floss als ein Grundgedanke in seine Philosophie ein.

Doch bereits der junge Hegel lehnte es ab, die theologischen Dogmen wörtlich zu nehmen, und bevorzugte, unter dem Einfluss der Aufklärung und der politischen Ereignisse der Zeit, eine rationale Deutung, die Gott mit der Vernunft identifizierte. Während im Nachbarland Frankreich das politische Erdbeben der Französischen Revolution tobte, las der Student Hegel die Schriften der französischen Aufklärer und teilte deren Kritik an den vernunftwidrigen politischen Verhältnissen seiner Zeit. Als im Frühjahr 1791 junge Anhänger der Französischen Revolution in Tübingen einen »Freiheitsbaum« errichteten, war auch Hegel dabei. Noch der alte Hegel trank an jedem 14. Juli ein Glas Wein zum Gedenken an die Erstürmung der Bastille.

Hegels philosophische Überzeugungen bildeten sich in engem Austausch mit einem Freundeskreis von »Stiftlern«, den man als Denkerwerkstatt junger Genies bezeichnen könnte. Hierzu gehörten der mit Hegel gleichaltrige Friedrich Hölderlin und der fünf Jahre jüngere Friedrich Wilhelm Joseph Schelling. Aus den Diskussionen dieser drei entwickelte sich die neue Philosophie des Deutschen Idealismus, die den Versuch unternahm, theologische Konzepte mit Hilfe des in der Aufklärung aufgewerteten Begriffs der Vernunft neu zu deuten. Die Vernunft als Wesen der Welt trat an die Stelle des christlichen Gottes. In der Tradition des neuzeitlichen Rationalismus glaubten die jungen Idealisten, dass diese Vernunft dem Denken des Menschen zugänglich sei. Die Vernunft löste Gott und das Denken löste den Glauben ab.

Ein wichtiger Ausgangspunkt dieser Philosophie war der Rationalismus Baruch de Spinozas, in dessen Mittelpunkt eine allumfassende göttliche Weltvernunft steht. In seiner *Ethik* (1677) vertritt Spinoza einen Pantheismus: Gott und Welt sind eins – eine einzige, ewige und unveränderliche Substanz. Sie offenbart sich in der Form mathematisch-naturwissenschaftlicher Gesetzmäßigkeiten: Alles Geschehen folgt nach Spinoza dem Gesetz von Ursache und Wirkung.

1781 war jedoch Immanuel Kants *Kritik der reinen Vernunft* erschienen, ein Buch, das den traditionellen Rationalismus in Frage stellte und behauptete, dass die Naturgesetze nicht auf die Welt an sich, sondern lediglich auf eine von unserem eigenen Erkenntnisvermögen abhängige »Erscheinungswelt« anwendbar seien. Kant zog zwischen der gesicherten Erfahrungserkenntnis des menschlichen Verstandes und den ungesicherten Spekulationen einer »reinen« Vernunft eine rote Linie, die er nicht überschreiten wollte. Die Vernunft, so Kant, verwickelt sich immer wieder in unlösbare Widersprüche. Gesicherte Aussagen über das Wesen der Welt oder über Gott lässt sie nicht zu.

Hegel, Hölderlin und Schelling erkannten Kants rote Linie nicht mehr an und glaubten wie Spinoza an die Fähigkeit der Vernunft, das Wesen der Welt, die Welt »an sich« zu erkennen. Die von Kant so geschätzten Naturwissenschaften betrachteten sie nicht mehr als die wahren Wissenschaften. Wissenschaft hatte vielmehr ihren Ort in der Philosophie selbst, in dem Bemühen der Vernunft, die Wirklichkeit auf den Begriff zu bringen. Für Hegel wurden Philosophie und Wissenschaft Synonyme.

Diese Auffassung von Philosophie steht auch schon hinter Johann Gottlieb Fichtes 1794 erschienener *Grundlage der gesamten Wissenschaftslehre*. Fichte zog aus Kants These, dass das, was wir Wirklichkeit nennen, von unseren subjektiven Erkenntnisvoraussetzungen abhängig ist, eine radikale Konsequenz: Für ihn ist die Wirklichkeit nichts anderes als die schöpferische Tat des »Ich«, eines Urprinzips, das am Grund des menschlichen Bewusstseins liegt. Fichtes »Ich« kennt keine Erfahrungsgrenze und gestaltet die Wirklichkeit – Fichte benutzt dafür den Begriff »setzen«- in völliger Freiheit. Außenwelt und Natur sind nichts anderes als Setzungen des »Ich«. Die Linie zwischen Erscheinung und Ding an sich gibt es damit nicht mehr.

Dass es für die erkenntnisaktive Vernunft keine Schranken gibt, glaubten auch die jungen Tübinger Philosophen. Doch Hölderlin, Schelling und Hegel sahen in dem »Ich« nicht das letzte Wirklichkeitsprinzip. Für sie stand noch etwas Objektiveres dahinter. Hölderlin nannte es in einem Aufsatz von 1794/95 das »absolute Sein«. Das »Absolute« wurde die Bezeichnung für die neue Weltvernunft. In einem Text von 1796, dem sogenannten »Ältesten Systemfragment des Deutschen Idealismus«, an dem möglicherweise alle drei, Hölderlin, Hegel und Schelling, mitgeschrieben haben, wird der Anspruch erhoben, eine »Mythologie der Vernunft« zu formulieren. Das neue philosophische Programm, dem auch Hegel folgte, war damit formuliert: Die Philosophie sollte über die wahre, vernünftige Gestalt der Welt in einer Theorie des Absoluten aufklären.

Schelling, der bereits 1798 eine Professur in Jena erhielt, trat noch vor Hegel mit einer solchen Theorie des Absoluten hervor. Das Absolute, das er auch das »Göttliche« oder »Geist« nannte, offenbarte sich für ihn in der Entwicklung der Natur und der Kultur gleichermaßen. Alle Wirklichkeit ist für ihn »werdender Geist« und dem Menschen durch eine Art Intuition, durch eine »intellektuelle Anschauung« zugänglich.

Hegel beobachtete die philosophischen Höhenflüge seines ehemaligen Kommilitonen zunächst aus den Niederungen einer subalternen Hauslehrerexistenz. Nach seinem Studienabschluss 1793 war er zunächst im schweizerischen Bern, dann, von 1797 bis 1800, in Frankfurt angestellt, wo auch Hölderlin, der inzwischen als Dichter hervorgetreten war, als Hauslehrer arbeitete. Erst 1801 trat Hegel auf Vermittlung Schellings seine erste Anstellung als Universitätsdozent in Jena an. Nun konnte er daran denken, seine eigene Philosophie systematisch auszuarbeiten.

Der Jenaer Hegel war weit entfernt von dem etablierten preußischen Staatsphilosophen, als den man ihn im Alter karikierte. Er war ein liberaler Intellektueller knapp über dreißig, der den Umbrüchen seiner Zeit offen gegenüberstand und den Ehrgeiz hatte, eine neue Vernunftphilosophie zu begründen. Goethe, der für die Kulturpolitik im Fürstentum Sachsen-Weimar zuständig war, förderte den jungen Gelehrten.

Auch Schelling und Hegel pflegten zunächst einen engen persönlichen Kontakt und gaben gemeinsam eine philosophische Zeitschrift, das *Kritische Journal für Philosophie*, heraus. Mit seiner 1801 erschienenen Schrift *Die Differenz des Fichteschen und Schellingschen Systems* hatte Hegel jedoch begonnen, sich philosophisch von Schelling zu lösen. Wenn ihm auch Schellings Theorie des Absoluten näher stand als Fichtes Prinzip des »Ich«, so wandte er sich doch gegen Schellings These, dieses Absolute sei sozusagen mit einem Schlag, durch eine »intellektuelle Anschauung« erkennbar.

Der »Geist«, wie Hegel das Absolute in Anlehnung an Schelling und an den »Geist der Gesetze« des französischen Aufklärungsphilosophen Montesquieu inzwischen nannte, war für ihn kein Licht, das am Himmel hängt, sondern eine Spur, die sich im Verlauf der Menschheitsgeschichte in einer immer klareren Form abzeichnet. Sie trat für den Menschen nicht plötzlich – in einem Akt der Erleuchtung – hervor, sondern musste mit Mitteln der begrifflichen Analyse herausgearbeitet werden. Genau dies war für Hegel Aufgabe des Philosophen: die Formen zu beschreiben, in denen der Geist in »Erscheinung« (griech. »phainomenon«) tritt. Aus dem Programm einer »Mythologie der Vernunft« war das Programm einer »Phänomenologie des Geistes« geworden.

1805 wurde Hegel auf Veranlassung Goethes der Titel »außerplanmäßiger Professor« verliehen, der ihm aber keine sicheren Einkünfte verschaffte, sondern ihn weiterhin von Hörergebühren abhängig machte. Im selben Jahr erwähnt er den Plan zu einer Schrift, die zunächst nichts anderes als eine »Einleitung« in sein System sein sollte, die sich aber zu einem umfänglichen Manuskript auswuchs.

Hegel befand sich in mehrerer Hinsicht in einer schwierigen Lebenssituation. Mit der Frau seines Hauswirts hatte er ein Kind gezeugt, und er wusste, dass finanzielle Verpflichtungen auf ihn zukamen. Er suchte dringend eine feste Anstellung. Auch die politischen Verhältnisse waren höchst unsicher. Es herrschte Krieg, und Napoleon stand vor den Toren.

Über den Philosophen Friedrich Immanuel Niethammer, einen Freund und Gönner, den er in Jena kennen gelernt hatte und der inzwischen nach Bayern übergesiedelt war, fand Hegel in Bamberg schließlich einen Verleger für sein noch unveröffentlichtes Buch und konnte einen Vorschuss vereinbaren.

Das Manuskript wird unter abenteuerlichen Umständen vollendet: Die Franzosen marschieren, nach der Schlacht von Jena und Auerstädt, am 13. Oktober 1806 in Jena ein und beginnen auch Hegels Wohnung zu plündern. Hegel flüchtet sich mit einigen wenigen Unterlagen in die Wohnung von Bekannten. Er hat das Gefühl, den Atem der Geschichte im Nacken zu spüren. Als er, aus dem Fenster schauend, Napoleon im Sattel erblickt, nennt er ihn in einem Brief an Niethammer die »Weltseele zu Pferde«. In der Nacht zum 14. Oktober schreibt er die letzten Seiten seines Manuskripts, und der abschließende Teil geht am 20. Oktober nach Bamberg. Am 5. Februar 1807 wird Hegels unehelicher Sohn Ludwig geboren. Nicht nur die »Weltseele« veranlasst ihn, kurze Zeit später die Stadt zu verlassen.

Die *Phänomenologie* ist, wie alle Werke Hegels, harte Kost und für einen Anfänger ohne Hilfestellung nur mit viel Mühe lesbar. Mit Hegels verschachtelten Sätzen und seinen ungewöhnlichen Wortprägungen tun sich auch so manche Experten schwer.

Im Kern handelt es sich um eine Metaphysik, um eine Lehre vom Absoluten als dem letzten Grund der Wirklichkeit, in die allerdings auch erkenntnistheoretische und kulturphilosophische Erörterungen eingebunden sind. Charakteristisch für Hegel ist die geschichtsphilosophische Perspektive, unter der er alle Fragen betrachtet. Etwas begründen und erklären heißt für ihn, auf jenen »Grund« einer Sache zu verweisen, aus der sie sich entwickelt hat. Hegel erklärt »genetisch«, also indem er die Entwicklung einer Sache und ihren Platz in einem historischen Zusammenhang aufzeigt. Auch das Absolute, Hegels Weltvernunft, wird erklärt, indem ihre Entwicklung von einem »unmittelbaren« zu einem komplexen Stadium dargelegt wird.

In der »Vorrede« des Buches steht einer der berühmtesten Sätze Hegels, der den Zusammenhang zwischen der Erkenntnis des Absoluten und seiner Entwicklung zusammenfasst. Es komme darauf an, so Hegel, »das Wahre nicht als *Substanz*, sondern ebenso sehr als *Subjekt* aufzufassen und auszudrücken«. Während das »Wahre« – also der Geist als umfassende Weltvernunft – bei Spinoza noch als eine fertige, immer gleichbleibende und ewige »Substanz« bestimmt wird, wird sie bei Hegel zu einem bewegenden, aktiven Prinzip, zu einem »Subjekt« im Sinne eines handelnden Akteurs. Als »lebendige Substanz« entwickelt sie sich von einem unfertigen, noch nicht vollständig begriffenen Zustand zum absoluten Wissen.

Diese Entwicklung – und damit die Geistesgeschichte – wird zwar als eine Fortschrittslinie gesehen, zugleich aber auch als eine Linie, die einen Kreis beschreibt. Der Weg des Weltgeistes ist, in Hegels Worten, »das Werden seiner selbst, der Kreis, der sein Ende als seinen Zweck voraussetzt und zum Anfang hat«. Das Absolute war immer schon da, es war in seiner Entwicklung schon angelegt, hatte sich aber noch nicht entfaltet. Erst im absoluten Wissen liegt diese Entfaltung vor uns: Der Geist, das Absolute, hat sich nun selbst begriffen. Nicht von ungefähr hat man diese kreisförmige Weiterentwicklung immer wieder mit der Figur einer Spirale verglichen.

Das absolute Wissen ist also nichts, was man handlich in einer Definition anbieten könnte. Was Hegel »Wahrheit« im Sinne des »absoluten Wissens« nennt, ist der gesamte Prozess der Selbstentfaltung des Geistes. Der Weltgeist schwebt jedoch nicht losgelöst über unseren Köpfen. Er ist vielmehr unser eigenes Erbe, das Substrat der Kulturgeschichte, der geistigen Anstrengung des Menschen, sich selbst und die Welt zu verstehen. »Objektive« Entwicklung des Geistes in der Welt und das »subjektive« Verständnis, das der Mensch von diesem Geist entwickelt, korrespondieren also miteinander. Weltvernunft und vernünftiges Begreifen der Welt entfalten sich im gleichen Prozess. Es ist Hegels Version vom Wirken Gottes, der sich den Menschen offenbart, indem er selbst Mensch geworden ist.

Auch die *Phänomenologie*, die diesen Prozess schildert, sieht sich als Teil dieses Prozesses. Wissenschaftliches Erkennen bedeutet für Hegel nicht, eine Sache von außen wie mit einer Zange zu erfassen, sondern »sich dem Leben des Gegenstandes zu übergeben«, d. h., die Bewegung der Wirklichkeit nachzuvollziehen. Auch hier greift Hegel auf religiöse Traditionen zurück, auf die Mystik der jüdischen Kabbala oder auf den deutschen Mystiker des frühen 17. Jahrhunderts,

Jakob Böhme: Innen und außen, Mikrokosmos und Makrokosmos entsprechen sich und sind aufeinander bezogen.

Hegel beginnt den Erfahrungsweg des Geistes auf einer erkenntnistheoretischen Ebene, beim »Bewusstsein«. Es geht um die klassische Erkenntnisbeziehung zwischen Subjekt und Objekt, um die Art, wie sich der Mensch die Welt der Gegenstände aneignet. Dass das »Bewusstsein« am Anfang steht, zeigt, dass Hegel sich auf die von René Descartes begründete Tradition der neuzeitlichen Erkenntnistheorie bezieht, nach der sichere Erkenntnis durch eine Selbsterforschung der Vernunft des einzelnen Subjekts zu erreichen ist.

Die naivste, noch am wenigsten entwickelte Form des Geistes sieht Hegel in dem, was einem normalerweise als die sicherste und selbstverständlichste Form der Erkenntnis erscheint, die »sinnliche Gewissheit«. Wir sehen einen Baum, sagen: »Dies ist ein Baum«, und glauben, unsere Erkenntnis sei klar und eindeutig. Doch Hegel deckt in dieser scheinbar einfachen Gegenstandserkenntnis Bezüge und Unterscheidungen auf, die auf den ersten Blick verborgen waren. So wird in dieser Erkenntnis nicht der Baum »an sich«, unabhängig von mir, angesprochen, sondern mein Bewusstsein stellt eine Verbindung zwischen erkennendem Subjekt und erkanntem Objekt her. Die scheinbare Einheit ist in eine Zweipoligkeit zerfallen. Auch das »Dies« ist nicht eindeutig – drehe ich mich um, verweist es nämlich auf etwas anderes. »Dies« ist ein sprachlicher Begriff, der, genau wie »Baum«, auf verschiedene Gegenstände angewendet werden kann. Mit der Sprache bringen wir also einen Aspekt ins Spiel, der mehr meint als den einen konkreten Gegenstand, der uns vor Augen steht.

Unsere einfache, scheinbar konkrete sinnliche Gewissheit entpuppt sich also als eine komplexe Erkenntnis, die uns zum Gebrauch sprachlicher Begriffe, oder, wie Hegel sich ausdrückt, zu einem »Allgemeinen« führt. Diese Erkenntnis des Allgemeinen nennt Hegel »Wahrnehmung«, womit wir uns schon auf der nächsten, höheren Stufe der Geistesentwicklung befinden. Auch sie erscheint zunächst als eine »einfache« Erkenntnis. Doch wieder tun sich scheinbare Widersprüche und zunächst übersehene Bezüge auf. Denn einerseits sehen wir den Begriff als eine Einheit, andererseits umfasst das Konzept »Baum« ganz verschiedene Merkmale der Größe, Farbe, Form usw. Auch hier zerfällt also bei näherem Hinsehen die Einheit in Gegensätze. Eine höhere Einheit muss gefunden werden, die das Wesen des Allgemeinbegriffs, die Synthese von Einheit und Vielheit umfasst. Dies geschieht auf der nächsten Stufe, in der Tätigkeit des Verstandes.

Mit dieser Art der Analyse befinden wir uns mitten in der »Phänomenologie des Geistes«, in einer Denkbewegung, die immer wieder die gleiche Grundstruktur aufweist und die Hegel als »dialektische Bewegung« bezeichnet. Eine scheinbare Einheit, die auch »Positivität«, »Unmittelbarkeit« oder »Ansichsein« genannt wird, zerfällt in Gegensätze. Dieser von Hegel häufig als »Negation« bezeichnete Vorgang ist nichts anderes als das Aufzeigen von Unterschieden oder übersehenen Bezügen, die in einem Begriff enthalten sind. Nun werden in einem dritten Schritt die Gegensätze in einem dreifachen Sinn wieder aufgehoben: Sie werden eliminiert, gleichzeitig bewahrt und auf eine höhere Einheitsstufe gehoben. Sie werden zu integrierten Aspekten, zu »Momenten« der neuen Einheit. Über das »Ansichsein« und das »Für-andere-Sein« gelangt man zum »Fürsichsein« bzw. »An-und-für-sich-Sein«. Als vielseitig verwendbare Formel »These – Antithese – Synthese« findet sich dieses Erklärungsmuster bis heute in der Hausapotheke jedes Hegelianers wieder.

Die Dialektik ist das Entwicklungsgesetz des Geistes. Ist eine Stufe des Wissens erklommen, so stellt sich diese sofort als ebenso vorläufig heraus wie die vorhergehende und muss auf der nächsthöheren Stufe überwunden werden. Hegel will uns in seiner Analyse vorführen, dass man nicht wie Kant vor scheinbar unlösbaren Widersprüchen kapitulieren darf, sondern im Gegenteil die Wirklichkeit und das Denken, das sie erfasst, als einen ständigen Prozess der Überwindung immer neuer Widersprüche begreifen muss.

Die Stationen dieses Weges haben Generationen von Experten einiges Kopfzerbrechen bereitet. So gelangt Hegel vom Verstand zum Selbstbewusstsein und damit zu einer Stufe, die in seinem Buch eine besondere Rolle spielt. Mit »Selbstbewusstsein« meint er nicht das Selbstwertgefühl im heutigen umgangssprachlichen Sinn, sondern jenes Bewusstsein, das das Bewusstsein von sich selbst hat. Anders ausgedrückt: Das Selbstbewusstsein ist das Stadium, in dem das Bewusstsein sich selbst durchschaut, in dem ihm die Bezüge und Vorgänge klar werden, die mit dem Erkenntnisprozess verbunden sind. Deshalb spricht Hegel auch davon, mit dem Selbstbewusstsein »im einheimischen Reich der Wahrheit angekommen zu sein«.

Das Selbstbewusstsein begreift sich in all diesen Bezügen als Einheit, eine Einheit, die gleichwohl wieder zerfällt. Der Gegensatz, der sich nun herausbildet, gehört zu den meistdiskutierten in Hegels Werk. Hegel bedient sich nämlich einer sehr metaphorischen Sprache und bezeichnet ihn als Gegensatz zwischen »Herr« und »Knecht«.

Die Interpreten rätseln: Handelt es sich um einen Gegensatz zwischen zwei verschiedenen Subjekten oder nur um einen Gegensatz zwischen zwei Formen des Selbstbewusstseins – zwischen einem Ich-Bewusstsein und einem auf die Gegenstände ausgerichteten Bewusstsein –, also um einen Gegensatz, der sich innerhalb des Bewusstseins abspielt? Die meisten haben sich der letzteren Deutung angeschlossen.

Zwischen diesen beiden Formen des Selbstbewusstseins findet nach Hegel ein Kampf um Leben und Tod statt, in dem es um Anerkennung und Selbstbehauptung geht. Zu einer Auflösung dieser Kampfsituation und damit des Gegensatzes kommt es, indem das Verhältnis ins Wanken gerät, indem sich die Rollen vertauschen. Der Herr ist in Wahrheit der Abhängige, denn er erfährt die Wirklichkeit nur über die Vermittlung seines Knechts. Der wiederum erlangt durch seine Arbeit ein neues Selbstbewusstsein und überwindet seine Todesfurcht.

Inspiriert wurde Hegel zu dieser Passage durch einen berühmten experimentellen Aufklärungsroman des 18. Jahrhunderts, Diderots *Jacques der Fatalist und sein Meister*. Der Diener Jacques sieht, dass sein Herr zwar den Titel »Herr« trägt, er selbst aber die »Sache« hat, d. h. die eigentlich tätige Kraft ist. So folgert er: »Jacques regiert seinen Herrn.« Hegel drückt dies so aus: Die Knechtschaft werde »in ihrer Vollbringung zum Gegenteil dessen werden, was sie unmittel-

153

bar ist; sie wird als in sich zurückgedrängtes Bewusstsein in sich gehen und zur wahren Selbstständigkeit sich umkehren«.

Viele, besonders Marxisten, halten den Abschnitt über Herr und Knecht für den interessantesten Teil der *Phänomenologie*. Denn zeigt sich hier nicht die Vorläufigkeit der Klassengesellschaft, die notwendig in einen Herrschaftswechsel münden muss? Marx selbst hat aus dieser Passage seinen eigenen Begriff von »Arbeit« gewonnen, nämlich als formende Kraft der menschlichen Selbstverwirklichung.

Es scheint jedoch, als habe Hegel trotz seiner Metaphorik hier eher an Denk- und Bewusstseinsprozesse gedacht. In Anspielung auf Fichtes Begriff des »Ich«, das seine Freiheit im Setzen der Wirklichkeit behauptet, bezeichnet er die neue Stufe des Selbstbewusstseins als »freies Denken«, das seine inneren Widersprüche überwunden hat.

An dieser Scharnierstelle des Buches wechselt Hegel von einer erkenntnistheoretischen auf eine kulturphilosophische Ebene. Mit der »Freiheit des Selbstbewusstseins« betritt er den Boden der Geistesgeschichte, der großen Entwürfe menschlichen Selbstverständnisses. Die Unterscheidung zwischen einem individuellen und einem kollektiven Begreifen der Welt überspringt Hegel souverän. Er sieht auf allen Ebenen – ob in der Erkenntnisbemühung des Subjekts oder in einem »Zeitgeist« – denselben Geist am Werk, der unbeirrt in Richtung absolutes Wissen marschiert.

Zunächst begnügt sich das freie Denken mit innerer Autonomie, die – wie in der antiken Philosophie der Stoa – der Welt gegenüber passiv bleibt. Doch sie entzweit sich wieder – wie in der Philosophie der Skepsis – im vergeblichen Versuch, die Welt zu deuten, und versöhnt sich schließlich auf einer neuen Stufe, auf der die Zerrissenheit des Bewusstseins anerkannt wird, indem man die Begrenztheit und Endlichkeit des Bewusstseins von der Sphäre der Unendlichkeit trennt. Hegel nennt diese Stufe das »unglückliche Bewusstsein«. Was wie ein Begriff aus der Existenzphilosophie klingt, ist in Wahrheit eine Anspielung auf das Christentum, das die antike Philosophie ablöst und in dem sich Diesseits und Jenseits »unversöhnt« gegenüberstehen.

Den Versuch einer solchen Versöhnung macht die Vernunft – womit Hegel nicht das Absolute als Weltvernunft, sondern den Rationalitätsanspruch der Neuzeit meint, wie er sich – z. B. als »beobachtende Vernunft« – in den empirischen Naturwissenschaften äußert.

Dass die Vernunft durch die Stufe des »Geistes« abgelöst wird, löst Fragen aus: Reden wir nicht schon die ganze Zeit über die »Phänomenologie des Geistes«? Wozu noch ein eigenes Kapitel mit dem Titel »Geist«? Doch Hegel hat sich dabei etwas gedacht. Der Geist hat sich nämlich auf dieser Stufe erst als das verstanden, was er nach Hegel in Wahrheit ist: als allumfassendes Vernunftgesetz der Wirklichkeit. Dem Geist wird hier erst klar, wer er eigentlich ist, und deshalb darf er sich hier erst »Geist« nennen.

Spätestens an dieser Stelle verlagert sich der Schwerpunkt der *Phänomenologie* auf Themen, die wir heute der praktischen Philosophie zurechnen, also die Themen Sittlichkeit, Moral, Religion, Politik, Staat und Recht. Von hier ab diskutiert Hegel immer wieder, nach dialektischem Muster, bestimmte Etappen der Geistesgeschichte – wie z. B. die Aufklärung oder die Moralphilosophie Kants – und demonstriert, dass in ihnen Teilwahrheiten zum Vorschein kommen, aber nie die volle Wahrheit ausgesprochen wird. So erscheint ihm Kants Moralphilosophie als zu »formalistisch«, weil sie Pflicht und Neigung, Mensch und Natur in einen »unaufgehobenen« Gegensatz bringt.

In dem »Religion« betitelten vorletzten Kapitel tritt der Geist zwar schon in voller Gestalt, aber noch in bildlich-mythologischer Verkleidung auf die Bühne. Im absoluten Wissen schließlich wird er dieser mythologischen Form entkleidet. Wie sieht der im absoluten Wissen begriffene Geist also in Wahrheit aus? Wenn der Leser erwartet, dass Hegel nun die Tür aufsperrt und das Absolute in voller philosophischer Pracht erscheint, so irrt er. Der Weg selbst ist das Ziel, belehrt uns Hegel. Im durchschrittenen Weg selbst hat sich uns das Absolute gezeigt, indem die Stationen dieses Weges »auf den Begriff gebracht« wurden. Deshalb wendet Hegel am Ende des Buches seinen und des Lesers Blick zurück auf »die begriffene Geschichte« als »die Erinnerung und Schädelstätte des absoluten Geistes«. Nicht zufällig bedient er sich hier wieder einer religiösen Symbolik: Wie Christus auf Golgatha das Leiden der Menschen auf sich nahm und diese dadurch erlöste, so hat die *Phänomenologie* die Geistesgeschichte dialektisch nachvollzogen und damit begriffen.

Hegels erstes großes Hauptwerk erschien im Frühjahr 1807 in Bamberg, als er dort bereits eine Redakteursstelle bei der ›Bamberger Zeitung‹ angetreten hatte. Mit ihr öffnete er die Tür zu seiner Karriere und ebnete den Weg für seine späteren großen Werke. Es war die *Phänomenologie*, die von der Nachwelt als Hegels Geniestreich angesehen wurde. Vor allem Hegels Art, Dinge historisch, d. h. von ihrer Entwicklung her, zu erklären, übte großen Einfluss aus und setzte sich in der zweiten Hälfte des 19. Jahrhunderts auch bei Gegnern des Idealismus wie Auguste Comte in Frankreich oder Herbert Spencer in England durch.

Dass Hegels schwierige und ungewöhnliche Form der Analyse auch heftige Kritik hervorrief, verwundert nicht. »Immer wenn ich die *Phänomenologie des Geistes* aufschlug, dachte ich, ich öffnete das Fenster eines Irrenhauses«, lästerte sein etwas jüngerer Philosophenkollege Arthur Schopenhauer, der bei jeder Gelegenheit den »absoluten Gallimathias der Hegel'schen Dialektik« anprangerte, die auch Karl R. Popper, einhundert Jahre später, als Perversion der Logik empfand.

Doch selbst auf manche seiner Kritiker färbte Hegels Stil ab, so auf den dänischen Theologen Sören Kierkegaard, der mit seinen *Stadien auf des Lebens Weg* ein existenzphilosophisches Gegenbuch zur *Phänomenologie* schrieb, das an die Stelle der Entwicklung eines Absoluten die Entwicklung der konkreten Lebensanschauung des Einzelnen, also eine »Dialektik der Existenz«, setzte. Auch in der Existenzphilosophie des 20. Jahrhunderts, so in Jean-Paul Sartres *Das Sein und das Nichts*, werden Begriffe aus Hegels Dialektik wie »Ansichsein« und »Fürsichsein« weiter verwendet.

Vor allem aber der Marxismus wurde einer der wichtigsten Transporteure Hegel'schen Gedankenguts. Sein Begründer Karl Marx, der große Analytiker des Kapitalismus, übernahm Hegels Idee eines

Fortschritts im Sinne einer dialektischen Fortentwicklung der Weltvernunft, deutete sie aber materialistisch: Für ihn waren es die ökonomischen und gesellschaftlichen Kräfte, die die Menschheit nach vorne brachten.

Im 20. Jahrhundert bezogen sich vor allem unorthodoxe westliche Marxisten wie Georg Lukàcs, Ernst Bloch oder die Frankfurter Schule um Theodor W. Adorno und Max Horkheimer immer wieder auf die *Phänomenologie*. Für Bloch war es ein Werk, »das im philosophischen Schrifttum nicht seinesgleichen hat«.

Hegels Begriff der »Wahrheit«, der immer die »Totalität«, das Ganze der historischen und gesellschaftlichen Entwicklung, im Blick hat, wurde aber auch von nicht-marxistischen Philosophen wie Hans-Georg Gadamer, dem Neubegründer der philosophischen Hermeneutik, übernommen.

Obwohl kaum ein Philosoph heute noch daran glaubt, zu einem »absoluten Wissen« vordringen zu können, ist Hegels anhaltende Wirkung nicht zufällig: Seine Leser erleben ein Denken, das nie stillsteht und sich nie mit dem zufriedengibt, was sich scheinbar von selbst versteht. Die Wahrheit ist, wie Hegel formulierte, keine Münze, die man fertig einstreichen kann. Sie ist vielmehr, so könnte man ergänzen, ein Ziel, das die menschliche Vernunft auf Trab hält.

Ausgabe:
Georg Wilhelm Friedrich Hegel: Phänomenologie des Geistes. Frankfurt/ Main: Suhrkamp 1986.

Warum Religion menschlich ist

Ludwig Feuerbach: Das Wesen des Christentums (1841)

In manchen Religionen ist jede Art der bildlichen Darstellung Gottes verboten. Dafür gibt es auch einige gute Gründe. Menschen neigen nämlich dazu, die eigenen kulturellen Erfahrungen und Vorlieben zum Vorbild ihrer Gottesvorstellungen zu machen. So ist die griechische Götterwelt eine Ansammlung von Charakteren, denen nichts Menschliches fremd ist und die sich von der Lebenswelt der Hellenen lediglich durch ihre Macht und Unsterblichkeit unterscheiden. Auch die Christusdarstellungen der europäischen Malerei sind häufig von heimischen Schönheitsidealen geprägt: Albrecht Dürers Christus, ein groß gewachsener, blondlockiger Mann, trägt sogar Züge eines Selbstporträts.

Der Zusammenhang zwischen Menschenwelt und Götterbild war auch schon früh ein Thema der griechischen Philosophie: »Die Äthiopier behaupten, ihre Götter seien stumpfnasig und schwarz, die Thraker, blauäugig und rothaarig«, stellte Xenophanes von Kolophon bereits im 6. vorchristlichen Jahrhundert fest. Die Auseinandersetzung mit dem Anthropomorphismus der Religionen, also damit, dass die Götter nach dem Bild der Menschen geformt werden, hat seitdem in der philosophischen Religionskritik eine lange Tradition. Doch es dauerte bis zum 19. Jahrhundert, bis diese Kritik zu einer Theorie ausgearbeitet wurde, in der von jeder Art der Transzendenz und der jenseitigen Welt Abschied genommen wird und die Götter endgültig auf ihre menschlichen Ursprünge zurückgeführt werden.

Mit seinem *Wesen des Christentums* gab Ludwig Feuerbach eine Erklärung dafür, warum Religion menschlich ist und warum nicht

Gott Schöpfer der Menschen, sondern die Menschen Schöpfer Gottes sind. Er glaubte, dass Gott, von Nahem betrachtet, uns immer ähnlicher wird. Der ferne, jenseitige Gott hat in Wahrheit ein Menschengesicht. Gott, so Feuerbachs revolutionäre These, ist nichts anderes als eine Projektion des Menschen.

Feuerbach will also die Religion vom Kopf auf die Füße stellen und dabei das ans Licht ziehen, was seiner Meinung nach der verdeckte, aber wahre Inhalt der Religion ist: der Mensch. »Wir haben bewiesen«, so schreibt er im letzten Kapitel seines Buches, »dass der Inhalt und Gegenstand der Religion ein durchaus menschlicher ist, bewiesen, dass das Geheimnis der Theologie die Anthropologie, des göttlichen Wesens das menschliche Wesen ist.« Gerade im Christentum scheint ihm der menschliche Charakter jeder Religion besonders deutlich zum Ausdruck zu kommen.

Am Beispiel des Christentums wollte Feuerbach den wahren Kern der Religion aufdecken. In diesem Sinn verstand er sich als Aufklärer und als Vollender der Reformation Luthers. *Das Wesen des Christentums* zeugt von seiner therapeutischen Absicht, den Menschen von jenseitigen Projektionen und Illusionen zu befreien und die Religion dort zu verankern, wo sie seiner Meinung nach hingehört: in das Herz und das Gemüt des Menschen. Nicht ein abstrakter Gott, sondern der konkrete Mensch aus Fleisch und Blut steht im Mittelpunkt der Religion. Der Mensch sagt »Gott«, so Feuerbach, doch in Wahrheit redet er über sich selbst.

Mit dieser These gehört das Buch nicht nur zu den Klassikern der Religionskritik, sondern auch zu den bahnbrechenden Werken der philosophischen Anthropologie. Es gehört zu jenen Pionierleistungen der Philosophiegeschichte, die dem Materiellen und Sinnlichen gegenüber dem Geistigen und Abstrakten wieder zu ihrem Recht verhelfen und damit den »ganzen« Menschen ins Zentrum der Betrachtung rücken. Feuerbach hat mit dem *Wesen des Christentums* den Satz des frühgriechischem Philosophen Pythagoras, »Der Mensch ist das Maß aller Dinge«, mit neuem Inhalt gefüllt.

Die Beschäftigung und Auseinandersetzung mit Religion hatte Feuerbachs Leben schon von früher Jugend an geprägt. Als vierter

Sohn des berühmten Rechtsgelehrten Paul Anselm Feuerbach wuchs der 1804 im bayerischen Landshut geborene Ludwig im Milieu des gehobenen Bürgertums auf und entwickelte früh intellektuelle Interessen. So trat er auf dem Gymnasium in Ansbach gegenüber seinen Mitschülern als Experte in Fragen der protestantischen Theologie auf, dem die Bibel als die höchste Autorität galt. Schon damals war er, wie er später schrieb, davon überzeugt, dass man die »Glaubenswahrheiten« auf »Vernunftwahrheiten« zurückführen könne. Feuerbach wollte, ganz dem Wunsch seines Vaters entsprechend, ein aufgeklärter evangelischer Pfarrer werden.

Sein 1823 in Heidelberg aufgenommenes Theologiestudium führte ihn dann endgültig in eine geistige Welt, in der Theologie und Philosophie eine enge Verbindung eingegangen waren. Besonders in Deutschland hatte die von Schelling und Hegel geprägte Philosophie des Deutschen Idealismus Impulse der protestantischen Theologie aufgenommen und wirkte ihrerseits wieder auf die Theologen zurück. Hegels Auffassung, dass Philosophie und Theologie den gleichen Gegenstand haben und dass die Wirklichkeit eine von der Vernunft durchdrungene, gesetzmäßige Ordnung darstellt, die in der christlichen Offenbarungsreligion in bildlicher Form beschrieben und einer rationalen Erkenntnis durchaus zugänglich ist, war unter vielen damaligen Theologen verbreitet.

Eine solche von Hegel beeinflusste Theologie lernte der junge Feuerbach bei dem Heidelberger Professor Karl Daub kennen. Ganz im Sinne Hegels lehrte Daub, dass sich alle biblischen Wunder und kirchlichen Dogmen rational begründen lassen. Feuerbach begnügte sich aber bald nicht mehr mit der theologischen Kopie, sondern wollte das philosophische Original kennen lernen. 1824 ging er deshalb zu Hegel nach Berlin, wo er ganz von der Theologie zur Philosophie wechselte. Nun gerieten seine religiösen Überzeugungen völlig ins Wanken. Für den jungen Feuerbach konnten die Inhalte des christlichen Glaubens vor der Vernunft nicht mehr bestehen. Er blieb nur zwei Jahre im unmittelbaren Wirkungskreis Hegels, doch dessen Philosophie prägte fortan sein Denken. Vom Berufsziel des Pfarrers nahm er Abschied.

Dabei war man sich unter Hegels Schülern durchaus uneinig darüber, welche Haltung zur Religion der Meister wirklich eingenommen hatte: War sie nur eine unvollkommene Version der philosophischen Weltdeutung, oder behauptete sie ihre Wahrheit mit all ihren Dogmen, Wundern und Glaubenssätzen gleichberechtigt neben der Philosophie?

Feuerbach verstand Hegels System als »Panlogismus«, als eine Weltanschauung, für die der »logos«, die Vernunft, die Einheit der Wirklichkeit verbürgt. Denken und Sein waren für Hegel im Grunde eins. Die Gedanken der Menschen über Gott, also die religiöse Weltdeutung, waren für ihn gleichbedeutend mit den Gedanken Gottes, die sich stufenweise in der Geschichte verwirklichen.

Aus dem Studium Hegels entwickelte Feuerbach also die Ablehnung eines Jenseits und die Überzeugung, dass Gott und Welt eine Einheit bilden. In der Philosophiegeschichte fand er neben Hegel mehrere Paten für diese Überzeugung: so den italienischen Renaissancephilosophen Giordano Bruno, den deutschen Mystiker Jakob Böhme und den Rationalisten Baruch de Spinoza, der Gott und Welt gleichgesetzt hatte.

Da er als Empfänger eines bayerischen Stipendiums sein Studium an einer Landesuniversität abschließen musste, wechselte Feuerbach 1828 an die Universität Erlangen, wo er promovierte und anschließend bis 1832 als Privatdozent lehrte. Seine Dissertation *Über die Eine, allgemeine und unendliche Vernunft* knüpft im Titel an Giordano Brunos Werk *Von der Ursache, dem Prinzip und dem Einen* an und bekräftigt den von Bruno und von Hegel übernommenen Gedanken einer einheitlichen, von einem Grundprinzip beherrschten Wirklichkeit.

Für Feuerbach ließ dieser Einheitsgedanke keinen Platz mehr für einen Glauben, der neben dem Wissen stand, und auch keinen Platz für eine Auffassung, die die Wirklichkeit in ein Diesseits und Jenseits aufspaltete. Damit stand für ihn auch einer der wichtigsten Bausteine des christlichen Glaubens auf dem Prüfstand: die Lehre von der Auferstehung und der Unsterblichkeit des einzelnen Menschen.

Gegen den Rat seines Vaters, der ihm zu bedenken gab, dass seine Thesen ihn die künftige Anstellung im bayerischen Staatsdienst kosten würden, veröffentlichte Feuerbach 1830 seine *Gedanken über Tod und Unsterblichkeit*, die sich kritisch mit dem Glauben an eine jenseitige Welt auseinandersetzten. Unsterblichkeit, so Feuerbach, gibt es lediglich für den menschlichen Geist insgesamt, für die Gattung also, aber nicht für das Individuum. Die Träume von einem Weiterleben des Individuums nach dem Tod haben vielmehr psychologische Ursachen. Sie liegen in den Mängeln des diesseitigen Lebens, die durch die Vorstellung einer jenseitigen Erlösung kompensiert werden.

Obwohl Polizeispitzel ihn als Verfasser der anonym veröffentlichten Schrift identifizierten, gab Feuerbach die Hoffnung auf eine akademische Karriere nicht auf. Bis 1836 versuchte er, sich durch Vorlesungen und zahlreiche Veröffentlichungen zu empfehlen. Doch der gegen ihn gerichtete Einfluss kirchlicher Autoritäten war groß. »Unberücksichtigt, hoffnungslos, aller ermunternden Anregungen beraubt, stehe ich daher – ein isoliertes Individuum – in Bayern da«, schrieb er in einem Brief nach Berlin, wo man durch seine 1833 erschienene *Geschichte der neueren Philosophie von Bacon bis Spinoza* wieder auf ihn aufmerksam geworden war und ihn ermuntert hatte, sich an der Berliner Universität zu bewerben. Nach dem Tod Hegels 1831 war dessen Lehrstuhl noch nicht wieder besetzt worden. Doch ein polemischer Artikel Feuerbachs gegen Friedrich Julius Stahl, einen in Berlin protegierten erzkonservativen Rechtsphilosophen und Hegelkritiker, zerstörte auch diese Perspektive.

Seine Lebensumstände wendeten sich zum Positiven, als er 1837 Bertha Löw, die Tochter eines wohlhabenden Industriellen, heiratete. Feuerbach zog sich nun auf deren Familiensitz im fränkischen Bruckberg zurück und begann sich mit dem Leben als freier Autor abzufinden.

Hatte er sich bisher noch auf dem Boden der Hegel'schen Philosophie bewegt, so begann er nun, sich vom philosophischen Idealismus Hegels abzusetzen und die Einheit der Wirklichkeit nicht mehr in der Vernunft als einer geistigen Kraft, sondern in der natürlichen, sinnlich erfahrbaren Welt zu finden. Damit stellte sich auch die Frage nach der Verbindung zwischen Mensch und Religion neu.

So nahm Feuerbachs großes philosophisches Projekt, an dem er von 1838 an arbeitete und mit dem er dem Ursprung des religiösen Bewusstseins auf die Spur kommen wollte, Gestalt an. Als »Präludium« veröffentlichte er noch im selben Jahr seine Studie *Pierre Bayle* über den französischen Religionskritiker und Frühaufklärer. Hier wird die Rolle der Religion bereits psychologisch beleuchtet und als »subjektives Trostmittel«, als »Opium fürs Volk« bezeichnet, eine Wendung, die Karl Marx einige Jahre später in seinem Aufsatz *Kritik der Hegel'schen Rechtsphilosophie* aufgreift, wo er von der Religion als »Opium des Volks« spricht.

Noch im Jahr 1838 begann Feuerbach, Aufsätze und Rezensionen für die von Arnold Ruge und Theodor Echtermeyer herausgegebenen *Hallischen Jahrbücher* zu schreiben. Die *Jahrbücher* waren das publizistische Organ der »Junghegelianer«, der »linken« Fraktion unter den Anhängern Hegels. Sie standen den gegebenen Verhältnissen in Politik und Religion kritisch gegenüber und forderten von der Philosophie, sich als verändernde Kraft zu verstehen und in die gesellschaftliche Wirklichkeit einzugreifen. Zu ihren prominentesten Vertretern gehörten neben Ruge der Religionskritiker Bruno Bauer sowie Max Stirner, der einen radikalen, individualistischen Anarchismus vertrat und jede Autorität von Kirche oder Staat ablehnte. Auch Karl Marx ging einige Jahre später aus dem Milieu der Junghegelianer hervor.

Religionskritik spielte in den Schriften der Junghegelianer eine zentrale Rolle. Sie war so etwas wie der Schlüssel zu einer Interpretation der Wirklichkeit. Angeregt wurde die religionskritische Debatte durch das höchst einflussreiche Buch des Tübinger Theologen David Friedrich Strauss, *Das Leben Jesu*, das 1835 erschienen war. Strauss hatte die historische Wahrheit der Evangeliengeschichten bestritten und sie als philosophischen Mythos interpretiert. Mit der christlichen Heilsgeschichte, so Strauss, sei in Wahrheit die diesseitige Menschheitsgeschichte gemeint.

Feuerbach wurde durch seine Publikationen zu einem der einflussreichsten Junghegelianer, obwohl er zu den anderen Mitgliedern dieser Bewegung kaum persönliche Kontakte pflegte. Einen geradezu programmatischen Charakter für seine Philosophie bekam der 1839 in den *Hallischen Jahrbüchern* erschienene Aufsatz *Zur Kritik der Hegel'schen Philosophie*. Noch im Hegel'schen Geist entwirft Feuerbach hier das Konzept einer genetisch-kritischen Philosophie, die Phänomene dadurch erklärt, dass sie ihre Entstehung aufzeigt. Gleichzeitig kündigt sich seine Abwendung von Hegel und seine Hinwendung zu einem philosophischen Materialismus an, indem er Hegel den Vorwurf macht, die materielle Wirklichkeit zugunsten einer abstrakten Rationalität vernachlässigt zu haben. Damit war einer Religionskritik der Boden bereitet, die das religiöse Bewusstsein als eine psychologische Projektion deutete und auf konkrete Bedürfnisse und Erfahrungen des Menschen zurückführte.

Von März 1839 an arbeitete Feuerbach an der Zusammenfassung seiner Position in einem größeren systematischen Werk. Im Juni 1840 lag schließlich das fertige Manuskript vor. Feuerbach zögerte noch mit einer Veröffentlichung, da er das Ergebnis einer Bewerbung an der Universität Freiburg abwarten wollte. Als sich auch diese Perspektive zerschlagen hatte, bot er das Manuskript im Januar dem Leipziger Verleger Otto Wiegand zum Druck an. Doch auch danach arbeitete er noch, bis März 1841, weitere Veränderungen ein.

Das Wesen des Christentums ist das philosophisch wichtigste Produkt der junghegelianischen Debatte um das Verhältnis zwischen Religion, Vernunft und Wirklichkeit. Für Feuerbach war es noch mehr: Er sah sein Werk als Vollendung der philosophischen Aufklärung in der Tradition Immanuel Kants an. Deshalb hatte er auch zunächst den Titel »Kritik der reinen Unvernunft« in Erwägung gezogen, in Anlehnung an Kants *Kritik der reinen Vernunft*. Kant hatte den Anspruch zurückgewiesen, religiöse Überzeugungen wie die von der Existenz Gottes oder der Unsterblichkeit der Seele könnten sich auf Wissen stützen. Feuerbach wollte nun endgültig eine Befreiung dieses Wissens aus »selbstverschuldeter Unmündigkeit« erreichen.

Damit sollte jeder Art der »spekulativen Religionsphilosophie«, also einer Philosophie, die der Religion philosophische Weihen erteilt, der Garaus gemacht werden. Die christliche Religion war für ihn weder – wie bei Hegel – eine bildliche Darstellung des Absoluten noch – wie bei Strauss – eine Mythologie, die es richtig zu entziffern galt. Als Konsequenz seines genetisch-kritischen Ansatzes sah er ihre Wurzeln vielmehr in der kollektiven Psyche des Menschen. Feuerbachs Religionskritik verstand sich als Psychologie oder, wie er selbst es nannte, als »psychische Pathologie«.

In Anlehnung an Kants Einteilung seiner *Kritik der reinen Vernunft* in eine »Transzendentale Elementarlehre« und eine »Transzendentale Methodenlehre« gliederte Feuerbach sein Buch in zwei große Teile: Im ersten geht es um das »wahre, d. i. anthropologische Wesen der Religion«, d. h. um den Nachweis, dass hinter unseren religiösen Vorstellungen menschliche Vorstellungen stehen, Vorstellungen allerdings, die sich verselbstständigt haben und die der Mensch nicht mehr als seine eigenen Kinder erkennt. Das »unwahre, d. i. theologische Wesen der Religion«, d. h. die Widersprüche der traditionellen Religionsauffassung, sind Gegenstand des zweiten Teils. Es ist der erste Teil des Buches, der den Kern der Feuerbach'schen Religionsphilosophie enthält.

Feuerbach beginnt sein Werk mit grundsätzlichen Aussagen über den Menschen. Der Mensch hat für ihn ein völlig anderes Verhältnis zu der ihn umgebenden Welt als andere Wesen. Er hat ein Bewusstsein davon, dass er Teil einer Gattung ist, dass er also mit anderen das Menschsein teilt. Er ist sich als »Mensch« bewusst, als Wesen, das durch Vernunft, Wille und Herz gekennzeichnet ist.

Mit seinem Bewusstsein kann sich der Mensch die Welt aneignen. In diesem Vorgang der Aneignung sind Mensch und Gegenstand, Subjekt und Objekt, eng miteinander verklammert. In der Art, wie der Mensch sich Gegenstände bewusst macht, steckt immer schon ein ganzes Stück von ihm selbst. Wenn wir etwas mit der Vernunft erfassen, so erfassen wir damit auch immer die eigene Vernunft, die sich zum Objekt der Betrachtung gemacht hat. Auch der gefühlte Gegenstand ist im Grunde nichts anderes als das vergegenständlichte Gefühl. Für Feuerbach ist jede Form des menschlichen Weltbezugs eine Art Projektion, eine Veräußerlichung des Menschen. »Was für eines Gegenstandes wir uns daher auch nur immer bewusst werden«, sagt Feuerbach, »wir werden stets zugleich unseres eigenen Wesens uns bewusst.«

Doch die grundlegende, elementare Aneignung der Welt erfolgt nicht über das begriffliche Denken, sondern über die sinnliche Erfahrung. Im *Wesen des Christentums* ist Feuerbach bei einer materialistischen Auffassung der Wirklichkeit angelangt. Unsere Welt ist eine sinnliche Welt, und Sinnlichkeit ist für Feuerbach die entscheidende Brücke des Menschen zur Welt. Auch religiöser Inhalte werden wir uns nach Feuerbach nicht durch das begriffliche Denken, sondern durch das Gefühl bewusst. Das Gefühl ist das entscheidende »Organ der Religion«.

Die Religion ist für Feuerbach ein besonders charakteristischer Bereich, in dem sich das »Selbstbewusstsein« des Menschen zeigt. Sie ist sogar, wie er sagt, dessen »erste«, aber auch »indirekte« Form. Die erste, weil sich der Mensch mithilfe der Religion – noch vor der Philosophie – über sein Wesen als »Mensch« im Sinne einer Gattung klar zu werden versucht. Indirekt deswegen, weil der Mensch mit der Religion einen Umweg beschreitet: Ohne sich dessen bewusst zu sein, biegt er auf dem Weg zu seinem Selbstverständnis in eine andere Richtung ab: in Richtung eines jenseitigen Gottes. Dieser Umweg markiert die Selbstentzweiung, die Entfremdung des Menschen von sich selbst.

Von diesem Umweg wieder auf den direkten Weg zu führen: Darin sieht Feuerbach seine Aufgabe als Aufklärer. Er will zeigen, dass in der Religion in Wahrheit immer vom Menschen die Rede ist: Die Eigenschaften, die wir Gott zusprechen, sind in Wahrheit ideale Eigenschaften der menschlichen Gattung. Überall, wo »Gott« draufsteht, ist eigentlich »Mensch« drin. Die Religion ist, so Feuerbachs These, »die mit dem Wesen des Menschen identische Anschauung vom Wesen der Welt und des Menschen«.

Dies gilt auch für sehr abstrakte Gottesvorstellungen, die scheinbar von jedem Anthropomorphismus frei sind. Feuerbach denkt hier an den rationalen »Gott der Philosophen«, wie er auch in der christlichen Theologie anzutreffen ist: Gott als ewiges, absolutes Wesen, als reine Intelligenz und Prinzip der Wirklichkeit. Aristoteles,

Spinoza und Hegel, der ihn »absolute Vernunft« nannte, haben diesem philosophischen Gott gehuldigt.

Doch auch hier sind nach Feuerbach menschliche Projektionen im Spiel. Denn dieser metaphysische Gott ist nichts anderes als der reine, vom Menschen abgetrennte Verstand, die reine Intelligenz, die der Mensch sich als eigenständiges Objekt gegenüberstellt. Der Mensch befriedigt hier seinen Wunsch nach reiner, perfekter Verkörperung der Wirklichkeitserkenntnis. Im metaphysischen Gott nimmt das Bewusstsein von der Unendlichkeit der menschlichen Gattung Gestalt an.

Nicht nur der Verstand, auch Wille und Gefühl sind für Feuerbach »göttliche Eigenschaften« des Menschen, die der Mensch aber fälschlicherweise als Eigenschaften eines Gottes begreift. Der mit dem Menschen gefühlsmäßig verbundene Gott kommt vor allem dort ins Spiel, wo es um Moral und Mitmenschlichkeit geht. Gott als moralisch vollkommenes Wesen ist zunächst nichts anderes als das personifizierte moralische Gesetz. Viel näher an den Menschen heran rückt er noch dadurch, dass er der Gott der Liebe ist und der Gott der Inkarnation, der »Fleisch« geworden ist und für die Menschen gelitten hat. Dadurch wird Gott vollends vermenschlicht, er wird eine Persönlichkeit, ein »Herzenswesen«, mit dem sich der Mensch versöhnen kann. Gott verkörpert hier das, was dem Menschen das Höchste und Liebste ist: die Fähigkeit zur tiefen Empfindung, die sich in Leiden ausdrücken kann, vor allem aber die Liebe als das Band, das die Gattung zusammenhält. Dieser Gott als Herzenswesen will uns vor allem eins sagen: Empfindung und Liebe sind etwas Göttliches.

Der menschliche Charakter der Religion kommt nach Feuerbach besonders in der Art der Kommunikation zum Ausdruck, die der Mensch mit Gott pflegt. Im Gebet spricht der Mensch Gott mit »du« an und behandelt ihn wie ein menschliches Gegenüber, ein Gegenüber allerdings, von dem er sich abhängig fühlt und das er höherstellt als sich selbst. Aber auch dieses Gegenüber, das wir anbeten, ist, so Feuerbach, nichts anderes als unser eigenes Herz als Instanz der Liebe. Im Gebet wird die für den religiösen Menschen charakteristische Selbstteilung deutlich: Wo er scheinbar mit einem Gegenüber kommuniziert, spricht er in Wahrheit mit sich selbst.

Der christliche Gott, so Feuerbach, ist immer ein Gott der Vollkommenheiten, in denen sich nie erreichte, aber gewünschte *menschliche* Vollkommenheiten widerspiegeln. Aber warum projiziert der Mensch diese Vollkommenheiten auf einen Gott? Die Antwort gibt uns Feuerbach in dem Satz: »Nur der arme Mensch hat einen reichen Gott.«

Der Mensch hat Verstand, Wille und Herz, aber der einzelne Mensch ist in der Verwirklichung dieser Eigenschaften beschränkt. Die Religion entsteht aus dem Konflikt, in den der Mensch in seinem diesseitigen Leben mit sich selbst gerät. Er wünscht sich reine Erkenntnis, ein moralisches Leben und die Verwirklichung einer dem Mitmenschen zugewandten Liebe. Doch die Wirklichkeit konfrontiert ihn immer wieder mit seinen Schwächen, Irrtümern, unlauteren Motiven und Verfehlungen. Das, was sein soll, ist nicht. Um diesen Konflikt zu lösen, schafft sich der Mensch in der Religion eine von allen Beschränkungen befreite Wirklichkeit im Jenseits. »Das Jenseits«, so Feuerbach, »ist das im Bilde angeschaute, von aller groben Materie gereinigte – verschönerte Diesseits.« Die Trennung zwischen Diesseits und Jenseits drückt aus, dass sich der Mensch als ein zerrissenes Wesen versteht. Weil der Mensch unvollkommen ist, schafft er sich den vollkommenen Gott als Wunschbild seiner selbst.

Die Jenseitsreligion ist deshalb für Feuerbach nicht nur einfach eine Illusion, sie ist eine ganz und gar *menschliche* Illusion, in der sich vieles, was am Menschen wertvoll und wichtig ist, ausdrückt. Die in der Religion propagierten Werte und Gefühle können, in einem anderen Rahmen, wieder zu ihrem vollen menschlichen Recht kommen. Haben wir den Irrweg einer Jenseitsreligion verlassen, steht uns, mit einem veränderten Blick auf den Menschen und die ihn umgebende Welt, der direkte Weg einer Diesseitsreligion wieder offen.

Wer Feuerbachs Hauptwerk ausschließlich als eine aufklärerische Religionskritik liest, wird vermutlich immer wieder irritiert durch die von religiöser Bildlichkeit geprägte Sprache. Mit diesen Bildern feiert Feuerbach den natürlichen, sinnlichen Menschen, der wieder zu sich selbst zurückgefunden hat und für den Essen und Trinken in einem neuen Sinn zum »Mysterium des Abendmahls« geworden sind. Man brauche, so erklärt Feuerbach, »nur den gewöhnlichen, gemeinen Lauf der Dinge zu unterbrechen, um dem Gemeinen ungemeine Bedeutung, dem Leben überhaupt religiöse Bedeutung abzugewinnen«. »Heilig sei uns darum das Brot«, lautet deshalb der emphatische letzte Satz des Werks, »heilig der Wein, aber auch heilig das Wasser! Amen.« Es ist das Credo einer neuen Weltfrömmigkeit.

Das Wesen des Christentums hatte unter Feuerbachs Zeitgenossen eine enorme Wirkung, erlebte mehrere Auflagen und wurde von Feuerbach immer wieder neu bearbeitet. Im Milieu der Junghegelianer löste es allerdings ein zwiespältiges Echo aus. Max Stirner rieb sich an Feuerbachs religiöser Sprache und kritisierte seine Lehre als eine neoreligiöse »Metamorphose des Christentums« und damit als alten Wein in neuen Schläuchen.

Der junge Karl Marx hingegen sah in Feuerbach eine wichtige Etappe in dem Bemühen, Hegels Philosophie umzudrehen und aus ihr eine neue materialistische Interpretation der Wirklichkeit zu gewinnen. Was er bei Feuerbach jedoch vermisste, war das Verständnis vom Menschen als einem Wesen, das sich diese Wirklichkeit durch Praxis, durch schöpferische Arbeit aneignet. Aus der Armut und Unvollkommenheit des Menschen schloss Marx auf die Unvollkommenheit der gesellschaftlichen Verhältnisse, die es zu beseitigen galt. Genau dies ist die Stoßrichtung seiner kritischen *Thesen über Feuerbach*, die in der berühmten 11. Feuerbachthese gipfeln: »Die Philosophen haben die Welt nur verschieden *interpretiert*, es kömmt drauf an, sie zu *verändern*.« In den Augen der Marxisten ist Feuerbachs *Wesen des Christentums* bis heute eine »materialistische Streitschrift« und das entscheidende Bindeglied zwischen Hegel und Marx geblieben, die Brücke, auf der Marx das Land des historischen Materialismus erreichte.

Doch die Wirkung Feuerbachs ging weit darüber hinaus. Er wurde nicht nur zum Vater der modernen Religionskritik, sondern auch zu einem der großen Anreger eines »ganzheitlichen«, Körper und Geist umfassenden Verständnisses des Menschen. Unter den Musikern gehörte Richard Wagner zu den Feuerbachianern, unter den Literaten waren es Gottfried Keller und die viktorianische Romanautorin Marian Evans alias George Eliot, die ihre Übersetzung von *Das Wesen des Christentums* 1854 unter dem Titel *The Essence of Christianity* veröffentlichte. Feuerbachs Auffassung vom Menschen hat u. a. die Philosophie Friedrich Nietzsches und die Psychoanalyse Sigmund Freuds beeinflusst. Freud setzte in seiner Schrift *Die Zukunft einer Illusion* das Feuerbach'sche Programm fort, den wahren menschlichen Charakter der Religion aufzudecken.

Auch wenn der Nachweis, dass der Gott der Religionen eine Projektion des menschlichen Selbstverständnisses ist, kein schlüssiger Beweis für die Nicht-Existenz Gottes ist, hat Feuerbach doch umfassend wie kein Zweiter den Zusammenhang zwischen unseren religiösen Vorstellungen und unserer menschlichen Lebenswelt aufgezeigt. Er hat uns die Augen dafür geöffnet, wie eng Diesseits und Jenseits miteinander verschwistert sind, und die Menschen ermutigt, den Himmel auf die Erde zurückzuholen.

Ausgabe:

Ludwig Feuerbach: Gesammelte Werke 5: Das Wesen des Christentums. Herausgegeben von Wolfgang Harich und Werner Schuffenhauer. Berlin: Akademie Verlag 2006.

Manifest für den aufrechten Gang
John Stuart Mill: Über die Freiheit (1859)

Nicht zu Unrecht haben viele Menschen ein Misstrauen gegen »große« Wörter. Sie werden häufig im Mund geführt, aber immer wieder mit unterschiedlichen Inhalten gefüllt. Es ist eine der Aufgaben der Philosophie, hier Klarheit zu schaffen und den »großen« Wörtern einen vernünftigen Sinn zu geben. »Gerechtigkeit« ist ein solches Wort, das die Philosophen von Platon an bis in die Gegenwart beschäftigt hat. Spätestens seitdem die Französische Revolution die Forderung nach Freiheit, Gleichheit und Brüderlichkeit erhoben hat, gehört auch die »Freiheit« zu jenen Begriffen, die uns zwar überall entgegenleuchten, aber immer eine andere Farbe annehmen. Ist Freiheit etwas, das wir besitzen, oder etwas, das wir erwerben müssen? Und wovon sind wir frei, wenn wir frei sind?

Kein Philosoph hat dies bisher klarer, verständlicher und überzeugender beantwortet als John Stuart Mill in seinem Essay *Über die Freiheit*. Für Mill ist »Freiheit« weit mehr als ein Schlagwort oder ein abstraktes Prinzip. Sie ist die Luft, die der Mensch zum Atmen braucht, wenn er ein selbstbestimmtes Leben führen will. Sie ist der Raum, der ihm zusteht, um sein Leben in eigener Verantwortung zu gestalten und seine Haltung öffentlich zu vertreten, ohne dass die Gesellschaft ihn in ein Netz von Konventionen steckt und der Staat ihm einen Maulkorb anlegt. *Über die Freiheit* ist das philosophische Manifest für den aufrechten Gang, das Plädoyer für die Würde des Menschen, der nicht am Gängelband geführt werden oder wie ein Schaf hinter der Herde hertrotten will.

Freiheit bedeutet für Mill konkrete, individuelle Freiheit. In dem ständig neu auftretenden Spannungs- und Konfliktverhältnis zwischen Individuum und Gesellschaft stellt sich Mill ganz auf die Seite des Individuums. Diese Freiheit ist für ihn zwar nicht alles – aber ohne sie ist alles nichts.

Dass sein Leben und seine Überzeugungen miteinander harmonierten, gehört zu den bemerkenswerten Seiten des Philosophen John Stuart Mill. Ein Kunstexperte braucht selbst kein großer Maler zu sein. Ebenso muss ein Philosoph, der uns den Begriff der Freiheit erläutern kann, kein Vorkämpfer gegen Unterdrückung sein. Doch Mill war genau dies: ein mutiger, unerschrockener Mann, der auch die Außenseiterexistenz nicht scheute und keinem Konflikt mit der Gesellschaft auswich.

Dazu musste er allerdings einen weiten Weg zurücklegen. Seine gesamte Jugend verbrachte er in den Fesseln einer Erziehung, die sein Vater James Mill für ihn vorgesehen hatte. James Mill stammte aus kleinen und beengten Verhältnissen in der schottischen Provinz, hatte sich als Selfmademan und Freigeist zum Mittelpunkt der radikaldemokratischen Opposition in London, der sogenannten »radicals«, emporgearbeitet. Er gehörte schließlich zu den bekanntesten Intellektuellen der englischen Hauptstadt und bekleidete einen hohen Posten in der East India Company.

Vor allem aber war James Mill ein Anhänger des »Utilitarismus« (von lat. »utilitas« = »Nützlichkeit«), einer philosophischen Richtung, die von seinem Freund Jeremy Bentham Ende des 18. Jahrhunderts begründet worden war. Bentham propagierte nicht nur, dass Nützlichkeit Maßstab jedes moralischen Handelns sein müsse mit dem Ziel, das »größtmögliche Glück der größtmöglichen Zahl« zu befördern; er forderte auch eine Reform gesellschaftlicher Institutionen nach streng rationalen Prinzipien.

James Mill wollte seinen 1806 in London geborenen Sohn zu einem Modell utilitaristischer Erziehung machen. Ganz im Sinne der Maxime, »keine Zeit zu verlieren«, konzentrierte sie sich ausschließlich auf die Entwicklung rationaler Fähigkeiten, während seelische und emotionale Anlagen vernachlässigt wurden. John Stuart besuchte weder Schule noch Universität. Er lernte in häuslicher Abgeschiedenheit und war einem genauen Erziehungsplan unterworfen.

Unter der strengen Aufsicht seines Vaters lernte er mit drei Jahren Griechisch, mit acht Jahren Latein und mit zehn Jahren die Differenzialrechnung. Dazu kam eine Unmenge schöngeistiger und historischer Lektüre. In Anspielung auf den Begründer des neuzeitlichen Rationalismus, René Descartes, für den der Mensch eine »denkende Maschine« war, schrieb John Stuart Mill später in seiner *Autobiographie*, er sei zu einer »reasoning machine« erzogen worden.

Zunächst erfüllte er die Erwartungen seines Vaters, trat wie dieser in die Dienste der East India Company und wurde Kopf einer Gruppe von jungen, radikalen Reformern im Geist des Utilitarismus. Spätestens seit John Locke Ende des 17. Jahrhunderts die absolute Macht des Staates in Frage gestellt und seit mit der »Glorreichen Revolution« von 1689 eine eingeschränkte, konstitutionelle Monarchie eingeführt worden war, gab es in keinem anderen Land Europas eine so ausgeprägte öffentliche Diskussionskultur wie in England.

Für die jungen »radicals« gingen diese Errungenschaften aber nicht weit genug. In zahlreichen brillanten Artikeln schrieb Mill schon als geistig frühreifer Teenager gegen den Reformstau in Kirche und Staat an. In der Sicht der Öffentlichkeit galt er als verlässliches Sprachrohr seines Vaters.

Die vom Vater gelegten Fundamente prägten Mills Leben noch lange. Er blieb sein Leben lang Utilitarist und verbrachte insgesamt fünfunddreißig Jahre in Diensten der East India Company. Ab den 1830er Jahren füllte er allerdings die utilitaristische Position mit neuen, von den Ansichten seines Vaters abweichenden Inhalten und begann ein eigenständiges und umfangreiches philosophisches Werk zu publizieren. Zwar hielt er wie Bentham an dem gesellschaftlichen »Glück« als dem Ziel politischen und moralischen Handelns fest, doch sah er dieses Glück nicht mehr als eine Anhäufung von »pleasure«, von »Lust«, sondern als ein durch geistige und kulturelle Erfahrungen qualifiziertes Glück.

Eine erste große persönliche Krise erlebte er mit zwanzig Jahren, als er sich eingestehen musste, dass das vernünftige Streben nach gesellschaftlicher Nützlichkeit alleine ihn nicht glücklich machte. Er löste sich von einem einseitigen Rationalismus und erkannte die Bedeutung einer ganzheitlichen Entwicklung der Persönlichkeit, wie sie der englische Dichter und Theoretiker Samuel Taylor Coleridge und die deutsche Literatur der Goethezeit propagierten. Der junge Kopfarbeiter entdeckte die Welt der Poesie und Gefühle.

Mill war 24 Jahre alt, als er mit dieser Welt auch leibhaftig in Berührung kam. Er traf Harriet Taylor, die Frau eines wohlhabenden Londoner Kaufmanns, die zur Liebe seines Lebens wurde. Obwohl ihr Verhältnis lange Zeit eher den Charakter einer »Seelenfreundschaft« und engen geistigen Verbindung hatte, löste es im viktorianischen England einen Skandal aus und führte dazu, dass sich beide in die gesellschaftliche Isolation zurückzogen. Erst 1851, nach dem Tode ihres Mannes, konnte Mill Harriet heiraten.

Harriet Taylor war eine kreative und geistig sehr produktive Frau, die ein Jahrhundert später im intellektuellen Leben eines westlichen Landes sicher eine große Rolle gespielt hätte. Im viktorianischen Zeitalter, in dem Autorinnen häufig noch männliche Pseudonyme annahmen, um in der Öffentlichkeit anerkannt zu werden, blieb ihr dies verwehrt. Obwohl sie sich immer wieder mit Artikeln zu Wort meldete, ist der größte Teil ihrer geistigen Hinterlassenschaft nur indirekt sichtbar – in dem Einfluss nämlich, den sie auf Mills Werk ausübte.

Harriet war es, die Mill dazu brachte, sich stärker mit der sozialen Lage der Arbeiterschaft in der frühindustriellen Gesellschaft auseinanderzusetzen. Von einem reinen Liberalismus, der alles dem freien Markt überlassen wollte, rückte Mill unter dem Einfluss Harriets nun ab. Anknüpfend an die Schriften des französischen Frühsozialisten Claude Henri de Saint-Simon, trat er nun stärker für soziale Reformen und eine gerechtere Verteilung des gesellschaftlichen Reichtums ein. Er versuchte die Forderung nach individueller Freiheit und sozialer Gerechtigkeit miteinander zu verbinden. In seinen 1848 fast gleichzeitig mit dem *Kommunistischen Manifest* von Karl Marx und Friedrich Engels erschienenen *Prinzipien der politischen Ökonomie* widmete er der »Zukunft der arbeitenden Klassen« ein eigenes Kapitel.

Harriet bestärkte auch Mills Interesse an der gesellschaftlichen Lage der Frau. Die Erfahrung der sozialen Ächtung und des gesellschaftlichen Konformitätsdrucks, denen Harriet und Mill ausgesetzt waren, machten ihn für die unterschiedlichen moralischen Maßstäbe, die an Männer und Frauen angelegt wurden, sensibel. Kein anderer Philosoph des 19. Jahrhunderts hat in seiner Forderung nach Freiheit so nachdrücklich die Rechte die Frau eingefordert wie Mill.

Die Erfahrung, dass die eigene Lebenserfüllung mit den gesellschaftlichen Konventionen in Konflikt geriet, führte aber auch dazu, dass Mill gegenüber dem Anspruch der Gesellschaft, auf das Leben des Einzelnen Einfluss zu nehmen, nun eine äußerst kritische Haltung einnahm. Bereits Anfang der 1830er Jahre hatte er das Werk Auguste Comtes, des Begründers des Positivismus (von lat. »positum« = das »erfahrungsmäßig Gegebene«), kennen gelernt. Wie dieser glaubte er, dass jede Gesellschaftstheorie sich auf die Ergebnisse der Naturwissenschaften stützen muss. Die gesellschaftspolitischen Vorstellungen Comtes, die auf eine totale Kontrolle und Reglementierung der Gesellschaft hinausliefen, lehnte er jedoch ab.

Hierin bestärkt wurde er durch einen anderen Franzosen, Alexis de Tocqueville, einen Vordenker des Liberalismus. Tocqueville war ein scharfsinniger Beobachter zeitgenössischer gesellschaftlicher Entwicklungen. Er sah die Freiheit des Individuums auch dort gefährdet, wo man es am wenigsten vermutete: in den gerade entstehenden modernen Demokratien und Massengesellschaften. In *Über die Demokratie in Amerika*, dessen zwei Bände 1835 bis 1840 erschienen, zog er optimistische, aber auch skeptische Schlussfolgerungen aus seinen Reiseerfahrungen in den jungen Vereinigten Staaten. Zu den skeptischen Folgerungen gehörte die These, dass die entstehende Massendemokratie eine neue Form der öffentlichen sozialen Macht ausbilde, die auf eine »Tyrannei der Mehrheit« hinauslaufe. Der Druck der öffentlichen Meinung sei in den modernen Demokratien die größte Gefahr für die Freiheit des Einzelnen. Auch fürchtete Tocqueville eine Machtkonzentration in Händen des Staates. Er war ein Kritiker der Zentralisierung. Mill las Tocquevilles Buch unmittelbar nach dessen Erscheinen und würdigte es ausführlich in einer Rezension.

Die Verteidigung des Ideals der allseitig entwickelten Persönlichkeit, das er in den Schriften Goethes und Coleridges kennen gelernt hatte, fand er in der Schrift des Deutschen Wilhelm von Humboldt, *Ideen zu einem Versuch, die Grenzen der Wirksamkeit des Staates zu bestimmen*, wieder. Das 1851 im Original und 1854 in englischer Übersetzung erschienene Buch zog aus dem Goethe'schen Ideal politische Konsequenzen: »Der wahre Zweck des Menschen«, so schreibt Humboldt, »ist die höchste und proportionierlichste Bildung seiner Kräfte zu einem Ganzen. Zu dieser Bildung ist Freiheit die erste und unerlässlichste Bedingung.« Das Stichwort »Freiheit« war gefallen.

Den entscheidenden Anteil daran, dass aus diesen philosophischen Anstößen die Freiheitsschrift entstand, hatte aber Harriet Taylor. In den frühen 1850er Jahren, als beide an Tuberkulose erkrankt waren und glaubten, nicht mehr viel Zeit zu haben, verfielen Harriet und Mill gemeinsam auf die Idee, ihre wichtigsten philosophischen Gedanken in einem Essayband zu versammeln. Einer von elf geplanten Essays sollte das Thema »Freiheit« behandeln. Harriet Taylor hatte bereits in einem unveröffentlichten Essay mit dem Titel »Toleration« das Recht des Individuums herausgestellt, auch eine Außenseiterexistenz gegen die Vorurteile der Gesellschaft durchzusetzen.

Daran anknüpfend entwickelte Mill seine Gedanken über die Freiheitsansprüche, die das Individuum gegenüber der Gesellschaft hat. Nach eigenem Zeugnis ging er mit Harriet jede einzelne Zeile des Manuskripts mehrmals durch. Das Buch, das Mill als die am sorgfältigsten konzipierte seiner Schriften bezeichnete, sei, so schrieb er, »ebenso ihr geistiges Eigentum wie das meine«.

Die Ausarbeitung des Essays kostete allerdings mehrere Jahre. Eine erheblich kürzere Frühfassung war schon 1854 fertig gestellt. Auf einer Italienreise habe er dann, so Mill, im Januar 1855 auf den Stufen des Kapitols in Rom den Plan gefasst, das Freiheitsthema zu einem Buch auszuarbeiten. Aber erst nach seinem Ausscheiden aus dem Dienst der East India Company konnte er die Schrift vollenden. Im Winter 1858/59 legte er letzte Hand an das Manuskript. *On Liberty*, wie die Schrift im englischen Original heißt, ist mehr als ein philosophischer Essay: Sie ist ein Denkmal für Harriet Taylor, die noch vor der Publikation des Buches verstorben war und der es gewidmet ist.

Mill macht gleich zu Beginn seiner Schrift klar, dass es ihm nicht um jene Art Freiheit geht, die die Philosophen als »Willensfreiheit« bezeichnen und die in der Fähigkeit besteht, die naturgesetzliche Kette von Ursachen und Wirkungen durch eigene Handlungsentscheidungen zu durchbrechen. Diese Freiheit ist ein angestammtes Thema der Metaphysik. Mill geht es vielmehr um die bürgerliche und soziale Freiheit, also jene Freiheit, die Thema der politischen Philosophie und Gesellschaftstheorie ist. Sie bezeichnet den Handlungsspielraum, den der Einzelne gegenüber der Gesellschaft hat. *Über die Freiheit* ist Mills Stellungnahme zum ewigen Kampf zwischen Individuum und Gesellschaft, zwischen Freiheit und Autorität.

Gleich im Einleitungskapitel seiner Freiheitsschrift greift Mill Tocquevilles These von der »Tyrannei der Mehrheit« auf, die sich mit seinen eigenen Erfahrungen in der viktorianischen Gesellschaft deckte. Die Verfechter der Freiheit hätten sich in der Vergangenheit, so Mill, im Namen des Volkes gegen die Unterdrückung der Mehrheit durch eine ungerechtfertigte Minderheitenherrschaft gewandt. Nun aber, da im Zuge der Aufklärung Herrschaft sich durch den Willen der Mehrheit legitimiere, sei eine neue Gefahr entstanden: die Gefahr nämlich, dass im Namen der Mehrheit unterdrückt werde. Mill spielt hier auf die Lehre von der Volkssouveränität an, die Jean-Jacques Rousseau in seinem *Gesellschaftsvertrag* entwickelt hatte. Danach repräsentiert der Staat, der durch einen solchen Gesellschaftsvertrag entstanden ist, den »Gemeinwillen«, der niemals ungerecht sein kann, weil er als solcher schon den Willen des Volkes repräsentiert. Demgegenüber weist Mill darauf hin, dass »das Volk, welches die Macht ausübt, nicht immer dasselbe Volk ist, über welches es sie ausübt«. Auch eine Volksregierung kann Unterdrückung und Zwang einsetzen. Und auch hier gibt es Minderheiten und Andersdenkende, gegen die sich dann eine neue »Tyrannei der Mehrheit« richtet.

Diese neue Tyrannei bedient sich nicht nur staatlicher Zwangsmittel, sondern auch des sozialen Drucks. In ihm sieht Mill eine noch größere Bedrohung. Denn er ist es, der in das Privatleben der Individuen eingreift, Möglichkeiten des Einzelnen, sein Leben zu gestalten, verhindert und ihn zwingt, nach dem Modell der Mehrheit zu leben. Wie Tocqueville sieht er in den modernen Massengesellschaften die Gefahr, dass die gesellschaftlichen Überwachungs- und Kontrollmöglichkeiten zu Ungunsten des Individuums vergrößert werden.

Eine freie Gesellschaft ist für Mill deshalb nicht nur durch den Einfluss der Mehrheit, sondern auch durch den Schutz derjenigen gekennzeichnet, die von der Mehrheit abweichen. Im Mittelpunkt dieses Schutzes steht die Freiheit des Individuums. Nur durch ihre Verwirklichung ist die »Tyrannei der Mehrheit« wirklich zu verhindern. Mill formuliert deshalb ein Freiheitsprinzip, das um das Individuum die größtmögliche Schutzmauer zieht. Es lautet: »Dass der einzige Grund, aus dem die Menschheit, einzeln oder vereint, sich in die Handlungsfreiheit eines ihrer Mitglieder einzumengen befugt ist, der ist: sich selbst zu schützen. Dass der einzige Zweck, um dessentwillen man Zwang gegen das Mitglied einer zivilisierten Gesellschaft rechtmäßig ausüben darf, der ist: die Schädigung anderer zu verhüten.« Der Handlungsspielraum, den der Einzelne gegenüber der Gesellschaft besitzt, kann nur durch den Handlungsspielraum der anderen begrenzt werden. »Die einzige Unabhängigkeit«, so Mill, »die diesen Namen verdient, ist die Möglichkeit, unser eigenes Wohl auf unsere eigene Weise zu erreichen, solange wir nicht versuchen, andere ihres Gutes zu berauben . . .« Mit anderen Worten: Was keinem anderen schadet, ist erlaubt.

Mill verwehrt der Gesellschaft auch ein Recht, das sie in autoritären und halb-autoritären politischen Systemen gerne zur Begründung ihrer »Schutzmaßnahmen« anführt: nämlich zum Wohl des Einzelnen gegen dessen Willen zu handeln. Es ist ein besonders infamer Druck, der damit gerechtfertigt wird, dass er den »eigentlichen« Interessen des Individuums dient und zu seinem »Besten« ausgeübt wird. In der Tradition der Aufklärung hält Mill demgegenüber an der Mündigkeit des Bürgers fest. Der Einzelne weiß selbst am besten, was für ihn gut ist.

Kann aber diese sehr weit gefasste individuelle Freiheit dem Gemeinwohl dienen? Mill bejaht diese Frage. Je freier die Bürger, so seine Überzeugung, desto mehr wird die Gesellschaft letztlich profitieren. Er unterscheidet dabei zwischen drei Arten von Freiheit: der Meinungs- und Redefreiheit, der Freiheit, seine eigene Lebensform zu wählen, und der Versammlungsfreiheit, die der Bürger in Anspruch nimmt, um seinen politischen Einfluss geltend zu machen. Es sind die ersten beiden Arten von Freiheit, die im Mittelpunkt seiner Schrift stehen.

Die Meinungsfreiheit oder »Gedanken- und Diskussionsfreiheit« (»liberty of thought and discussion«), wie er sie nennt, umfasst bei Mill nicht nur die »innere Freiheit«, eigene Überzeugungen zu bilden und diese in einem beschränkten Kreis ungehindert zu äußern. Noch wichtiger für ihn sind die öffentlichen Äußerungsformen dieser Freiheit, z. B. in publizistischen oder wissenschaftlichen Auseinandersetzungen. Ein wesentlicher Nutzen der Meinungsfreiheit liegt nach Mill darin, dass eine ausgeprägte öffentliche Streitkultur der Wahrheitsfindung und damit der Lösung von Problemen dient.

Mill stützt diese These mit drei Argumenten: Nehmen wir erstens an, eine gegensätzliche Meinung sei falsch. Dann sollte sie geäußert werden dürfen, weil sie uns zwingt, bessere Argumente für unsere eigene Meinung zu finden und damit unseren Wahrheitsanspruch öffentlich besser zu untermauern. Nehmen wir zweitens an, eine gegensätzliche Meinung sei wahr. Dann verdient sie erst recht Gehör, weil sie uns vom Irrtum abbringt. Nehmen wir drittens an, verschiedene gegensätzliche Meinungen seien teilweise wahr und teilweise falsch. Dann wird das Finden der Wahrheit durch die öffentliche Austragung von Argumenten in jedem Fall befördert.

Dahinter steht Mills Überzeugung, dass wir der Wahrheit nie endgültig habhaft werden, sondern lediglich hoffen können, bestimmte Überzeugungen als falsch nachzuweisen. Er vertritt also einen »Fallibilismus«, wonach nicht der Beweis der Wahrheit, sondern der Nachweis der Falschheit, also die Irrtumsermittlung die Grundlage unseres Wissensfortschritts ist. In unserer Suche nach Wahrheit kommen wir deshalb nur weiter, wenn wir eine unbeschränkte öffentliche Diskussion zulassen, die alle Überzeugungen auf den Prüfstand stellt. Meinungsfreiheit ist für Mill die Grundlage einer nie abgeschlossenen Wahrheitsfindung und damit auch die Grundlage dafür, dass sich eine Gesellschaft die am weitesten fortgeschrittenen Erkenntnisse zunutze machen kann. Die Erfahrung mit totalitären Gesellschaften, in denen Erkenntnisse und Forschungsergebnisse aus ideologischen Gründen unterdrückt und dringende Reformen deshalb verschleppt werden, bestätigen Mill.

Die Freiheit, sein eigenes Leben zu führen und seine Individualität ungehindert zu entfalten, auch wenn dies in den Augen der Gesellschaft als »ungebührlich« oder »exzentrisch« gilt: Dieses Anliegen Harriet Taylors übernimmt Mill in prononcierter Form. Hatte Immanuel Kant noch im Sinne der Aufklärung gefordert: »Wage es, dich deines eigenen Verstandes zu bedienen«, so geht es Mill nicht nur um theoretische Mündigkeit, sondern um die lebenspraktische Selbstverwirklichung. Überall dort, wo die Interessen anderer – sei es die von Individuen oder die der Gesellschaft – nicht berührt sind, soll der Einzelne freie Entfaltungsmöglichkeit haben.

Mills Begriff der »Persönlichkeit« ist nicht nur von Goethe, sondern auch von den Schriften seines englischen Zeitgenossen Thomas Carlyle beeinflusst, der den Wert großer Persönlichkeiten und die Bedeutung von Individuen mit außergewöhnlichen Fähigkeiten herausstellte. Auch für Mill ist das Individuum – und nicht der Staat oder die Gesellschaft – der Ort der Kreativität. Deshalb muss es auch im übergeordneten Interesse der Gesellschaft liegen, ausgeprägte Individualitäten zu ermöglichen und zu fördern. Freie Gesellschaften fördern aktive und selbstbewusste Bürger, Despotien dagegen lassen Passivität und Duckmäuserei entstehen. Ein warnendes und abschreckendes Beispiel ist für Mill die auf Konformität beruhende chinesische Gesellschaft.

Die Gesellschaft muss also einen Raum schaffen, in dem die verschiedensten Individuen ihre Kreativität entfalten können. Sie muss, in anderen Worten, pluralistisch sein, also das Nebeneinander verschiedener Lebensformen ermöglichen. Statt für Einheitlichkeit, Harmonie oder Konformität der Lebensformen plädiert Mill für möglichst große Vielfalt. Der Routine setzt er die Spontaneität, der Kopie die Originalität, der Stagnation das Experiment entgegen. Möglichst viele »experiments of living«, also Erprobungen von Lebensentwürfen, sind nach Mill die Voraussetzung dafür, dass sich eine Gesellschaft nach vorne bewegt. Diejenigen, die anders leben, sind keine Störenfriede, sondern das Ferment einer lebendigen Gesellschaft. Jede gesellschaftliche Zensur privater Lebensentwürfe lehnt er ab. Über seinen Körper und Geist, so Mill, hat das Individuum Souveränität.

Dies gilt, so Mill, auch für Frauen, die außerhalb der Ehe keine materielle Absicherung und innerhalb der Ehe keine Rechte hatten und vom Mann wie ein Eigentum behandelt werden konnten. Mill hielt diese Zustände für skandalös und forderte die vollständige Gleichstellung von Mann und Frau – eine Position, die er in seiner späteren Schrift *Die Hörigkeit der Frau* (1869) noch ausarbeitete und mit der er zu einem Vorreiter der Frauenemanzipation werden sollte.

Auch gegen die Annahme von »Pflichten gegen sich selbst«, wie sie Kant 1797 in seiner *Metaphysik der Sitten* begründet hatte, äußert Mill Bedenken. Solange der Einzelne nicht den Interessen der Gesellschaft zuwiderhandelt und nicht den Lebensspielraum anderer verletzt, muss er in Ruhe gelassen werden. Wenn also ein Alleinstehender, der finanziell abgesichert ist, seine Körperpflege vernachlässigt und zu trinken anfängt, so hat er noch keine Pflichten verletzt und der Gesellschaft noch keine Rechtfertigung gegeben, einzugreifen. Legt jedoch ein Familienvater ein solches Verhalten an den Tag und vernachlässigt er dadurch die Erziehung seiner Kinder oder nimmt öffentliche Sozialleistungen in Anspruch, so liegt eine Pflichtverletzung vor, auf die die Gesellschaft mit sozialen oder rechtlichen Maßnahmen reagieren kann.

Mill war sich natürlich selbst im Klaren darüber, dass hier der Teufel im Detail steckt und dass es nicht immer einfach ist, sich darauf zu verständigen, ob die Gesellschaft »betroffen« ist oder nicht. Deshalb diskutiert er am Ende seines Essays zahlreiche Anwendungen seiner Theorie. Auch macht er einige Einschränkungen bezüglich derjenigen, die das Recht auf individuelle Selbstverwirklichung in Anspruch nehmen dürfen. Es gilt, so formuliert er, nur für Menschen mit »völlig ausgereiften Fähigkeiten«. Damit sind Minderjährige, aber auch Menschen mit einem sehr geringen Bildungsniveau ausgeschlossen. Bildung und zivilisatorische Errungenschaften sind für Mill Bedingungen dafür, dass Freiheit ihre Wirkung als Dünger des gesellschaftlichen Fortschritts entfalten kann. Auch der revolutionäre Theoretiker der Freiheit konnte nicht ganz über den Schatten des viktorianischen Bildungsbürgers springen. Doch blieb er immer der Überzeugung treu, dass »der Wert eines Staates auf lange Sicht der Wert der Individuen ist, die ihn bilden«. Und dieser Wert wird in der Münze der Freiheit gezahlt.

Über die Freiheit erschien im Frühjahr 1859 beim Londoner Verleger John W. Parker. Mill betrachtete die Schrift als das theoretische Vermächtnis Harriet Taylors, aber auch als dasjenige seiner Werke, das die größte Wirkung versprach. Nach dem Erscheinen beendete er seine Isolation und seinen Rückzug ins Private. Er engagierte sich in der Politik, saß für kurze Zeit als Abgeordneter im Unterhaus und machte sich als Reformer und besonders als Fürsprecher von Frauenrechten einen Namen.

Wie er erwartet hatte, wurde *Über die Freiheit* seine am meisten beachtete Schrift. Sie wühlte die englische Öffentlichkeit auf, zog gehässige Polemiken nach sich, übte aber auch auf eine ganze Generation junger Intellektueller einen prägenden Einfluss aus. Sie wurde zur Programmschrift und zur Gründungsurkunde des modernen Liberalismus und machte Mill in der angelsächsischen Welt zum einflussreichsten Philosophen des 19. Jahrhunderts.

Als Verteidiger individueller Freiheit wurde Mill im 20. Jahrhundert zum Vordenker der Kritiker des modernen Totalitarismus. Dass der Mensch nicht zum Werkzeug des Staates degradiert werden darf und die menschliche Würde untrennbar mit Freiheit verbunden ist, haben im Anschluss an Mill Liberale wie Friedrich A. Hayek und Karl R. Popper betont. Poppers kritischer Rationalismus tritt dabei nicht nur für eine »offene Gesellschaft« ein, in der die Ansprüche des

Individuums geachtet sind, sondern Popper glaubt wie Mill an die Rolle der freien Diskussion und der Irrtumsverringerung für die Wahrheitssuche. Aber auch ein Popper-Kritiker wie Paul Feyerabend, der anstelle einer einheitlichen Methode einen Pluralismus von Weltdeutungen und Lebensformen fordert, konnte sich in der Tradition Mills sehen.

Über die Freiheit verteidigt das Kostbarste an der Demokratie: das Recht, anders sein zu dürfen. Gerade der Umgang mit den in jeder Generation neu entstehenden »alternativen« Lebensformen bestätigt die Auffassung Mills, dass eine Gesellschaft genau so frei ist wie ihre Minderheiten und Außenseiter.

Ausgabe:
JOHN STUART MILL: Über die Freiheit. Aus dem Englischen übersetzt von Bruno Lemke. Mit Anhang und Nachwort herausgegeben von Manfred Schlenke. Stuttgart: Reclam 1974 (mit bibliografischem Anhang 1988).

Panoramablick auf die Weltgeschichte

Oswald Spengler: Der Untergang des Abendlandes (1918–1923)

Dass Propheten im eigenen Land nichts gelten, ist eine der vielen Halbwahrheiten, die zwar häufig zutreffen, aber auch immer wieder in Frage gestellt werden müssen. Man denkt an Kassandra, die den Fall ihrer Heimatstadt Troja vorhersah und ebenso wie viele ihrer Nachfolger das Schicksal einer gemiedenen und verleumdeten gesellschaftlichen Außenseiterin erfuhr. Doch der neben Nietzsche bekannteste Prophet der modernen Philosophie, Oswald Spengler, erntete für seine Prognose, die westliche Kultur sei in ihre letzte Phase eingetreten und werde in den nächsten zweihundert Jahren ihren kreativen Geist ganz aufgeben, unerwartet viel Beifall. Diesmal wurde der Bote nicht für die schlechte Botschaft bestraft. Im Gegenteil: Mit seiner pessimistischen Geschichts- und Kulturphilosophie erreichte Spengler in der Weimarer Republik ungeahnte Popularitätshöhen. Sein voluminöses Hauptwerk *Der Untergang des Abendlandes*, avancierte in den Jahren zwischen den beiden Weltkriegen zu einem Bestseller.

Doch Spenglers Analysen gehen über eine Modeerscheinung weit hinaus. Sie enthalten mehr als eine historische Bestandsaufnahme der westlichen Kultur. Spengler war nämlich der erste bedeutende westliche Geschichtsphilosoph, der in Europa nicht mehr den Nabel der Weltgeschichte sah. Die westliche Kultur war für ihn eine Hochkultur neben anderen – eine in ihrer Dauer begrenzte Episode im unendlichen Strom der Zeit. *Der Untergang des Abendlandes* wagt einen historischen Kulturenvergleich und erlaubt so einen Panoramablick auf die Weltgeschichte, der über den Tellerrand der »westeuropäisch-amerikanischen Kultur«, wie Spengler sie nennt, hinausführt.

Einerseits ein globaler Denker, blieb Spengler andererseits ein einsamer und isolierter Mensch. Als Privatgelehrter lebte und schrieb er zurückgezogen, von der akademischen Welt ebenso distanziert wie vom Medienbetrieb. Auf Fotos blickt dem Betrachter ein verschlossenes und verbittertes Gesicht entgegen, das zu dem Pessimismus, den Spengler vertrat, gut zu passen scheint. Spengler wurde 1880 geboren, zu Beginn der klassischen Moderne – eine Epoche, die er, im Gegensatz zu vielen seiner Zeitgenossen, als flach und dekadent empfand.

Er war das Gegenteil einer Frohnatur: Er litt unter seinem geist- und kulturfernen Elternhaus, unter der Atmosphäre der intellektuellen Mittelmäßigkeit, die ihm auf Schule und Universität begegnete, und unter dem Brotberuf des Gymnasiallehrers, den er zeitweise ausüben musste. Als Sohn eines kleinen Postbeamten, der mehrmals versetzt wurde, verbrachte er seine Schulzeit in Blankenburg im Harz, im westfälischen Soest und schließlich in Halle an der Saale. Der eher träumerische und wenig lebenspraktisch veranlagte junge Spengler beschäftigte sich mit der pessimistischen Philosophie Schopenhauers und Nietzsches und wurde in seinen Fantasien von den großen Gestalten der Geschichte angeregt: Napoleon faszinierte ihn ebenso wie die Königsdramen Shakespeares. Er schwelgte in großdeutschen Visionen und vollendete mit siebzehn Jahren ein Drama über den Aztekenherrscher Montezuma.

Spenglers intellektuelle Interessen waren weit gespannt. Aus Nützlichkeitsgründen entschied er sich zunächst für ein Studium der Mathematik und Naturwissenschaften, das er 1899 in Halle aufnahm und das ihn auch nach München und Berlin führte. Er tat sich aber auch in der Geschichte, der Kunstgeschichte und der Philosophie um. Spengler schloss sich keiner Schule richtig an und blieb sein Leben lang ein halber Autodidakt, der sich seinen eigenen Weg in der Bildungslandschaft suchte und in den Natur- und Geisteswissenschaften gleichermaßen zu Hause war. Dies machte es ihm später möglich, immer wieder Vergleiche zwischen beiden Bereichen zu ziehen.

In dem frühgriechischen Philosophen Heraklit, über den er seine Dissertation schrieb, die er gleichzeitig als Staatsarbeit für den

Lehrdienst an höheren Schulen einreichte, begegnete er, wie er sich selbst ausdrückte, dem »vielseitigsten und umfassendsten Geist der Griechen«, einem Philosophen, der die Wirklichkeit als einen Prozess sich wiederholender Kreisläufe begriff. Auch die Haltung des einsamen, weltverachtenden Denkers, die er in Heraklit sah, zog ihn an.

Um seinen Lebensunterhalt zu finanzieren, ging Spengler zunächst als Gymnasiallehrer nach Hamburg. Als ihm 1910 durch den Tod der Mutter eine kleine Erbschaft zufiel, konnte er die ungeliebte Lehrertätigkeit aufgeben. Das Jahr 1911 markiert die große Zäsur in Spenglers Leben. Er ließ sich vom Schuldienst beurlauben und nahm sich in München eine Wohnung. Hier begann die Karriere des einsamen und doch erfolgreichen Denkers. Von nun an führte er das Leben eines freien Autors und Privatgelehrten.

Bis dahin hatte Spengler lediglich einige verstreute Aufsätze veröffentlicht. Nach seinem Umzug fasste er jedoch erste Pläne für ein Buchprojekt, angeregt von der sogenannten »zweiten Marokkokrise«. In einem der vielen Konflikte zwischen den imperialistischen Großmächten vor dem Ersten Weltkrieg hatte das Deutsche Reich 1911 ein Kanonenboot ins marokkanische Agadir gesandt, um gegenüber Frankreich eigenen Territorialansprüchen Nachdruck zu verleihen. Die große politische Spannung, die sich im Ersten Weltkrieg entlud, lag schon in der Luft.

Spengler, immer dafür empfänglich, bedeutende politische Ereignisse als »schicksalhaft« zu deuten, nahm dies zum Anlass, wie er später in der Einleitung zum *Untergang des Abendlandes* schrieb, »über einige politische Erscheinungen der Gegenwart und die aus ihnen möglichen Schlüsse für die Zukunft etwas aus einem weiteren Horizont zusammenzustellen«. Es ging ihm zunächst darum, das eigene Zeitalter in eine geschichtliche Perspektive einzuordnen. Dass der »weitere Horizont« sich in den nächsten Jahren zu einer umfassenden Geschichts- und Kulturphilosophie ausdehnen würde, wurde ihm erst im Laufe der Arbeit bewusst.

1912 entdeckte Spengler in einem Schaufenster ein Werk, das ihm die Titelidee für sein eigenes Buch eingab: die *Geschichte des Unter-*

gangs der antiken Welt von Otto Seeck, einem in Münster lehrenden Altphilologen, den er in seinem Werk allerdings nirgends erwähnt.

Spengler gehörte keiner der zeitgenössischen philosophischen Strömungen an, doch bündelten sich in seinem Werk mehrere Einflüsse. Wie die Vertreter des Historismus des späten 19. Jahrhunderts war er ein Gegner der Geschichtsphilosophie Georg Wilhelm Friedrich Hegels, in der die Geschichte als gesetzmäßiger, stetiger Fortschrittsprozess begriffen wurde. Einer der wichtigsten Historisten, der Historiker Leopold von Ranke, hielt Hegel entgegen, dass jede Kultur gleich nah und gleich fern zu Gott stehe. Spengler, der sich häufig auf Ranke bezog, teilte diese Ansicht. Alle großen Kulturen waren für ihn gleichwertig.

Auch Spenglers Nähe zur Lebensphilosophie ist oft bemerkt worden. Diese von Schopenhauer und Nietzsche beeinflusste und maßgeblich von dem französischen Philosophen Henri Bergson begründete Richtung setzte der rationalen, begrifflichen Welterfassung eine intuitive Form der Erkenntnis entgegen. Nur sie könne das »Leben«, also den irrationalen, schöpferischen Grund der Wirklichkeit, erfassen. Die Lebensphilosophie übte auch in Deutschland große Wirkung aus, wo die Abneigung gegen die moderne, technisierte Massengesellschaft unter den Intellektuellen besonders verbreitet war. Mit Ludwig Klages nahm die lebensphilosophische Kritik am Rationalismus die Gestalt einer Zivilisationskritik an. Klages sprach bereits 1913 in seinem Aufsatz *Mensch und Erde* von dem »Untergang der Seele« als dem Ergebnis einer technisierten und mechanisierten Zivilisation. Der Verlust von »Seele« und »Leben« im gegenwärtigen Zeitalter spielte auch in der Analyse Spenglers eine große Rolle. Und wie die Lebensphilosophen nahm er für sich in Anspruch, sich in seiner Geschichtsdeutung auf eine nicht-rationale Anschauung zu stützen.

Als die für ihn einflussreichsten Denker hat Spengler selbst Goethe und Nietzsche genannt. Von Nietzsche, so Spengler, habe er die Fragestellung, von Goethe die Methode übernommen. Nietzsche hatte – so wie Spengler – sein eigenes Zeitalter als eine dekadente Umbruchs- und Endzeit begriffen und von einer »Umwertung aller Werte« gesprochen.

Goethe wiederum hatte in seinen naturphilosophischen Studien sein Konzept einer »lebendigen Natur« der Naturdeutung Newtons entgegengesetzt, der die Natur als einen mathematisch erfassbaren, dem Gesetz von Druck und Stoß unterworfenen Prozess verstand. Für Goethe hingegen war sie ein organischer Zusammenhang, in dem sich bestimmte Formen und Gestalten nach einem ihnen innewohnenden Entwicklungsprinzip entfalteten. So glaubte Goethe die Gestalt einer Urpflanze entdeckt zu haben, aus der die Gestalten aller Pflanzen ableitbar seien.

Goethes Morphologie, also seine Gestalttheorie der Natur, wurde zum Vorbild für Spenglers morphologische Deutung der Geschichte. Die »Gestalten«, um die es ihm jedoch ging, waren die großen Kulturen.

So wurde Spengler im Fortgang seiner Arbeit bewusst, dass die Merkmale seines eigenen Zeitalters auch bei früheren Kulturen in der Geschichte beobachtet werden konnten. Er war, wie er glaubte, allgemeinen historischen Gesetzmäßigkeiten beziehungsweise dem »Geheimnis der Weltgeschichte« auf der Spur, wie er es selbst etwas pathetisch ausdrückte. Dies schien es möglich zu machen, die Zukunft der eigenen Kultur vorauszusagen. So entstand das Projekt einer »Morphologie der Weltgeschichte«, wie es im Untertitel seines Buches heißt.

In einem ersten Teil, den er »Gestalt und Wirklichkeit« überschrieb, erklärt Spengler seinen philosophischen Ansatz und untersucht die Formensprache der großen Kulturen, in denen sich ihr jeweiliges »Weltgefühl« ausdrückt. Dieser erste Band lag nach drei Jahren Arbeit 1914 als Manuskript fertig vor. Der Ausbruch des Ersten Weltkriegs verzögerte die Publikation, sodass es erst 1918 in Druck gegeben wurde.

Im zweiten Band, »Welthistorische Perspektiven«, setzt Spengler die großen Kulturen in eine historische Beziehung zueinander und gewinnt daraus die Voraussetzungen für eine Zukunftsprognose. Dieser Band erschien 1922. Ein Jahr später legte Spengler eine nochmals erheblich überarbeitete Fassung des ersten Teils vor, sodass das Werk in seiner endgültigen Fassung 1923 dem Publikum zugänglich war.

Der Titel *Untergang des Abendlandes* ist geeignet, beim Leser falsche Assoziationen zu wecken. Es geht in dem Buch nicht um ein Katastrophenszenario und auch nicht darum, ein Klagelied über das Ende der westlichen Kultur anzustimmen. Spengler gibt lediglich ohne jede Sentimentalität den Ort an, an dem die westliche Kultur sich im Koordinatensystem der Weltgeschichte befindet, einem Koordinatensystem, das er für diesen Zweck selbst errichtet. Entsprechend hatte er ursprünglich den etwas passenderen Titel »Vollendung des Abendlandes« vorgesehen.

Die westliche Kultur ist, so Spengler, in das letzte Stadium einer ihr eigentümlichen, in ihr angelegten Entwicklung eingetreten – eine Feststellung, die für ihn nicht bedauerlicher ist als die, dass ein Baum im natürlichen Fortgang seiner Entwicklung seine Blätter verliert. Da sich aus dem bisherigen Verlauf dieser Entwicklung und aus einem Vergleich mit anderen Kulturen Schlussfolgerungen für ihre Zukunft ziehen lassen, bezeichnet Spengler sein Projekt auch als den Versuch, »eine unphilosophische Philosophie der Zukunft vorzulegen«.

Mit der Ablehnung Hegels war bei Spengler die Ablehnung der gesamten vom Christentum beeinflussten und in der westlichen Philosophie vorherrschenden Geschichtsauffassung verbunden, nach der der Sinn der Geschichte in einer Vollendung liegt, die durch eine lineare Fortschrittsbewegung verwirklicht wird. Am Ende stehen die Erfüllung der Geschichte und das Heil des Menschen. Augustinus, der Vordenker des frühen Christentums, hatte diese heilsgeschichtliche Interpretation in die Philosophie eingeführt. In den Händen der Aufklärer war der christlich-spirituelle Fortschritt zu einem weltlichen Fortschritt geworden und der Erlösungsgedanke durch den Gedanken der Selbstbefreiung der Vernunft abgelöst worden.

Für Spengler dagegen hat die Menschheit »kein Ziel, keine Idee, keinen Plan, so wenig wie die Gattung der Schmetterlinge oder der Orchideen ein Ziel hat ... Ich sehe«, so Spengler, »statt jenes öden Bildes einer linienförmigen Weltgeschichte ... das Schauspiel einer Vielzahl mächtiger Kulturen.« Eine einheitliche, von einem einzigen Sinn bestimmte Weltgeschichte gibt es für ihn nicht.

Spengler identifiziert zwei grundsätzliche Wege, die Welt zu erfassen: einen auf den Raum und einen auf die Zeit gerichteten. Die »Logik des Raumes«, mit der er die traditionelle Vorgehensweise der Wissenschaften meint, versucht die Beziehung zwischen Dingen als Kausalbeziehung, als Beziehung zwischen Ursache und Wirkung, gesetzmäßig zu fixieren. Ihre Gesetze antworten auf die Fragen »Wo?« und »Warum?« und legen fest, welche Ereignisse *möglich* sind.

Diese »Logik des Raumes« muss nach Spengler durch eine »Logik der Zeit« ergänzt werden, in der auf die Fragen nach dem »Wann?« und »Wie?« geantwortet wird. Die »Logik der Zeit« ist das, was er für seine eigenen Untersuchungen in Anspruch nimmt. Hier geht es um das »Leben als Gestalt«, um einmalige, zeitlich gerichtete Ereignisse, die nicht rational »erkannt«, sondern durch eine intuitive Schau »erfühlt« werden. Es geht dabei auch nicht darum festzustellen, was – entsprechend einer kausalen Gesetzmäßigkeit – *möglich* ist, sondern was zu einem bestimmten Zeitpunkt geschehen *musste*. Spengler führt hier eine eigene, neue Art von Ursache ein, die er »Schicksal« nennt. »Schicksal« als eine Art Tiefengrund für bestimmte Abläufe, Vorgänge und Ereignisse ist einer von Spenglers Schlüsselbegriffen. Es ist, so Spengler, »das Wort für eine nicht zu beschreibende innere Gewissheit«. So ist das Auftreten Cäsars oder Napoleons zu einem bestimmten Zeitpunkt in der Geschichte Ausdruck einer schicksalhaften Notwendigkeit.

Spenglers Ablehnung einer an den empirischen Wissenschaften orientierten Betrachtung der Geschichte führt ihn zum Gebrauch einer sehr eigenwilligen metaphorischen Sprache, die ihre Vorbilder in der Kunst und Religion hat. Besonders häufig sind dabei Bilder aus dem Bereich der organischen Natur. Auch ist der begriffliche Gegensatz »organisch – mechanisch« bei Spengler allgegenwärtig. In Anlehnung an Goethes »lebende Natur« betrachtet er Geschichtsprozesse als »organische« Prozesse, die sich einer mechanischen Erklärung entziehen. Das »Geheimnis der Weltgeschichte« besteht für ihn genau darin, dass Geschichte eine »organische Einheit von regelmäßiger Struktur« ist.

Auch die großen Kulturen sind für ihn lebende Organismen, die eine bestimmte »Physiognomie« und einen eigenen Lebenslauf haben, die nachzuzeichnen Spengler als seine Aufgabe ansieht. Jede Kultur hat auch ihr eigenes »Weltgefühl«, das sich in der Formensprache der Kunst sowie in den gesellschaftlichen und politischen Institutionen ausdrückt. Das Problem, wie verschiedene Kulturen sich miteinander verständigen können, war Spengler dabei durchaus bewusst.

Den intuitiven Zugang zu einer Kultur nennt er »physiognomischen Takt«. Durch ihn ist die symbolische Deutung kultureller Formen als »Gestalt« und damit als »Ausdruck« einer tieferen Wirklichkeitsschicht möglich, einer Schicht, die Spengler »das Seelische« nennt und die von dem wissenschaftlichen Weltbild nicht erreicht wird. Jede Kultur ist für ihn »Leib« einer bestimmten »Seele«. Inbegriff dieser Seele und damit des Weltgefühls einer Kultur ist das »Ursymbol«, das sich selbst nicht in einer bestimmten Gestalt verwirklicht, sondern in der Gesamtheit der Ausdrucksformen einer Kultur spürbar ist.

Spengler unterscheidet Völker vor, innerhalb und nach einer Kultur. Die ersten sind die sogenannten »Urvölker«, die letzten die »Fellachenvölker«, die ihre große Zeit, wie die heutigen Ägypter, schon hinter sich haben. Urvölker und Fellachenvölker sind für Spengler keine Völker im strengen Sinn, sondern Bevölkerungen ohne erlebte Identität. Sie machen keine Geschichte und prägen der Zeit keinen kulturellen Stempel auf. Erst die historischen Völker, die innerhalb einer Kultur leben, gestalten und prägen durch ihre kreativen Leistungen die Geschichte.

Spengler geht von der Existenz von acht Hochkulturen in der bisherigen Geschichte aus, die sich zeitversetzt ausgebildet haben: die babylonische und die ägyptische Kultur, die er beide von etwa 3000 v. Chr. an datiert; die chinesische, indische und antike Kultur, die sich um 1500 v. Chr. formieren, sowie die jüngeren Kulturen wie die arabische, »mexikanische« (d. h. indianisch-aztekische) Kultur und schließlich die westeuropäisch-amerikanische Kultur.

Die arabische Kultur entsteht nach Spengler zwischen Tigris und

Nil sowie zwischen Schwarzem Meer und Südarabien um etwa Christi Geburt. Zu ihr zählt er viele kulturelle Erscheinungen, die man normalerweise der spätantiken bzw. der frühchristlichen Kultur zurechnet wie etwa die byzantinische Baukunst des Ostens oder die hellenistisch-christliche Philosophie des Origines und des Augustinus. Die mexikanische Kultur beginnt für ihn etwa zweihundert Jahre, die westliche Kultur etwa neunhundert Jahre nach der arabischen. Spengler nimmt also antike Kultur und westliche Kultur nicht als Einheit, sondern als zwei völlig unterschiedliche Kulturen wahr. Die westliche Kultur beginnt für ihn erst dort, wo wir heute das Hochmittelalter ansetzen. Ihr Entstehen fällt geistesgeschichtlich mit der Gotik und der mittelalterlichen Scholastik zusammen.

Für Spengler haben die Hochkulturen nicht nur einen datierbaren Anfang, sondern auch ein datierbares Ende. Ihre durchschnittliche Lebenszeit beträgt etwa tausend Jahre. Eine Ausnahme bildet die mexikanische Kultur, die in ihrem Fortgang durch die europäischen Eroberer jäh unterbrochen und vernichtet wurde.

Keine Kultur kann nach Spengler eine zentrale Stellung beanspruchen, und keine kann Maßstäbe für andere Kulturen setzen. *Der Untergang des Abendlandes* verbindet ein polyzentrales Geschichtsbild mit einem Kulturrelativismus.

Das traditionelle westliche Schema Antike-Mittelalter-Neuzeit, das noch einer linearen Geschichtsauffassung verpflichtet ist, hält Spengler für erklärungsuntauglich. Als lebende Organismen entwickeln sich die Hochkulturen vielmehr zyklisch, im Rhythmus von Jahreszeiten – eine Auffassung, die man schon zu Beginn des 18. Jahrhunderts bei dem italienischen Frühaufklärer Giambattista Vico findet. Vico unterschied in seiner *Neuen Wissenschaft* in jeder Kultur ein göttliches, heroisches und menschliches Zeitalter, in deren Abfolge sich jeweils »Aufstieg, Fortschritt, Blüte, Verfall und Ende« spiegeln.

Spengler erläutert seine Theorie der organischen Entwicklung von Kulturen anhand dreier großer Schautafeln, in denen er die Geistesepochen (Philosophie, Religion), die Kulturepochen (Kunst) und die politischen Epochen (Politik und Gesellschaft) zwischen den einzelnen Hochkulturen vergleicht.

Auf der Ebene der Geistesepochen unterscheidet Spengler zwischen Frühling (erwachende Seele), Sommer (reifendes Bewusstsein), Herbst (Höhepunkt geistiger Gestaltungskraft) und Winter (Erlöschen der geistigen Gestaltungskraft). Auf der Ebene der Kulturepochen und politischen Epochen ist dem Beginn der eigentlichen Kultur noch eine »Vorzeit« vorgeschaltet, der die Kultur selbst mit Frühzeit und Spätzeit folgt (zeitlich mit dem Frühling, Sommer und Herbst korrespondierend) sowie schließlich die »Zivilisation«, die dem Winter auf der Ebene der Geistesepochen entspricht.

»Zivilisation« ist für Spengler also kein wertneutraler, sondern ein abwertender Begriff, der kulturelle Dekadenz bezeichnet. Die Zivilisation ist für ihn das Schicksal einer Kultur in dem Sinne, dass jede Kultur zwangsläufig in einer Zivilisation erstarrt. Über Spengler hat sich vor allem in Deutschland der Gegensatz zwischen »Kultur« und »Zivilisation« durchgesetzt, der in anderen westeuropäischen Ländern unüblich ist. Deshalb wird im Deutschen häufig das als »Kultur« bezeichnet, was in anderen Sprachen, wie dem Englischen oder Französischen, »Zivilisation« heißt.

Alle Hochkulturen haben also den gleichen »Bau«, d. h., sie prägen vergleichbare Stadien in der Entwicklung ihrer Formensprache aus. So gibt es z. B. in der Philosophie in allen Hochkulturen auf dem Höhepunkt ihrer Entwicklung die Zeit der »großen, abschließenden Systeme«, die für Spengler in der antiken Kultur mit Platon und Aristoteles und in der westlichen Kultur – in der für Spengler typischen deutschzentrierten Sicht – mit Goethe, Kant und dem Deutschen Idealismus eines Fichte, Schelling und Hegel vorliegen. In ihrer Zivilisationsphase entwickelt die Philosophie in allen Kulturen stärker praktisch orientierte, materialistische und nützlichkeitsorientierte Weltanschauungen, wie etwa die hellenistischen Philosophenschulen in der Antike oder die Philosophie des Utilitarismus und Sozialismus im europäischen 19. Jahrhundert. Das abstrakte Denken wird durch eine akademische »Katheder-Philosophie« zurückgedrängt.

Die Art, wie eine Hochkultur die Phasen ihrer Entwicklung mit kulturellen Formen ausfüllt, ist allerdings sehr unterschiedlich und hängt von ihrem Weltgefühl ab, das sich im Ursymbol kristallisiert. So bezeichnet Spengler das Weltgefühl der westlichen Kultur als »faustisch« – nach der Figur des Faust, der in der deutschen Geistesgeschichte eine kulturelle Ikone ist und in Goethes gleichnamigem Versepos seine berühmteste literarische Gestaltung gefunden hat. Faust steht für den nie zu befriedigenden Drang nach umfassendem Wissen. Für Spengler ist er eine Figur, die das Streben nach Unendlichkeit symbolisiert. Entsprechend ist das Ursymbol des faustischen Weltgefühls der grenzenlose Raum, wie er sich bereits in den gotischen Kathedralen oder auch in der westlichen Literatur ausdrückt, wo die Verlorenheit des Einzelnen gegenüber einem fremden, unendlichen All immer wieder Thema ist. Dieser Hang zum Grenzenlosen ist auch der Grund dafür, dass die westliche Kultur als einzige die Tendenz zu einer weltumspannenden Kultur hat. Überall, auf ökonomischem, politischem und kulturellem Gebiet, strebt sie danach, neue Räume zu erobern. Spengler ist damit avant la lettre zu einem Propheten der Globalisierung geworden.

Die westliche Kultur unterscheidet sich damit grundsätzlich von der antiken Kultur mit ihrem »apollinischen Weltgefühl«, dessen Ursymbol der »sinnliche Einzelkörper« ist. Überall in der antiken Kultur findet Spengler den Hang zur Begrenzung, zum Festhalten am Gegenwärtigen und Sinnlichen. Den Begriff »apollinisch« entlieh er Nietzsches Frühwerk *Die Geburt der Tragödie aus dem Geist der Musik*, in dem die beiden Kunstprinzipien des Apollinischen und des Dionysischen dazu dienen, das doppelte Gesicht der griechischen Kunst zwischen schönem Schein und rauschhaftem Erleben zu beschreiben.

Den Ruf des Pessimisten erwarb sich Spengler vor allem durch die Analyse seines eigenen Zeitalters, der Zivilisationsphase der westlichen Kultur, deren Beginn er mit dem Jahr 1800 ansetzt. Die Phase der Zivilisation ist für ihn dadurch gekennzeichnet, dass die theoretische und ästhetische Gestaltungskraft einer Kultur zugunsten einer stärker praktischen Orientierung an Fragen der Organisation, der Politik, Wirtschaft und Technik zurückgeht. Es entstehen Weltstädte und politisch große imperiale Einheiten wie das Römische Reich in der Antike. Die Identität der Nationen wird durch einen Kosmopolitismus und die Entstehung pluralistischer Massengesellschaften aufgelöst. Die großen Leistungen einer Kultur in der Phase der Zivilisation bestehen in politischen Eroberungen sowie in technischen und wirtschaftlichen Errungenschaften. Sie gipfeln in der Herrschaft des Geldes als dem Symbol eines rechnenden, rein quantitativen Denkens. In der Zivilisation trocknet die innere Vitalität einer Kultur, ihr »Leben«, aus. An ihre Stelle treten organisatorische und logistische Fähigkeiten.

Es ist die Dominanz des englischen Geistes, die Spengler in besonderer Weise mit der Phase der westlichen Zivilisation in Verbindung bringt. England als Ursprungsland der modernen Nationalökonomie und Vorreiternation des Kapitalismus, als Heimat des philosophischen Utilitarismus und als bedeutendste imperiale Macht Europas im 19. Jahrhundert ist für ihn der Protagonist auf der Bühne, auf der der Untergang des Abendlandes gespielt wird. Hätte Spengler die Entwicklungen des späten 20. Jahrhunderts, die Vereinigung der westlichen Staatenwelt unter dem Dach einer amerikanischen Supermacht, die Globalisierung und Entstehung multikultureller Gesellschaften erlebt, hätte er sich in seinen Voraussagen sicher bestätigt gesehen.

Doch der Leser Spenglers erwartet von einer »Philosophie der Zukunft« natürlich auch eine Auskunft darüber, wie es denn nach dem »Untergang des Abendlandes« weitergeht. Ist eine neue Hochkultur in Sicht, die die westliche ablösen wird? Spenglers Ausführungen hierzu sind eher spärlich, doch immerhin nennt er den entscheidenden Namen: Es ist Russland, dessen Gesellschaft sich im 19. Jahrhundert in einer vergleichbaren Phase befindet wie das Frankenreich, das in die Vorzeit der abendländischen Kultur fällt. Die seit Peter dem Großen dort eingedrungenen westlichen Einflüsse verfälschen für Spengler den wahren Charakter des Landes, den er am besten im religiösen Weltgefühl der Romane Dostojewskijs verkörpert sieht: »Dem Christentum Dostojewskijs«, so Spengler, »gehört das nächste Jahrtausend.«

Das Rad der Geschichte dreht sich weiter, und niemand kann sich dem entziehen. Spengler ist nicht nur Pessimist, sondern auch Fatalist: Dem Menschen bleibt die Wahl, sich in den Dienst der Geschichte zu stellen oder zu scheitern. Im Zeitalter der Zivilisation können keine großen Werke der Musik mehr entstehen, wohl aber Ölpipelines und Computer. »Wir haben nicht die Freiheit, dies oder jenes zu erreichen«, schreibt Spengler am Ende seines Buches, »aber die, das Notwendige zu tun oder nichts.«

Als der erste Band seines Mammutwerkes 1918 erschien, leitete ihn Spengler mit der Bemerkung ein, er enthalte »die unwiderlegliche Formulierung eines Gedankens, den man nicht mehr bestreiten werde, sobald er einmal ausgesprochen sei«. Nicht alle Leser reagierten jedoch in Spenglers Sinne, sodass er in einer späteren Auflage hinzufügte: ». . . sobald er verstanden sei.«

Ob das konservative deutsche Bürgertum, das Spengler nach dem Ersten Weltkrieg zum Hausphilosophen erkor, ihn wirklich verstand, mag offen bleiben. Spenglers Engagement für die antidemokratische Rechte trug darüber hinaus nicht unerheblich dazu bei, dass seine Geschichts- und Kulturphilosophie mit demokratiefeindlichen politischen Gesinnungen in Verbindung gebracht wurde.

Doch sollte in diesem Fall niemand der Verführung unterliegen, von der Begrenztheit der Person auf die Begrenztheit des Werkes zu schließen. Mit seinem Panoramablick öffnete Spengler dem europäischen Selbstverständnis vielmehr eine globale Perspektive, die sich erst am Ende des 20. Jahrhunderts in der Philosophie – so in der Diskussion um die Universalität kultureller und moralischer Normen – durchsetzen sollte.

Nicht zufällig entfaltete *Der Untergang des Abendlandes* eine internationale Wirkung. Ortega y Gasset übersetzte Spengler ins Spanische und benutzte dessen Zivilisationskritik in seinem Hauptwerk *Der Aufstand der Massen*. André Malreaux war ebenso ein Spengler-Verehrer wie Thomas Mann. Selbst einer der Köpfe der neomarxistischen Frankfurter Schule, Theodor W. Adorno, lobte Spenglers Gegenwartsanalyse und fand Gemeinsamkeiten mit seinem eigenen Kulturpessimismus.

Vor allem aber haben die großen Geschichtsdenker des 20. Jahrhunderts von Spengler maßgebliche Impulse erhalten. Arnold Toynbees *Gang der Weltgeschichte* ist ebenso von der Spengler-Lektüre geprägt wie Samuel Huntingtons *Kampf der Kulturen*. Gerade den Leser, der die eigene Kultur mit der Weltkultur verwechselt, zwingt Spengler zu schmerzlichen Einsichten: Jede Kultur ist im globalen Rahmen nur ein endliches, peripheres und gleichzeitig einmaliges Ereignis – vielleicht aber deshalb genauso faszinierend und attraktiv wie jener blaue Planet, den die Astronauten vom Weltraum aus beobachten.

Ausgabe:
OSWALD SPENGLER: Der Untergang des Abendlandes. Umrisse einer Morphologie der Weltgeschichte. München: Deutscher Taschenbuch Verlag 1997 (Neuauflage).

Die Heilige Schrift des Existentialismus

JEAN-PAUL SARTRE: Das Sein und das Nichts (1943)

Metropolen wie London, Paris oder New York werden immer wieder zum Treffpunkt avantgardistischer Künstler, Schriftsteller und Musiker, die nicht nur durch ihre Werke, sondern auch durch ihr öffentliches Auftreten ein neues Zeitgefühl und einen neuen Lebensstil prägen. Auch die Philosophie kann Teil einer solchen »Szene« sein. Dass sie allerdings zum geistigen Mittelpunkt einer urbanen Avantgarde wird, ist sehr selten.

Genau dies geschah nach dem Ende des Zweiten Weltkriegs in den Pariser Intellektuellenvierteln am linken Seine-Ufer. Im Rausch der Befreiung und des geistigen Aufbruchs war es die Philosophie des Existentialismus, die die Diskussionen in den Pariser Cafés beherrschte. Die jungen Damen, die sich im Stil von Juliette Greco ganz in Schwarz kleideten und sich die Zigarettenspitze schräg in den Mund steckten, waren vom existentialistischen Virus ebenso angesteckt wie jene, die sich in den Pariser Jazzklubs von der Gitarre Django Reinhardts oder der Trompete Boris Vians inspirieren ließen. Eine neue rebellische Literatur entstand: Albert Camus war aus dem algerischen Oran gekommen, Emile Cioran aus Bukarest und Jean Genet, der poète maudit der Szene, hatte gerade eine seiner vielen Gefängnisstrafen hinter sich.

Der Existentialismus von Saint-Germain-des-Prés eroberte von Paris aus die Verlage, Kaffeehäuser und Universitäten der westlichen Welt. Sein Chefdenker und Oberpriester war Jean-Paul Sartre, ein klein gewachsener schielender Kettenraucher, der zusammen mit seiner Freundin Simone de Beauvoir im Café Flore Hof hielt. Sartre hatte nicht nur den Sprung vom provinziellen Philosophielehrer zum intellektuellen Guru von Paris geschafft. Er hatte auch bereits während des Krieges ein mehr als tausendseitiges philosophisches Werk vorgelegt, das zur Heiligen Schrift des Existentialismus wurde: *Das Sein und das Nichts*, ein Text, der sich auf den Höhen einer sprachlich sehr komplexen philosophischen Reflexion bewegt, aber auch immer wieder in die Täler des alltäglichen Lebens hinabsteigt.

Es war ein Buch, das die Freiheit des Menschen, zugleich aber auch seine Verlorenheit in einem sinnlosen Universum offen legte. Sartres Appell an den Menschen, die Verantwortung für das eigene Leben zu übernehmen und die Sinnlosigkeit durch einen eigenen Sinnentwurf zu überwinden, hatte große Attraktivität für viele, die sich von den totalitären Weltanschauungen abkehrten, aber auch in der christlichen Weltdeutung keine geistige Heimat mehr fanden. *Das Sein und das Nichts* entfaltete eine Diesseitsreligion der Freiheit in einer Welt ohne Gott.

Niemand hatte Sartres ungeheure öffentliche Wirkung voraussehen können. Denn der junge Jean-Paul war, wie er selbst in seiner autobiografischen Schrift *Die Wörter* detailliert schildert, ein Einzelgänger, der sich die Welt über das Medium der Literatur aneignete. Im Gegensatz zu vielen anderen Philosophen, bei denen eine stürmische erste einer eher ruhigen, der Arbeit gewidmeten zweiten Lebensphase gegenübersteht, lebte der junge Sartre zurückgezogen und in seine Bücher vergraben. Erst im mittleren Mannesalter wurde er zu einer gefeierten und zugleich umstrittenen öffentlichen Figur.

Der 1905 geborene Sartre verlor mit zwei Jahren seinen Vater und wuchs bei seinen Großeltern in La Rochelle am Atlantik auf. Zum eigentlichen Erzieher wurde der Großvater Charles Schweitzer, ein Onkel von Albert Schweitzer. Als Deutschlehrer am Gymnasium und Besitzer einer umfangreichen Bibliothek verschaffte er seinem Enkel früh den Eintritt in die Welt des Geistes. Der sozial eher schüchterne, aber intellektuell frühreife Jean-Paul begann im Alter von sieben Jahren mit ersten literarischen Versuchen. Mit zwölf hatte er sich bereits vom christlichen Glauben gelöst. Als vaterloses Einzelkind fühlte er sich in seiner eigenen Familie fremd und einsam. Auch von seiner Umwelt sah sich der junge Sartre ausgestoßen, kritisiert und bedroht, eine Erfahrung, die später in seine Analyse der Beziehung des Menschen zu seinen Mitmenschen, den »Anderen«, einfloss.

Sartres Gefühl, ein Außenseiter zu sein, hinderte ihn jedoch nicht daran, sich in Schule und Studium durch seine Leistungen auszuzeichnen. Mit neunzehn Jahren wurde er in die renommierte Eliteschmiede der École Normale Supérieure aufgenommen, die er als Jahrgangserster abschloss. Hier lernte er auch seine spätere Lebensgefährtin Simone de Beauvoir kennen.

Sartres eigenes philosophisches Denken entwickelte sich, als er, nach einem zweijährigen Militärdienst und einer kurzen Zeit als Philosophielehrer in Le Havre, ein Jahr am Institut Français in Berlin verbrachte. Er kam 1933 nach Deutschland, ausgerechnet in dem Jahr, in dem Hitler die Macht ergriffen und die bürgerlichen Freiheiten abgeschafft hatte. Doch Sartres Aufmerksamkeit galt weniger den politischen Verhältnissen, sondern vor allem der deutschen Philosophie. Er widmete sich dem Studium Edmund Husserls, des Begründers der Phänomenologie, den er schon in französischen Übersetzungen kennen gelernt hatte und mit dem er sich in den folgenden Jahren auseinandersetzte.

Husserl suchte das Wesen der Dinge nicht mehr hinter den Dingen, sondern in den Phänomenen selbst, in der Art, wie sie uns erscheinen. Dabei knüpfte er an René Descartes an, den Begründer des neuzeitlichen Rationalismus. Descartes hatte den Akt des »Ich denke« (»Cogito«) zum Ausgangspunkt jeder Erkenntnisgewissheit und auch der Selbstgewissheit des Menschen gemacht. Auch Husserl nahm den Weg über die Bewusstseins- und Denktätigkeit des Menschen, doch dieses Bewusstsein war für ihn nicht nur auf ein »Ich denke« beschränkt. Es war vielmehr immer ein »Bewusstsein von«, d. h. ein Bewusstsein, das auf einen Erkenntnisgegenstand gerichtet ist. Es gab für ihn kein reines Erkenntnissubjekt ohne die Beziehung auf ein Erkenntnisobjekt. Diese typisch cartesianische Fragestellung, wie man über das Bewusstsein des Subjekts zur Selbsterkenntnis und zur Erkenntnis der Welt gelangt, war es, die auch den jungen Sartre beschäftigte.

Als er nach Frankreich zurückkehrte, setzte er sich in mehreren

Schriften mit Husserl auseinander. Sartre ging es darum, sich von der Vorstellung zu verabschieden, das Ich sei der Ausgangspunkt, der ursprüngliche Inhalt des Bewusstseins. Er glaubte zwar wie Husserl, dass unser Bewusstsein immer ein »Bewusstsein von«, also ein auf Gegenstände gerichtetes Bewusstsein ist. Doch in diesem »Bewusstsein von« bei Husserl schien ihm immer noch die Vorstellung eines Ich enthalten zu sein.

Sartre entwickelte stattdessen die Idee eines leeren Bewusstseins, eines »Ur-Bewusstseins«, das sich noch keines bestimmten Inhalts bewusst ist. Weder die Vorstellung eines Ich noch der Unterschied zwischen Subjekt und Objekt ist in ihm enthalten. Dieses ursprüngliche Bewusstsein ist etwas Unpersönliches, Leeres, Spontanes. Das Einzige, dessen es sich bewusst ist, ist die Tatsache, dass es existiert. In *Das Sein und das Nichts* bezeichnet Sartre dieses Ur-Bewusstsein als eine »Existenzfülle«, als ein Feld von Möglichkeiten, das die Vorstellung eines Ich erst noch erwerben muss.

In dieser Spontaneität und Unausgefülltheit des ursprünglichen Bewusstseins liegt der Keim für Sartres Vorstellung von Freiheit. Gemeint ist dabei nicht die politische Freiheit, die sich in bürgerlichen Rechten wie z. B. der Meinungsfreiheit ausdrückt. Es ist eine Freiheit, die der des Künstlers ähnelt, der seine Figuren frei erschaffen kann. Entsprechend ist Sartres Freiheit die schöpferische Freiheit des Menschen, sich selbst zur eigenständig handelnden Gestalt in der Welt zu bilden. Aus der Auseinandersetzung mit Husserl über das menschliche Bewusstsein entwickelte sich eine Theorie über den Menschen, der durch sein Handeln seinem Leben ein eigenes Gesicht geben muss.

Sartre war von Anfang an nicht nur ein philosophischer, sondern auch ein literarischer Autor. Den Weg zu seinem Hauptwerk ebneten ihm auch Romane und Theaterstücke. Gerade sie begründeten seinen Ruhm in der Öffentlichkeit. Der literarische Erfolg setzte ein, als er es 1936 geschafft hatte, der Provinz den Rücken zu kehren und am Pasteur-Gymnasium in Paris angestellt zu werden.

Zwei seiner frühen literarischen Schriften haben eine besonders enge Beziehung zu seiner Philosophie: der 1938 erschienene Roman

Der Ekel und das Theaterstück *Die Fliegen*, das 1943, im selben Jahr wie *Das Sein und das Nichts*, veröffentlicht wurde.

In *Der Ekel* macht die Hauptfigur Roquentin die Erfahrung, dass ihm die gewohnten Zusammenhänge verloren gehen und ihm die Dinge fremd werden. Das Gefühl des Ekels entsteht, indem sich ihm beim Betrachten der Dinge die Wirklichkeit plötzlich in ihrer ganzen Sinnlosigkeit aufdrängt. Die Welt der Dinge, so wird es Sartre später ausdrücken, ist »kontingent«, ein Begriff der mittelalterlichen Philosophie, der das Zufällige, Unwesentliche im Gegensatz zum Wesentlichen und Notwendigen bezeichnet. Der Mensch findet in der Welt keinen vorgefertigten Sinn vor, sondern es liegt an ihm selbst, etwas Sinnvolles zu schaffen.

Wie dies geschehen kann, davon handelt das Drama *Die Fliegen*, in dem die griechische Sage von Agamemnon aufgegriffen wird, der nach seiner Heimkehr aus dem Trojanischen Krieg von seiner Frau Klytemnästra und ihrem Liebhaber Ägist ermordet und in der Herrschaft abgelöst wird. Bei Sartre geht es um Agamemnons Sohn, Orest, der sich dazu entschließt, die Tyrannei des Ägist zu beseitigen. Dadurch wird er zum Symbol für den Menschen, der seine Freiheit ergreift und dadurch der Verantwortung gegenüber seinem eingenen Leben gerecht wird.

Das leere, noch unbestimmte menschliche Bewusstsein, die Kontingenz des menschlichen Daseins und ihre positive Kehrseite, die Freiheit des Menschen – alle diese Themen werden in *Das Sein und das Nichts* zu einem umfangreichen Theoriegebäude gezimmert.

Das Sein und das Nichts entstand mitten im Zweiten Weltkrieg unter höchst ungewöhnlichen Umständen. Einige Monate nach Ausbruch des Krieges wurde Sartre von den Deutschen in ein Internierungslager in der Nähe von Trier gebracht. Hier standen ihm nur wenige, ausnahmslos deutschsprachige Bücher zur Verfügung, von denen ihn vor allem eines interessierte: Martin Heideggers 1927 erschienenes Hauptwerk *Sein und Zeit*. Heidegger war ebenfalls ein Husserl-Schüler, der versucht hatte, die besondere Rolle des Menschen in der Welt herauszuarbeiten. Der Mensch ist für ihn das einzige Wesen, das ein »Seinsverständnis« hat, d.h., das sich bewusst gegenüber sich selbst und der Wirklichkeit, in der es lebt, verhalten kann. Auf der Grundlage einer Analyse der durch Konventionen geprägten Alltagsexistenz – die er »Uneigentlichkeit« nannte – entwarf Heidegger eine Theorie der menschlichen Selbstverwirklichung, in der dem Menschen die Aufgabe gestellt ist, seiner Freiheit durch eine Existenzwahl Ausdruck zu geben. Erst dadurch erreicht er die Ebene der »Eigentlichkeit« und wird seiner Sonderrolle gerecht.

Im Anschluss an Husserl und Heidegger ging Sartre nun daran, seine eigene Theorie der menschlichen Existenz zu entwickeln. In einem Brief an Simone de Beauvoir vom 22. Juli 1940 berichtet er, er habe mit der Niederschrift von *Das Sein und das Nichts* begonnen. Im März 1941 gelingt es ihm, aus dem Lager entlassen zu werden und an sein Pariser Gymnasium zurückzukehren. Nun nimmt die Arbeit an dem Buch Fahrt auf. In jeder freien Minute arbeitet Sartre im ersten Stock des Café Flore an dem Manuskript, das er bereits im Oktober 1942 beim Pariser Verlag Gallimard abgibt.

Mit Simone de Beauvoir hatte sich inzwischen eine Partnerschaft entwickelt, in der sich persönliche Nähe und philosophischer Gedankenaustausch ergänzten. Beider Werk entstand parallel, und beide wurden zum berühmtesten Philosophenpaar des 20. Jahrhunderts. »Castor« und »Pollux« nannten sie einander. So enthält auch *Das Sein und das Nichts* die Widmung »Für den Castor«.

Bereits mit seinem Titel *Das Sein und das Nichts – Versuch einer phänomenologischen Ontologie* lehnt sich Sartre an die schwierige Rhetorik der deutschen Philosophie in der Tradition Hegels, Husserls und Heideggers an. »Sein« ist ein Begriff, der als der allgemeinste und grundlegendste Begriff der Metaphysik schon in der Antike eine große Rolle spielte, dann aber besonders von Georg Wilhelm Friedrich Hegel, dem bedeutendsten Vertreter des Deutschen Idealismus, und später von Heidegger wieder aufgegriffen wurde. Mit dem »Sein« meint Sartre den gesamten Bereich der Wirklichkeit, einschließlich des Menschen.

Hegel und Heidegger lieferten Sartre auch den Begriff des »Nichts«, der nun aber eine ganz spezielle Färbung annimmt. Die französische Sprache kennt für das »Nichts« zwei unterschiedliche Begriffe, »néant« und »rien«. Das von Sartre benutzte »néant« bezeichnet etwas Fehlendes, eine Leerstelle, die aber ausgefüllt werden kann. »Néant« ist im Gegensatz zu »rien« offen für eine Verwirklichung. Es deutet auf eine noch nicht vorhandene, aber mögliche Wirklichkeit.

Mit dem Begriff »phänomenologisch« gibt Sartre einen Hinweis darauf, dass er die Schrift als eine Weiterentwicklung der Phänomenologie Edmund Husserls begreift. Dass es sich um eine »Ontologie«, um eine Lehre von den Grundlagen und Prinzipien der Wirklichkeit, handelt, scheint zwar durch die hervorgehobene Verwendung des Begriffs »Sein« bestätigt zu werden, gilt jedoch nur mit Einschränkung: Denn Sartre geht es, wie Heidegger, vor allem um den Menschen, seine Freiheit und seine Selbstverwirklichung.

Das Sein und das Nichts hat sprachlich zwei völlig unterschiedliche Gesichter: Sartre benutzt einerseits eine hoch abstrakte Kunstsprache, offenbart jedoch andererseits sein literarisches Talent, indem er seine Thesen auf fast erzählerische Art durch konkrete Szenen und Situationen beleuchtet. Gerade diese Passagen werden immer wieder zitiert und haben das Buch berühmt gemacht.

Sartre unterscheidet zwei grundsätzliche Arten des Seins: Das »An-sich-sein« und das »Für-sich-sein«. Beide Begriffe stammen von Hegel, doch Sartre gibt ihnen eine eigenständige Bedeutung. Mit »An-sich-sein« meint er die Welt der Dinge, die kein Bewusstsein haben und in ihren wesentlichen Eigenschaften festgelegt sind. Dasjenige Sein, das Bewusstsein hat und zur Wirklichkeit eine eigenständige Beziehung herstellen kann, nennt er »Für-sich-sein«. Vereinfacht gesagt: Das »Für-sich-sein« ist der Mensch, das »An-sich-sein« die ihn umgebende Welt.

Der inhaltliche Aufbau des Buches lässt sich in Analogie zu einer Romanhandlung beschreiben: Sartre enthüllt vor dem Leser, wie aus der Ordnung des An-sich-seins ein zunächst unbekanntes Wesen, das Für-sich-sein, auftaucht, wie es allmählich Gestalt annimmt und sich schließlich selbst in der Ordnung der Wirklichkeit einen eigenen Platz schafft.

In der Welt des Seins entdeckt es zunächst schwarze Löcher, also ein Sein, von dem wir zunächst nicht genau sagen können, was es eigentlich ist. Und doch zeigt sich in diesen Leerstellen etwas: das »Nichts«. Es kann nicht von dem An-sich-sein hervorgebracht worden sein, von den Dingen also, die uns in ihren Eigenschaften bekannt sind. Das Nichts ist vielmehr mit einem anderen Sein verbunden, dem menschlichen Sein. Es ist ein Sein, das nicht in allen Eigenschaften festgelegt ist. In ihm enthüllt sich etwas Offenes, etwas, von dem wir noch nicht wissen, was aus ihm wird.

Das menschliche Sein hat die einmalige Eigenschaft, etwas Bestimmtes auch *nicht* zu sein, d. h., sich gegenüber der Wirklichkeit auch negativ verhalten zu können. Wie Heidegger glaubt Sartre, dass sich der Mensch bewusst zu seinem eigenen »Sein« verhalten, dass er sich für etwas entscheiden und sein Sein selbst gestalten kann. Er kann immer auch Nein sagen.

Doch der Mensch kann sich nicht nur negativ gegenüber der Welt, sondern auch negativ gegenüber sich selbst verhalten. Er kann die Möglichkeit, auch anders zu sein, die ihn von den Dingen unterscheidet, übersehen und leugnen. Diese Haltung nennt Sartre »mauvaise foi«, ein Begriff, der für jeden Übersetzer eine Herausforderung darstellt und im Deutschen häufig mit »Unaufrichtigkeit«, manchmal sogar mit »schlechtem Gewissen« übersetzt wird. Doch Sartre verbindet mit diesem Begriff keine moralische Wertung. »Mauvaise foi«, wörtlich: »Schlechtgläubigkeit«, hat derjenige, der im Grunde weiß, dass er etwas tun kann oder soll, es aber nicht tun will und deshalb behauptet, er könne es nicht. »Mauvaise foi« ist bei Sartre die Form der Selbsttäuschung, mit der sich der Mensch über sein eigenes Wesen betrügt. Er verhält sich wie ein An-sich-sein, obwohl er ein Für-sich-sein ist. Es ist Sartres Pendant zu Heideggers Zustand der »Uneigentlichkeit«, in dem der Mensch sich weigert, die in ihm angelegten Möglichkeiten zu verwirklichen.

Ein bekanntes Beispiel, das Sartre für »mauvaise foi« gibt, ist das des Kellners, der sich völlig mit seiner beruflichen Rolle identifiziert. Indem er die Abläufe seiner Tätigkeit automatisiert, gibt er ihnen den Charakter der Unausweichlichkeit. Er bemüht sich, so Sartre, »seine Bewegungen ineinander übergehen zu lassen, als wären sie Mechanismen, die einander steuern, seine Mimik und sogar seine

Stimme wirken wie Mechanismen«. Der Kellner tut so, als sei er ein An-sich-sein, als sei das Kellner-Sein sein für allezeit festgelegtes Wesen. In Wahrheit spielt er jedoch nur eine Rolle. Wie alle Menschen könnte er auch eine andere Rolle spielen, sich von dem, was er im Augenblick gerade ist und tut, distanzieren und seinen Zustand verändern. Dies sich selbst gegenüber zu leugnen ist »mauvaise foi«.

Das Auftauchen des Nichts in der Ordnung des Seins führt uns nach Sartre also zum Für-sich-sein, zu dem menschlichen Bewusstsein, das sich unseren Festlegungen entzieht. Die Art, wie Sein und Nichts für dieses Bewusstsein zusammenspielen, hat Sartre in folgendem Satz zusammengefasst: »Das Bewusstsein ist nicht, was es ist, und es ist, was es nicht ist.« Eine zunächst höchst verwirrende Aussage, die sich nur dann verstehen lässt, wenn man erkennt, dass Sartre hier das Wörtchen »ist« in jeweils verschiedener Weise verwendet. »Das Bewusstsein ist nicht, was es ist« heißt: Das Bewusstsein lässt sich nicht auf seinen jeweils gegenwärtigen Zustand festlegen. Die entscheidende Eigenschaft, das Wesen des Bewusstseins liegt vielmehr darin, dass »es ist, was es nicht ist«, dass es also immer wieder über sich hinausgehen, sich übersteigen kann. Genau in diesem Sinn des Übersteigens, lateinisch »transcendere«, benutzt Sartre den Begriff »Transzendenz«. Gemeint ist nicht die übersinnliche Welt, die sich unserer Erfahrung entzieht, sondern etwas typisch Menschliches: die Fähigkeit, etwas anderes aus sich zu machen, als man ist.

Man kann Sartres Satz also folgendermaßen übersetzen: Das Bewusstsein zeichnet sich dadurch aus, dass es sich nie festlegen lässt und immer für neue Möglichkeiten des Selbstverständnisses offen bleibt.

So gewinnt Sartre aus der Analyse des Nichts die Vorstellung eines menschlichen Bewusstseins als dem Ursprung menschlicher Freiheit. Es ist das, was den Menschen vor den Dingen, dem An-sich-sein, auszeichnet. Sartre gehört zu jenen Philosophen, die die Sonderrolle des Menschen gegenüber allen anderen Erscheinungen der Wirklichkeit besonders betonen und es ablehnen, den Menschen durch äußere Einflüsse wie Vererbung, Erziehung oder gesellschaftliche Stellung zu definieren.

Sartre bezieht sich auf Diskussionen der mittelalterlichen Philosophie, wenn er sagt, dass beim Menschen, im Unterschied zu den Dingen, die »Existenz« der »Essenz«, also das »Dasein« dem »Wesen« vorausgeht. Inwieweit z. B. im Wesen, d. h. in der allgemeinen Definition von »Mensch« oder »Pferd« die Existenz eines Menschen oder eines Pferdes bereits vorgeprägt ist und ob jenes »Allgemeine« vielleicht sogar eine eigenständige Existenz besitzt, war im Mittelalter heiß umstritten. Für Sartre jedenfalls ist die menschliche Existenz nicht vorgeprägt. Der Mensch ist für ihn zunächst wie ein unbeschriebenes Blatt und bildet das, was ihn eigentlich ausmacht, erst im Laufe seines Lebens aus. Anders verhält es sich mit dem An-sich-sein, der Welt der Dinge: Sie sind in ihren wesentlichen Eigenschaften von vornherein festgelegt.

Das Für-sich-sein gibt dem Menschen auch in einer anderen Hinsicht eine einmalige Stellung innerhalb der Wirklichkeit: Er kann sich zum Zentrum seiner Welt machen und die Dinge um ihn herum auf sich beziehen. Doch dabei gibt es eine entscheidende Schwierigkeit: Der Mensch ist nicht allein auf der Welt, es gibt nicht nur ein einziges Für-sich-sein, sondern mehrere. Heidegger hatte die soziale Verknüpfung des Menschen mit anderen Menschen durch den Begriff »Mitsein« bezeichnet. Bei Sartre allerdings erhält dieses Mitsein den Charakter eines Gegensatzes, einer Bedrohung. Der Andere ist jemand, der im Weg steht und mit dem man sich ständig auseinandersetzen muss. Inspiriert wurde Sartre zu dieser Sicht von dem berühmten Abschnitt über »Herr und Knecht« in Hegels *Phänomenologie des Geistes*, in dem Hegel in einer bildlichen Sprache schildert, wie sich das menschliche Selbstbewusstsein durch einen Kampf herausbildet, den es mit einem anderen Selbstbewusstsein um gegenseitige Anerkennung ausficht.

Einen solchen Konflikt schildert Sartre in dem zentralen und vielleicht bekanntesten Kapitel des Buches mit dem Titel »Der Blick«. Der Andere stellt meine Freiheit, die Möglichkeit, meinen Platz in der Welt zu wählen, in Frage, indem er mich wie ein Objekt, wie ein An-sich-sein, anblickt. Wie im Falle des Ekels, der mir die Präsenz einer sinnlosen Welt bewusst macht, ist es wiederum ein Grundgefühl, das mir eine fremde Wirklichkeit, die Präsenz des Anderen, bewusst macht. Es ist das Gefühl der Scham. Sartre verdeutlicht dies durch die Situation desjenigen, der eine Szene durch ein Schlüsselloch beobachtet und in diesem Schauen zunächst ganz aufgeht. Plötzlich fühlt er selbst den Blick eines anderen auf sich ruhen. Im Angeblickt-Werden erfährt er den Anderen als Subjekt und sich selbst als Objekt. Er fühlt sich mitten in die Welt der Dinge »geworfen«. Dieses Objekt-Sein löst Scham aus, aber auch das Bewusstsein, ein Ich zu sein. Hier erst, in der Konfrontation mit dem Anderen, entsteht aus dem ursprünglich leeren Bewusstsein zugleich das Bewusstsein von einem Ich und das Bewusstsein von der Existenz des Anderen. Indem ich aber ein eigenes Ich-Bewusstsein entwickle, bin ich nun auch fähig, meine Entfremdung als Objekt zu überwinden und den Anderen, wie Sartre sagt, »als Objekt zu konstituieren«, d. h., den Spieß umzudrehen.

Der Mensch bleibt gegenüber dem anderen Menschen bei Sartre immer in einem Verhältnis des Konflikts und der Abgrenzung. Zu einem gegenseitigen Verstehen des Anderen, zu einem gleichberechtigten Verhältnis von Subjekt zu Subjekt kommt es nicht. Der Andere bleibt immer eine potenzielle Bedrohung meiner Subjektivität. In seinem kurz nach *Das Sein und das Nichts* erschienenen Theaterstück *Geschlossene Gesellschaft* hat Sartre dies in dem berühmten Satz ausgedrückt: »Die Hölle, das sind die Anderen.«

Das Sein und das Nichts bleibt auf den einzelnen Menschen und seine Selbstverwirklichung konzentriert. Dabei ist die Analyse von Bewusstseins- und Erkenntnisprozessen lediglich der Ausgangspunkt. Sartre ist ein Philosoph, der den Menschen mitten in die Welt platziert und von ihm verlangt, auf die Herausforderung eines sinnlosen Universums, auf die Tatsache des »Geworfenseins« mit einem eigenen Existenzentwurf zu antworten. Sartres Philosophie der Freiheit ist auch eine Philosophie des Engagements. Der Mensch kann diese Freiheit nicht ablehnen, da er sonst dem »mauvaise foi«, dem Selbstbetrug, verfällt. Wir sind, so eine der bekanntesten Aussagen Sartres, »zur Freiheit verurteilt«.

Deshalb steht nicht zufällig das Handeln im Mittelpunkt des letzten Teils des Buches. Mit der Freiheit müssen wir auch die Verantwortung für unsere Existenz annehmen. Dies bedeutet, sich auch auf die Umstände einzulassen, die wir vorfinden. Wir werden mit einer bestimmten genetischen Ausstattung geboren, wir leben an einem bestimmten Ort und zu einer bestimmten Zeit. Diese Umstände, an die unser Leben gebunden ist, nennt Sartre »Faktizität«. Faktizität und Transzendenz, das Gebundensein und das Überschreitenkönnen, sind die beiden Pole, zwischen denen sich unser Handeln vollzieht.

Die Stellung, die wir zwischen diesen beiden Polen haben, nennt Sartre »Situation«. In der Situation muss der Mensch für die Umstände, in denen er lebt, die Verantwortung übernehmen und sie als Bestandteil der eigenen Wahl begreifen. Sie sind gewissermaßen das Material, dessen sich meine Freiheit bedient, um ein eigenes Haus zu bauen. Sie sind nicht in erster Linie Einschränkungen, sondern Ausgangspunkt, Chance und Gelegenheit. In die Welt geworfen sein heißt, sich wie ein Läufer am Start zu sehen und den Wettkampf des Lebens anzunehmen: »Ich bin in die Welt *geworfen*«, so Sartre, »nicht in dem Sinn, dass ich preisgegeben und passiv bliebe in einem feindlichen Universum, wie die Planke, die auf dem Wasser treibt, sondern im Gegenteil in dem Sinn, dass ich mich plötzlich allein und ohne Hilfe finde, engagiert in eine Welt, für die ich die gesamte Verantwortung trage ...«

Das Sein und das Nichts entwirft das Bild einer Welt, in der jeder Einzelne, der uns zunächst wie ein unbekanntes Objekt in der Ordnung des Universums erschienen war, dazu aufgerufen ist, sich durch sein Handeln kenntlich zu machen und sein eigenes Stückchen Sinn in dieses Universum zu tragen. Die Verantwortung dafür hat jeder alleine. Und jeder muss es auf seine eigene Art tun.

Das Sein und das Nichts erschien 1943 in Paris zu einer Zeit, als die Stadt noch nicht von der deutschen Besatzung befreit war. Deshalb fand das Buch zunächst kaum ein Echo. Doch in die philosophische Öffentlichkeit der Nachkriegszeit schlug das Werk wie eine Bombe ein. Für die einen wurde es zum philosophischen Äquivalent der Résistance, zu einem Akt der Befreiung von den totalitären Ideologien der ersten Jahrhunderthälfte, in denen das Individuum zum Hilfsarbeiter der Weltgeschichte gemacht worden war. Für die anderen war es ein Skandal: Die Kirche kritisierte die Abwesenheit Gottes, die damals sehr einflussreichen französischen Kommunisten beklagten das Fehlen der Solidarität und der gesellschaftlichen Rolle des Menschen, ein Einwand, den Sartre durch sein zweites großes Werk, *Die Kritik der dialektischen Vernunft*, zu entkräften suchte. Doch obwohl er sich in späteren Jahren in einen heftigen Flirt mit dem Marxismus verwickelte und sich als Gesellschaftsphilosoph etablieren wollte, blieb seine philosophische Lebensleistung vor allem mit seiner existentialistischen Frühphase verbunden.

Die in *Das Sein und das Nichts* formulierten Thesen beeinflussten die gesamte zeitgenössische Literatur und Kunst, vom absurden Theater eines Samuel Beckett oder Eugène Ionesco bis zu den Skulpturen Alberto Giacomettis. Sie dienten auch Simone de Beauvoir als Inspiration für ihr monumentales Werk *Das andere Geschlecht*, ein Grundbuch des modernen Feminismus, das mit der Analyse der Rolle der Frau der Kategorie des »Anderen« einen neuen Sinn gab.

Das Sein und das Nichts hat die einmalige Rolle des Menschen in der Welt herausgearbeitet und gezeigt, dass unsere Rede von der Würde, der Verantwortung oder der Kreativität des Menschen nur Sinn hat, wenn wir dahinter den Einzelnen sehen, der in Freiheit sein eigenes Leben gestalten kann. Es ist das Verdienst Sartres, dieser Freiheit eine philosophische Grundlage gegeben zu haben.

Ausgabe:
Jean-Paul Sartre: Das Sein und das Nichts. Versuch einer phänomenologischen Ontologie. Herausgegeben von Traugott König. Deutsch von Hans Schöneberg und Traugott König. Reinbek: Rowohlt 1993.

Offenbarungseid des Fortschritts

MAX HORKHEIMER/THEODOR W. ADORNO:
Dialektik der Aufklärung (1944)

Zu den unverwüstlichen Mythen der Menschheit gehört die Geschichte vom verlorenen Paradies. In der jüdischen und christlichen Tradition wird sie im ersten Buch des Alten Testaments erzählt. Der strenge und machtbewusste alttestamentarische Gott vertreibt Adam und Eva aus dem Garten Eden, weil sie vom verbotenen Baum der Erkenntnis gegessen haben. Dieser Sündenfall markiert das Ende ihrer Unschuld. Die Menschen haben, so könnte man sagen, sich aus der Natürlichkeit des instinktgeleiteten Verhaltens gelöst und sind sich eines brisanten Werkzeugs bewusst geworden: der Vernunft. Natur und Vernunft treten auseinander. Zum alten Zustand gibt es nun kein Zurück mehr. Engel mit flammendem Schwert bewachen das Paradies, das den Menschen von nun an verwehrt ist.

Der Sündenfall hat bis heute auch die Philosophen beschäftigt, vor allem diejenigen, die sich die Frage stellten: Was ist seitdem aus der Menschheit geworden? Wie haben die Menschen ihre Vernunft genutzt? Die *Dialektik der Aufklärung* von Max Horkheimer und Theodor W. Adorno hat darauf eine niederschmetternde Antwort gegeben: Statt sich mit der Natur neu zu versöhnen, hat die Vernunft sich selbst verraten und ist zum Instrument der Unterdrückung des Menschen und der Vergewaltigung der Natur geworden. Der Mensch hat sich die Natur, im schlechten Sinn des Wortes, »untertan gemacht«. Vernunft, Aufklärung, Fortschritt: Das, was dem Glück der Menschheit dienen sollte, ist zum Instrument ihres Unglücks geworden. Die *Dialektik der Aufklärung* enthält den Offenbarungseid des

Fortschritts. Dessen Bilanz fällt vernichtend aus: »Die vollends aufgeklärte Erde«, so heißt es am Beginn des Buches, »strahlt im Zeichen triumphalen Unheils.«

Horkheimer und Adorno liefern die Theorie zu einer These, die ihr philosophischer Weggefährte Walter Benjamin kurze Zeit zuvor beim Betrachten des Bildes »Angelus Novus« von Paul Klee aufgestellt hatte. Klees »Neuer Engel« ist für Benjamin der »Engel der Geschichte«, der die Folgen des menschlichen Sündenfalls besichtigt. »Er hat«, so Benjamin, »das Antlitz der Vergangenheit zugewendet. Wo eine Kette von Begebenheiten vor uns erscheint, da sieht er eine einzige Katastrophe, die unablässig Trümmer auf Trümmer häuft und sie ihm vor die Füße schleudert. Er möchte wohl verweilen, die Toten wecken und das Zerschlagene zusammenfügen. Aber ein Sturm weht vom Paradiese her, der sich in seinen Flügeln verfangen hat und so stark ist, dass der Engel sie nicht mehr schließen kann. Dieser Sturm treibt ihn unaufhaltsam in die Zukunft, der er den Rücken kehrt, während der Trümmerhaufen vor ihm zum Himmel wächst. Das, was wir Fortschritt nennen, ist dieser Sturm.«

Wie der »Angelus Novus« betrachten Horkheimer und Adorno das Trümmerfeld, das der Sturm des Fortschritts hinterlassen hat. In Anlehnung an die Kritik des Kapitalismus bei Karl Marx beschreiben sie den Menschen als ein ausgebeutetes und geknechtetes Wesen, das zu einer handelbaren Ware heruntergekommen ist. Deshalb sehen viele in der *Dialektik der Aufklärung* bis heute die brillanteste Form der marxistischen Gesellschaftskritik, die das 20. Jahrhundert hervorgebracht hat.

Doch dieser Marxismus enthält einige reichlich unmarxistische Zutaten. Ganz im Sinne von Benjamin, aber im Gegensatz zur Fortschrittsgläubigkeit der marxistischen Gründerväter Marx, Engels und Lenin, vertritt das Buch eine pessimistische Geschichtsphilosophie, die von religiösen Untertönen begleitet wird. Nicht zufällig spielen Horkheimer und Adorno immer wieder auf das uralte Thema des Sündenfalls und des verlorenen Paradieses an. Der eigentliche Sündenfall, von dem die destruktive Kraft des Fortschritts ihren Ausgang nahm, fand für sie aber bereits vor dem Fehltritt Adams und Evas statt. Denn schon die Figur eines Gottes, der mit Hilfe seiner Engel Herrschaft ausübt und den Menschen ein bestimmtes Verhalten im Paradies verbietet, ist für sie Symptom einer auf Unterwerfung aufbauenden, gegen die Natur organisierten Zivilisation: »Der Engel mit dem feurigen Schwert«, so schreiben sie, »der die Menschen aus dem Paradies auf die Bahn des technischen Fortschritts trieb, ist selbst Sinnbild solchen Fortschritts.«

Dieser fehlgeleitete Fortschritt ist auch nicht durch die Forderung der Aufklärung, den Menschen mündig zu machen, in eine richtige Richtung gelenkt worden. Im Gegenteil: Aus dem aufklärerischen Programm, so die These des Buches, ist eine neue Art Knechtschaft entstanden. Die Aufklärung habe sich zum »totalen Betrug der Massen« gewandelt. Dabei sei sie nicht am Widerstand ihrer Gegner gescheitert, sondern an den Tendenzen, die in ihr selbst angelegt waren. Genau dies meinen die beiden Autoren mit »Dialektik«: eine Bewegung, die aus sich selbst heraus Kräfte und Entwicklungen hervorbringt, die ganz im Gegensatz zur ursprünglichen Richtung dieser Bewegung stehen. Der Mensch war angetreten, um sich von den Fesseln der Naturkräfte und mythischen Weltdeutungen zu befreien: In diesem Projekt, so Horkheimer und Adorno, war von vorneherein der Wurm drin. Der Mensch habe sich zum Herrscher der Dinge aufschwingen wollen und sei in der Folge selbst zu einem beherrschten Ding geworden.

Die *Dialektik der Aufklärung* ist deshalb mehr als Gesellschaftsanalyse und Gesellschaftskritik: Sie ist umfassende Zivilisationskritik. Aus diesem Grund setzen Horkheimer und Adorno ihre Akzente auch etwas anders als Marx. Wo dieser die ökonomische Ausbeutung des Menschen in den Mittelpunkt gestellt hatte, schenken sie den kulturellen Äußerungen der Gesellschaft besondere Aufmerksamkeit.

Mit der Welt der Kultur waren Horkheimer und Adorno ohnehin sehr viel intimer vertraut. Beide entstammten dem Milieu des wohlhabenden deutsch-jüdischen Bürgertums. Horkheimer, 1895 geboren, sollte ursprünglich die Baumwollfabrik seines Vaters in Stuttgart-Zuffenhausen übernehmen, der acht Jahre jüngere Adorno wuchs als Sohn eines Frankfurter Weinhändlers und einer bekannten, ehemals kaiserlichen Hof-Opernsängerin auf.

Beide erhielten ihre philosophische Ausbildung an der Frankfurter Universität. »Teddy« Adorno, wie ihn seine Freunde nannten, war allerdings eine Doppelbegabung. Lange Zeit hatte er seine Zukunft in der Musik gesehen. Er trat als ein glänzender Pianist und sehr begabter Komponist hervor. Mitte der 20er Jahre, nach seiner Promotion in Philosophie, studierte er in Wien noch Klavier und Komposition. Vor allem machte er sich sehr früh als Musikkritiker einen Namen. Seine Vorliebe galt der avantgardistischen Musik Arnold Schönbergs und Alban Bergs.

Adornos Denken und Schreiben wurde zeitlebens von den Erfahrungen und Anschauungen beeinflusst, die er in der Auseinandersetzung mit der modernen Musik erworben hatte. Seine Vorliebe für die »fortschrittliche« neue Musik, die sich von alten Formen gelöst hatte, führte ihn auch zum Marxismus als der, wie viele Intellektuelle es sahen, »fortschrittlichen« Philosophie der Moderne. Hin- und hergerissen zwischen Philosophie und Musik, entschied er sich Ende der 20er Jahre endgültig für die Philosophie als Hauptberuf. Nach seiner Habilitation 1931 lehrte er an der Frankfurter Universität, bis ihm die Nazis zwei Jahre später die Lehrbefugnis entzogen.

Zu dieser Zeit war Horkheimer bereits Leiter des berühmten Frankfurter Instituts für Sozialforschung, ein 1924 gegründetes und von einer privaten Stiftung finanziertes Forschungsinstitut, das aber an die Frankfurter Universität angebunden war. Die Mitarbeiter des Instituts waren weltanschaulich vom Marxismus geprägt. Sie strebten eine Theorie der bürgerlich-kapitalistischen Gesellschaft an, die wissenschaftlich auf dem neuesten Stand war und aktuelle Ergebnisse verschiedener Teilwissenschaften wie Soziologie, Philosophie, Ökonomie oder Psychologie einbezog. Durch die interdisziplinäre Ausrichtung des Instituts sollte die Trennung der Teilwissenschaften, aber auch die einseitige Ausrichtung des Marxismus auf ökonomische Zusammenhänge überwunden werden. So spielte etwa die Psychoanalyse Sigmund Freuds, von orthodoxen Marxisten immer mit scheelem Blick betrachtet, in den Arbeiten des Instituts eine große Rolle. Ziel war die Ausarbeitung einer »Kritischen Theorie«, die sowohl Analyse als auch Kritik der Gesellschaft, sowohl theoretische Erklärung als auch Teil des politischen Kampfes gegen kapitalistische Ausbeutung sein sollte. Mit der *Zeitschrift für Sozialforschung* schuf sie sich ihr eigenes Forum und Publikationsorgan. Das Frankfurter Institut für Sozialforschung wurde zur Wiege der neomarxistischen Frankfurter Schule.

Horkheimer wurde bereits 1930, kurz nach seiner Berufung auf den Frankfurter Lehrstuhl für Sozialphilosophie, zum Direktor des Instituts gewählt. Während Adorno ein eher praxisferner Schöngeist war, blieb Horkheimer zeitlebens der dominante »Macher« des Instituts, ein einflussreicher Organisator, bei dem alle Fäden – auch die zwischen den Mitarbeitern – zusammenliefen. Walter Benjamin, Ernst Bloch und Herbert Marcuse – später allesamt illustre Namen – gehörten dem Institut an.

Das Institut für Sozialforschung wurde bereits 1933 von den neuen Machthabern geschlossen. Klugerweise hatte man schon vorher das Stiftungskapital im Ausland angelegt und konnte somit die Arbeit außerhalb Deutschlands fortsetzen. Das einzige Land, das dem Institut großzügige Arbeitsmöglichkeiten bot und ihm zugleich auch Räumlichkeiten zur Verfügung stellte, waren die Vereinigten Staaten, die Hochburg des von Horkheimer und Adorno so kritisierten Kapitalismus. 1934 bezog das Institut auf dem Gelände der Columbia University in New York City sein neues Domizil. Adorno siedelte erst 1938, nach einem Zwischenaufenthalt an der Universität Oxford, in die USA über und wurde noch im selben Jahr offiziell von Horkheimer in das Institut aufgenommen. Fortan arbeiteten beide eng zusammen.

Horkheimer und Adorno, zwei klassische europäische Bildungsbürger mit professoralem Auftreten und Selbstverständnis, taten sich mit ihrem Gastland schwer. Sie erhielten zwar Forschungsaufträge, doch in den Vereinigten Staaten waren diese sehr viel enger mit kommerziellen Interessen verbunden als in Europa. Und die Amerikaner verstanden unter soziologischer Forschung vor allem empirische Feldforschung und keine theoretischen Spekulationen – eine Auffassung, die Horkheimer und Adorno, die sich beide als Theoretiker der Gesellschaft verstanden, befremdete. Immerhin ging aus der empirischen soziologischen Arbeit während des Exils die Studie *Autoritäre Persönlichkeit* hervor, die später im Nachkriegsdeutschland noch eine große Wirkung entfalten sollte.

In einem Aufsatz von 1937, *Traditionelle und Kritische Theorie*, erläutert Horkheimer, was Gesellschaftstheorie seinem Verständnis nach sein sollte. Das entscheidende Merkmal der Kritischen Theorie sieht er darin, dass sie ihren Gegenstand, die Gesellschaft, nicht einfach beschreibt, sondern ihre Strukturen auch im Sinne einer Befreiung des Menschen von Ausbeutung *deutet*. Es sind Strukturen, die von Menschen gemacht sind und damit veränderbar bleiben. »Die kritische Anerkennung der das gesellschaftliche Leben beherrschenden Kategorien«, so schreibt Horkheimer, »enthält zugleich seine Verurteilung.« Die Kritische Theorie ist also mehr als eine statistische Erhebung von Daten: Sie ist Gesellschaftskritik. Anders als der traditionelle Marxismus sieht sie die Befreiung von Ausbeutung jedoch nicht mehr an die Aktivität einer bestimmten sozialen Schicht oder Klasse gebunden. Die Kritische Theorie glaubt also, im Gegensatz zu Karl Marx, nicht mehr an die historische Mission der Arbeiterklasse.

Auch zur amerikanischen Unterhaltungs- und Medienlandschaft hatten die beiden Alteuropäer keinerlei Zugang. Vor allem Adorno mit seinem strengen Verständnis von Kunst konnte sich überhaupt nicht mit dem Kino, der Musik des Jazz oder dem Varieté anfreunden. Er sah darin ein Verdummungsspektakel für die Massen. Schon 1936 hatte er in einem Aufsatz *Über Jazz* die Jazzmusik als musikalische Konfektionsware charakterisiert, deren scheinbare Spontaneität in Wahrheit stereotypen Mustern folgt. Durch diese Erfahrungen und Wahrnehmungen prägte sich der Begriff der »Kulturindustrie« aus, der in der *Dialektik der Aufklärung* eine so große Rolle spielen sollte.

1940 siedelte Horkheimer von New York nach Kalifornien um. Adorno folgte ihm kurze Zeit später. Die Gegenwart, auf die beide blickten, gab keinerlei Anlass zu Optimismus. Der Zweite Weltkrieg befand sich auf seinem Höhepunkt und legte eine Spur der Zerstörung durch Europa. Freiheit, Demokratie und politische Selbstbestimmung befanden sich überall in der Defensive: Die totalitären politischen Systeme des Faschismus und Stalinismus führten die Unterdrückung des Menschen einem neuen Höhepunkt zu.

Vor diesem Hintergrund entstand, von 1941 an, im kalifornischen Exil das Manuskript der *Dialektik der Aufklärung,* eines der ganz wenigen Werke der Philosophiegeschichte, bei dem zwei Denker gleichberechtigte Autorschaft beanspruchen können. Manche Teile diktierten beide Autoren gemeinsam Zeile für Zeile, andere wurden jeweils von Adorno oder Horkheimer alleine geschrieben. 1944 schließlich war das Manuskript abgeschlossen.

Der Untertitel »Philosophische Fragmente« verweist darauf, dass die Autoren nicht den Anspruch erheben, ein ausgearbeitetes philosophisches System vorzulegen. Der Begriff »Fragmente« trifft aber, streng genommen, nur auf den letzten Teil des Werks zu, in dem unter dem Titel »Aufzeichnungen und Entwürfe« kurze Prosastücke zu unterschiedlichen Aspekten von Kunst, Gesellschaft und Philosophie versammelt sind. Ansonsten handelt es sich um fünf größere Essays, die aus unterschiedlicher Perspektive die negative Entwicklung der menschlichen Zivilisation analysieren.

In die *Dialektik der Aufklärung* fließen die unterschiedlichsten theoretischen Ansätze ein. Zahlreiche Begriffe und die oft sehr verschachtelte Sprache entstammen der Tradition der Hegel'schen Philosophie, von der auch Marx geprägt war. Von Marx selbst wird vor allem die These übernommen, dass in der modernen kapitalistischen Gesellschaft alle Beziehungen, sowohl die zwischen den Menschen als auch die zwischen Menschen und Dingen, zu reinen Warenbeziehungen verkommen sind, die unter dem Gesetz des Tauschwerts stehen. Ergänzt wird die marxistische Analyse durch Erkenntnisse aus der Psychoanalyse Sigmund Freuds. So hatte Freud die Formen analysiert, in denen die menschliche Rationalität der Triebunterdrückung und Triebkontrolle dient. Horkheimer und Adorno übernahmen aber auch Thesen des Soziologen Max Weber, der die Entwicklung der westlichen Gesellschaften als zunehmende »Rationalisierung« beschrieben hatte, als einen Prozess der »Entzauberung der Welt«, bei der bildliche oder mythische Formen der Welterklärung durch abstraktere Erklärungsmuster abgelöst werden.

Horkheimer hatte zudem früh die Philosophie Arthur Schopenhauers kennen gelernt und war von dessen Pessimismus und dessen Skepsis gegenüber der Rolle der Vernunft beeinflusst worden. In einem parallel zur *Dialektik der Aufklärung* entstandenen, 1947 unter dem englischen Titel *Eclipse of Reason* erschienenen Werk, *Zur Kritik der instrumentellen Vernunft,* nimmt diese Skepsis bereits eine radikale Form an. »Im Augenblick ihrer Vollendung«, so schreibt Horkheimer dort, »ist Vernunft irrational und dumm geworden.« Diese Formulierung beinhaltet auch eine der wichtigsten Thesen der *Dialektik der Aufklärung,* nämlich die, dass der Gebrauch dieser »dummen« Vernunft die Menschen in einen »Verblendungszusammenhang« verstrickt hat. Die scheinbar aufgeklärte Menschheit ist in Wahrheit unaufgeklärt: Sie ist sich über ihre wahre gesellschaftliche Rolle nicht im Klaren.

Dem soll die *Dialektik der Aufklärung* als »Ideologiekritik« entgegentreten, d. h. als Versuch, Deutungen der Vernunft, die sich auch in philosophischen oder wissenschaftlichen Theorien niederschlagen, auf ihre wahre Funktion hin zu »enttarnen«. Es gibt eine Oberflächenbedeutung von Theorien, die sich aus ihren eigenen Formulierungen und Ansprüchen ergibt. Dem steht jedoch häufig ihre wahre »ideologische« Funktion entgegen, die sich aus ihrer objektiven gesellschaftlichen Rolle, aus ihrer Bedeutung für die Emanzipation des Menschen herleitet. So wird auch die scheinbar objektive Wissenschaft zur »Ideologie«, zu einem theoretischen Herrschaftsinstrument. Die wichtigste These des Buches, dass nämlich die sogenannte »aufklärerische Vernunft« in Wahrheit Entfremdung und Unterdrückung des Menschen befördert hat, ist deshalb eine ideologiekritische These. Die aufklärerische Vernunft ist für Horkheimer und Adorno in Wahrheit »instrumentelle Vernunft«, sie ist ein Werkzeug der Herrschaftssicherung.

Auch der Umgang mit der Sprache steht bei Horkheimer und Adorno unter ideologiekritischer Beobachtung. Wenn die *Dialektik der Aufklärung* den Leser vor einige sprachliche Probleme stellt, so ist dies nicht unbeabsichtigt. Denn Adorno und Horkheimer misstrauen einer glatten, klaren Sprache, die bei ihnen im Verdacht steht, »eingeschliffen« und »abgegriffen« zu sein und damit im Dienst der instrumentellen Vernunft zu stehen. Sie wird dadurch zu einem ideologischen Mittel der Verdunkelung. »Die falsche Klarheit«, so schreiben sie in ihrem Vorwort, »ist nur ein anderer Ausdruck für den Mythos.« Die schwierige, z. T. metaphorische Sprache signalisiert deshalb ein Stück Widerstand gegen die »Instrumentalisierung« der Sprache in Händen der Macht. Aus den gleichen Gründen genießt auch die Kunst, vor allem die schwierige avantgardistische Kunst, bei beiden eine so hohe Wertschätzung. Auch sie enthält, indem sie sich gegen einfache Deutungen und Vereinnahmungen sperrt, ein Widerstandspotenzial.

Der erste Essay des Buches, »Begriff der Aufklärung«, vollzieht die für das Buch charakteristische Umdeutung und Erweiterung des Begriffs »Aufklärung«. Die Aufklärung als Epoche und Programm meint normalerweise eine in Westeuropa im späten 17. und 18. Jahrhundert entstandene philosophische Bewegung, die die Emanzipation und Mündigkeit des Menschen, die Abkehr von der Dunkelheit des Aberglaubens und die Hinwendung zum Licht der Vernunft einfordert. Sie richtete sich sowohl gegen die weltliche Herrschaft des Absolutismus als auch gegen die geistige Herrschaft der Kirche. Philosophen wie Voltaire, Lessing oder Kant sahen in der Vernunft noch ganz unbefangen ein Medium der Befreiung.

Für Adorno und Horkheimer dagegen ist die Aufklärung des 18. Jahrhunderts lediglich Teil einer jahrhundertealten Entwicklung, in der sich der Mensch von der Naturabhängigkeit, von Magie, Zauber und unentrinnbarem Schicksal befreien wollte – und dabei das Kind mit dem Bade ausgeschüttet hat. Er hat sich zwar von der Herrschaft der Natur gelöst, dabei aber die Natur und schließlich sich selbst zu einer verfügbaren Sache gemacht. Auch lässt sich der Unterschied zwischen rationaler Aufklärung und irrationalem Mythos nicht aufrechterhalten. Schon die frühen Mythen sind »Aufklärung« in dem Sinne, dass auch sie »Erklärungen« der Natur und der Welt liefern und diese damit zum Objekt gemacht haben. Andererseits bleibt die Aufklärung dadurch Mythologie, dass sie den Menschen in neue Formen des schicksalhaften Zwangs versetzt, indem sie die Vernunft zu einem neuen Herrschaftsinstrument macht. »Wie die Mythen schon Aufklärung vollziehen«, so heißt es in dem Buch, »so verstrickt Aufklärung mit jedem ihrer Schritte sich tiefer in Mythologie.«

Die gesamte neuzeitliche Naturwissenschaft, ja schon die Bemühungen der frühantiken Dichter und Denker sind für Horkheimer und Adorno Teil eines Prozesses, bei dem das Begreifen der Welt immer einhergeht mit einer zunehmend »nivellierenden Herrschaft des Abstrakten« und einem Verlust von Humanität. Alles wird auf Berechenbarkeit hin reduziert. Was Max Weber die »Entzauberung der Welt« nannte, wird hier durchweg negativ gedeutet und als »Verdinglichung« bezeichnet. Alles wird zum Ding unter der Herrschaft einer berechnenden Vernunft. Höhepunkt dieser Entwicklung ist die moderne kapitalistische Warengesellschaft, in der Rationalität nur noch die Funktion hat, möglichst effektive Mittel zum Zweck der Produktverwertung und Profiterwirtschaftung zu finden. Dem entspricht eine Wissenschaft, die nur noch auf Faktenwissen reduziert ist.

Die Vernunft als Zweckrationalität, d. h. als Kalkül, Mittel für vorgegebene Zwecke zu finden, wird am Ende zum Diener einer die gesamte Existenz des Mensch manipulierenden, »verwalteten Welt«. Das ideologiekritische Fazit der beiden Autoren lautet: Das Wesen der Vernunft, so wie sie sich in der Geschichte entwickelt hat, ist »Herrschaft«, und die sogenannte »Aufklärung« ist deshalb »totalitär«.

In den beiden Essays »Odysseus oder Mythos und Aufklärung« und »Juliette oder Aufklärung und Moral«, die als »Exkurse« zum ersten Essay bezeichnet werden, soll an Beispielen der Literatur und Philosophie die These der Autoren verdeutlicht werden, dass sowohl Aufklärung und Mythos als auch Vernunft und Natur sich immer gegenseitig durchdringen.

So hat Homers frühgriechisches Epos *Odyssee* zwar mythologische Begebenheiten zum Thema, aber der mythologische Stoff wird auf eine rationale Weise verarbeitet. Die Hauptfigur Odysseus nämlich wird zum Sinnbild des Menschen, der seine Identität in der Abwehr irrationaler Naturkräfte behauptet. Die Irrfahrten und Abenteuer sind in dieser Interpretation Verlockungen, mit denen Odysseus in den Bann der Naturmagie gezogen werden soll. Indem er ihnen widersteht, bildet er ein Selbstbewusstsein aus, er beginnt, sich als eigenständiges Subjekt zu verstehen, das der Natur gegenübersteht. Horkheimer und Adorno interpretieren Odysseus mit den begrifflichen Mitteln, die Hegel 130 Jahre zuvor in seiner *Phänomenologie des Geistes* herausgearbeitet hatte: als Beispiel dafür, wie der menschliche Geist im Verlauf der Kultur- und Geistesgeschichte sich selbst verstehen lernt.

Die Aufklärung des 18. Jahrhunderts wiederum, die sich die Verwirklichung der Vernunft auf die Fahnen geschrieben hatte, hat mit de Sade einen Autor hervorgebracht, der die natürliche Triebhaftigkeit verherrlicht. Wie später bei Nietzsche sehen Horkheimer und Adorno darin eine Reaktion auf das abstrakte Moralgesetz, wie es in der Aufklärung vor allem von Kant aufgestellt wurde. Kants sogenannter »Kategorischer Imperativ« – »Handle nur nach derjenigen Maxime, durch die du zugleich wollen kannst, dass sie ein allgemeines Gesetz werde« – sagt dem Menschen nicht, was er konkret tun soll, sondern gibt ihm lediglich einen abstrakten Maßstab zur moralischen Beurteilung an die Hand. Die Welt der Sinnlichkeit und Natur hat sich in dieser Moralphilosophie ganz unter die Herrschaft des Zuchtmeisters Vernunft begeben. Bei de Sade nun, so die Interpretation Horkheimers und Adornos, befreit sich die Sinnlichkeit von der Knute der Vernunft und ergreift selbst die Peitsche. Nun wird der Spieß umgedreht: Moral ist nichts anderes mehr als Dienst an den natürlichen Trieben. Sie geht in der Natur auf.

Die Manipulationsinstrumente einer verplanten Welt zeigen sich in der modernen Welt besonders im Bereich der Medien und der Kunst. Wir sprechen heute ganz selbstverständlich von »Musik- oder Unterhaltungsindustrie« und befinden uns damit auf den Spuren der *Dialektik der Aufklärung*. Als Horkheimer und Adorno in ihrem vierten Essay »Kulturindustrie – Aufklärung als Massenbetrug« den Begriff »Kulturindustrie« verwendeten, war er noch neu und ungewöhnlich. Er bedeutet, dass Kunst und Kultur nur noch Reklamefunktion haben. Sie passen sich dem Massengeschmack an und degenerieren zur stets konsumierbaren Fertigware. Der künstlerische Anspruch wird dadurch eingeebnet. Besonders in den modernen Medien wie Film und Unterhaltungsmusik – die ohnehin nicht Horkheimers und Adornos Sympathie genossen – ist diese Entwicklung ausgeprägt. Das Ergebnis ist ein Massengeschmack auf niedrigem Niveau, eine »Verkümmerung der Vorstellungskraft und Spontaneität des Kulturkonsumenten«. Der Mensch wird zum passiven Empfänger von Reizen – für Horkheimer und Adorno ein Spiegelbild seiner politischen und gesellschaftlichen Machtlosigkeit.

Im letzten der großen Essays, »Elemente des Antisemitismus«, schneiden die Autoren ein Thema an, das in der Zeit des Faschismus besonders aktuell war. Wie Marx in seinem 1843 erschienenen Aufsatz *Zur Judenfrage* glauben sie, dass Antisemitismus ein gesellschaftliches Phänomen ist, das letztlich nur gelöst werden kann, wenn die Herrschafts- und Machtverhältnisse in der Gesellschaft aufgebrochen werden: »In der Befreiung des Gedankens von der Herrschaft, in der Abschaffung der Gewalt könnte sich erst die Idee verwirklichen, dass der Jude ein Mensch sei.«

In der Analyse der Ursachen des Antisemitismus verbinden Horkheimer und Adorno eine marxistische mit einer psychoanalytischen Deutung. Der Hass auf Juden ist umgeleiteter Selbsthass. Antisemitismus ist eine kollektive Projektion, bei der die Täter, selbst Opfer einer totalitären und verwalteten Welt, ihren in verdrängten Bedürfnissen und Wünschen wurzelnden Selbsthass nun gegen ein äußeres Objekt, eine andere gesellschaftliche Gruppe richten. Wie überall in der verwalteten Welt, so wird auch hier die Wahrnehmung der Wirklichkeit auf Stereotype reduziert. So entsteht das Zerrbild »des Juden«, der als Sündenbock herhalten muss. Befangen im gesellschaftlichen »Verblendungszusammenhang«, machen sich die Antisemiten zu Handlangern derjenigen, von denen sie selbst unterdrückt werden.

Die *Dialektik der Aufklärung* ist ein tiefschwarzes und melancholisches Buch. Hatten die Marxisten so wie ihr Gründervater Marx noch daran geglaubt, dass die Geschichte mit Notwendigkeit eine klassenlose Gesellschaft herbeiführen werde, so fehlt bei Horkheimer und Adorno dieser Glaube völlig. Dennoch gibt es einen Gegenbegriff zu dem Verblendungszusammenhang und der Entfremdung der verwalteten Welt. Er lautet »Wahrheit«. Wahrheit ist für Adorno und Horkheimer, anders als für viele logisch und analytisch orientierte Philosophen, nicht in erster Linie eine Eigenschaft von Sätzen und Theorien, sondern eine bestimmte Gestalt, die die Wirklichkeit annimmt. Es ist der Zustand, in dem wahre Aufklärung verwirklicht ist, Vernunft und Natur miteinander versöhnt sind.

Die leise Hoffnung auf Verwirklichung von Wahrheit, die in dem Buch zuweilen durchschimmert, hat eine gewisse Nähe zur »negativen Theologie«, die einen Gott annimmt, aber nichts über ihn aussagen will. Wie der alttestamentarische Gott Jahwe, der nicht beschrieben oder abgebildet werden kann, so bleibt auch der Zustand der Wahrheit im Buch eine nicht beschreibbare Möglichkeit, die sich nur »negativ«, also nur über das erschließen lässt, was sie *nicht* ist. Im »Unmaß« des »Widersinns« gesellschaftlicher Verhältnisse, so heißt es am Ende des Essays über Antisemitismus, »tritt ... die Wahrheit negativ zum Greifen nahe«.

Auch finden sich immer wieder Hinweise darauf, dass die Kunst ein mögliches, wenn nicht gar vorbildliches Medium der Wahrheit ist. Gerade Adorno stand als Musiker dieser Sichtweise nahe. Für ihn konnte in der Kunst etwas gelingen, das das begriffliche Denken der Philosophie nicht zustande brachte: eine Wiedervereinigung von Begriff und Bild, eine Gestaltung der Einheit von Mensch und Natur und damit eine Perspektive, die eine Überwindung der einseitigen Herrschaft der Vernunft und der Entfremdung des Menschen sichtbar macht.

Als die *Dialektik der Aufklärung* 1947 in Amsterdam erschien, wurde sie kaum beachtet. Auch die Anhänger des Marxismus waren eher vom Geist des Aufbruchs als vom Geist pessimistischer Kritik beseelt. Georg Lucács, ein neomarxistischer Rivale der Frankfurter Schule, spottete über Adorno, dieser hätte es sich im »Hotel Abgrund« bequem gemacht.

Als sich aber die gesellschaftskritische 68er Generation auf die Suche nach einer Kapitalismuskritik begab, die auf westliche Verhältnisse zugeschnitten war und sich von den versteinerten orthodox-marxistischen Theorien unterschied, feierte die *Dialektik der Aufklärung* eine publizistische Auferstehung. Die Kritik an der Zweckrationalität gesellschaftlicher Zusammenhänge und vor allem die Analyse der Kulturindustrie trafen jetzt bei kritischen Marxisten einen Nerv. Der Offenbarungseid des Fortschritts wurde nun ironischerweise zum Antrieb eines neuen, progressiven Denkens. Neben Herbert Marcuses *Der eindimensionale Mensch* entwickelte sich die *Dialektik der Aufklärung* zum philosophischen Kultbuch der 68er. Sie ist bis heute das Hauptwerk der Frankfurter Schule und eines der wichtigsten Werke des westlichen Neomarxismus geblieben.

Horkheimer und Adorno waren inzwischen nach Frankfurt zurückgekehrt und hatten das Institut für Sozialforschung neu begründet. Sie galten nun als die unbestrittenen Väter der Kritischen Theorie. Adornos *Philosophie der neuen Musik* (1949), von ihm selbst als »ausgeführter Exkurs« zur *Dialektik der Aufklärung* bezeichnet, etablierte darüber hinaus den Ruf ihres Verfassers als eines der wichtigsten Musikphilosophen seiner Zeit. Mit Jürgen Habermas, einem zeitweiligen Assistenten Adornos, brachte die Frankfurter Schule den einflussreichsten deutschen Philosophen der zweiten Hälfte des 20. Jahrhunderts hervor, der das Projekt einer kritischen Gesellschaftstheorie fortsetzte.

Die *Dialektik der Aufklärung* weist aber weit über den Rahmen des Marxismus hinaus und hat auch im 21. Jahrhundert nichts an Aktualität verloren. Die bei Horkheimer und Adorno geübte Kritik an der destruktiven Rolle der Vernunft wurde von Vertretern der Postmoderne wie Michel Foucault und Jacques Derrida, aber auch von einem ehemaligen Rationalisten wie Paul Feyerabend aufgenommen. Auch Anhänger der ökologischen Bewegungen und Globalisierungsgegner weisen darauf hin, welchen Preis wir dafür bezahlt haben, dass wir so viel wissen, so viel konstruieren können und so vieles beherrschen.

Wenn es eine der Aufgaben der Philosophie ist, die menschliche Lebenswelt und ihre Werte zu durchleuchten, so hat die *Dialektik der Aufklärung* ein Röntgenbild geliefert, auf dem die dunklen Schatten einer langen Menschheitsgeschichte erkennbar sind.

Ausgabe:
MAX HORKHEIMER/THEODOR W. ADORNO: Dialektik der Aufklärung. Philosophische Fragmente. Frankfurt/Main: Fischer Taschenbuch Verlag 1988.

Anleitung zum Lesen der Welt

Hans-Georg Gadamer: Wahrheit und Methode (1960)

Für die Menschen des Mittelalters trug die Welt die Handschrift Gottes. Die Gelehrten sprachen, in Anlehnung an die Heilige Schrift, vom »Buch der Natur«. In ihm lesen zu können bedeutete, die göttliche Schöpfung und damit Gott selbst verstehen zu lernen. Die Naturforscher der Neuzeit glaubten, dieses Buch entziffert zu haben. Galileo Galilei, einer ihrer prominentesten Vertreter, behauptete, das Buch der Natur sei in der Sprache der Mathematik geschrieben. Der Erfolg schien ihm recht zu geben. Das neue mathematisch-naturwissenschaftliche Weltbild verschaffte dem Menschen eine naturbeherrschende Rolle und schien die Welt in eindrucksvoller Weise entziffert zu haben.

Doch der Anspruch der empirischen Wissenschaften, die wahre und endgültige Lesart der Welt zu liefern, wurde auch immer wieder bezweifelt. Besonders Theologen und Philologen wiesen darauf hin, dass in der sprachlichen Überlieferung und in den Texten der Kultur eine Wahrheit zu finden sei, die dem technisch-naturwissenschaftlichen Zugriff verborgen bleibe. Sie sahen sich in der Tradition des antiken Gottes Hermes, des Sendboten und Dolmetschers seines Vaters Zeus. Hermes ist derjenige, der den Menschen den Willen der Götter erklärt. Er ist, so könnte man sagen, der Gott der Interpretation. Als solcher gilt er auch als Stammvater der Hermeneutik, derjenigen Disziplin, die sich traditionell mit dem Verstehen, dem Auslegen und der Anwendung von Texten beschäftigt.

Hans-Georg Gadamer ist der Philosoph des 20. Jahrhunderts, der der Hermeneutik neue philosophische Weihen gab. Auch er glaubte daran, dass es eine Art gibt, die Welt zu erfassen, die tiefer reicht als das naturwissenschaftliche Erklären. Mit seinem Hauptwerk *Wahrheit und Methode* hat Gadamer den Anspruch der Hermeneutik erweitert und sie zu einer Grundlagendisziplin der Philosophie gemacht. *Wahrheit und Methode* enthält den Entwurf einer neuen Art von Erkenntnistheorie, in der es, wie er schreibt, um eine »Erfahrung von Wahrheit« geht, »die den Kontrollbereich wissenschaftlicher Methodik übersteigt«.

Diese Wahrheitserfahrung gründet für Gadamer in der Sprache, denn jedes Verstehen von Wirklichkeit ist für ihn ein durch Sprache vermitteltes Verstehen. Im Verstehen offenbart sich für den Menschen, wie Gadamer sagt, »das Ganze seiner Welterfahrung«, in der die Kommunikation mit der Überlieferung und der Austausch mit den Urteilen und Erfahrungen anderer Menschen im Vordergrund stehen. Er setzt der naturwissenschaftlichen Welterklärung ein Modell entgegen, das die Welt nach dem Vorbild eines literarischen Kunstwerks wie einen überlieferten Text begreift. So wird *Wahrheit und Methode* eine neue Anleitung zum Lesen der Welt, aber auch eine Aufklärung über die Art, wie verschiedene Lesarten der Welt sich miteinander verständigen können.

Mit seiner Distanz zu den Naturwissenschaften und seiner Neigung zu Kunst und Philosophie brachte sich der junge Gadamer früh in Konflikt mit seinem Vater, einem Professor der Chemie, der die Geistes- und Kulturwissenschaften immer mit großem Misstrauen betrachtete und sie abschätzig als »Schwätzwissenschaften« bezeichnete. Dennoch profitierte der angehende Philosoph von den Bildungsvorteilen, die das Aufwachsen in einem akademischen, bürgerlichen Haushalt mit sich brachte. 1902, zwei Jahre nach Gadamers Geburt in Marburg, zog die Familie ins schlesische Breslau um, wohin der Vater seinen ersten Ruf als Ordinarius erhalten hatte. Dort erlebte Gadamer seine Schulzeit und sein erstes Studienjahr. Als sein Vater 1919 die Möglichkeit erhielt, nach Marburg zurückzukehren, folgte der Sohn seinen Eltern.

Sein Studium war rein geisteswissenschaftlich orientiert, aber dennoch breit angelegt. Sprach-, Literatur- und Kunstwissenschaften nahmen einen mindestens genauso großen Raum ein wie die

Philosophie. Der Umgang mit Kunst und Literatur prägte sein Bildungs- und Selbstverständnis: Unter den bedeutenden Philosophen des 20. Jahrhunderts ist Gadamer der große Schöngeist, der bis ins hohe Alter Gedichte aus dem Stegreif zitieren konnte und immer davon überzeugt blieb, dass in den Werken der Kunst die großen Wahrheiten über die Welt verborgen sind.

Das akademische Milieu blieb seine soziale Heimat. Gadamer war zeitlebens ein Mann der Universität, ein klassischer mitteleuropäischer Gelehrter alten Typs. Die Welt der deutschen Universitätsstädte, die sich von der Politik fernhielt, die eigene Hierarchien pflegte und Bildung und Kultur als einen Wert an sich ansah, wurde zu seinem Lebensmittelpunkt.

Gadamer hatte das Glück, dass seine Ausbildung an einem für die Philosophie entscheidenden Ort und zu einem für die Philosophie entscheidenden Zeitpunkt stattfand. Marburg war Anfang des 20. Jahrhunderts neben Cambridge, Paris und Wien eine der wichtigsten Ideenwerkstätten der Philosophie der Moderne, ein Ort, der Studenten von überall her anzog. So kamen vor dem Ersten Weltkrieg Boris Pasternak und Ortega y Gasset zum Philosophiestudium nach Marburg ebenso wie einige Jahre nach dem Krieg die junge Hannah Arendt.

Die Marburger Schule des Neukantianismus mit ihren beiden Hauptvertretern Hermann Cohen und Paul Natorp versuchte, die Philosophie wieder an die sich stürmisch entwickelnden empirischen Wissenschaften anzuschließen. Auch Gadamer lernte die Philosophie zunächst aus neukantianischer Sicht kennen, zunächst über Richard Hönigswald, seinen ersten philosophischen Lehrer in Breslau, und später über den damals weit über sechzigjährigen Paul Natorp, bei dem er promovierte.

In Anlehnung an Kant versuchten die Neukantianer jene im menschlichen Bewusstsein angelegten Grundbegriffe herauszuarbeiten, mit deren Hilfe wir die Welt erst als eine Einheit erfahren können. Diese, wie die Kantianer sagen, »transzendentalphilosophische« Frage nach den Erkenntnisbedingungen, die unsere Welterfahrungen erst ermöglichen, blieb auch für Gadamer bestimmend. Doch er entfernte sich immer mehr von der Vorstellung, jene Bedingungen könnten im reinen, von den Gegenständen unabhängigen Bewusstsein gefunden werden. Gadamer machte sich auf die Suche nach einer Philosophie, die welt- und sachhaltiger war, die also auf die Konkretheit und Fülle der Welterfahrung einging.

Entscheidend befördert wurde diese Suche durch zwei berühmte, ebenfalls in Marburg lehrende Kritiker des Neukantianismus. Der erste war Nicolai Hartmann, der selbst noch bei Paul Natorp habilitiert hatte und der Gadamer zu einem seiner Lieblingsschüler machte. Für Hartmann war die Welt kein Erkenntniskonstrukt des Menschen. Als erkenntnistheoretischer Realist hielt er daran fest, dass es eine vom Erkenntnissubjekt unabhängige Außenwelt gibt.

Zur Enttäuschung Hartmanns wandte sich aber der junge Gadamer, wie zahlreiche andere Marburger Studenten, bald dem neuen, jungen Star der deutschen Philosophieszene zu, Martin Heidegger. Heidegger, gerade einmal elf Jahre älter als Gadamer, war ein Schüler Edmund Husserls, des Begründers der Phänomenologie. Dessen Devise »Zu den Sachen selbst!« interpretierte Heidegger auf eine sehr eigenwillige Weise, indem er das Programm einer »Hermeneutik des Daseins« entwarf, in deren Mittelpunkt der Mensch und sein Versuch stehen, seinem Leben durch einen Existenzentwurf einen Sinn zu geben.

Mit Heideggers Denken kam Gadamer 1922 in Kontakt, als Heidegger von Freiburg aus ein Manuskript mit Aristoteles-Interpretationen nach Marburg schickte, um seine Bewerbung auf die Stelle des außerplanmäßigen Professors zu unterstreichen. Diesem Manuskript stellte er eine Einleitung mit dem Titel »Anzeige der hermeneutischen Situation« voran. In diesem neuen Verständnis von Hermeneutik geht es nicht mehr, wie in der klassischen Hermeneutik, um das Verstehen von Texten, sondern um das Selbstverständnis des Menschen. Die Stellung, in der der Mensch sich gegenüber der Welt befindet, soll »durchsichtig« gemacht werden. Die »Situation der Auslegung«, von der Heidegger hier spricht, richtet sich nun auf eine »Lebensauslegung«. »Verstehen« wird gleichbedeutend mit einer Lebensführung, die auf einem bewussten Existenzentwurf beruht.

Heideggers Hermeneutik ist Grundlage seiner Existenzphilosophie.

Damit hatte der Begriff »Hermeneutik« eine grundlegende Bedeutungsveränderung erfahren. Ursprünglich waren es vor allem Juristen und Theologen, die Hermeneutik als eine Technik betrieben, mit deren Hilfe man Gebote oder Gesetzestexte auf konkrete Situationen anwenden konnte. Der Theologe Friedrich Schleiermacher machte zu Beginn des 19. Jahrhunderts die Hermeneutik dann fachübergreifend zu einer allgemeinen Lehre der Interpretation klassischer Texte.

Es waren die Historisten in der zweiten Hälfte des 19. Jahrhunderts, die in der Hermeneutik ein Werkzeug erkannten, um die Besonderheit der Geisteswissenschaften gegenüber den Naturwissenschaften herauszustellen. Ihrer Auffassung nach hatten es die Geisteswissenschaften nicht mit allgemeinen Gesetzmäßigkeiten zu tun, sondern mit Geschehnissen, die in ihrer geschichtlichen Einmaligkeit »nachempfunden« werden mussten. So setzte einer der bedeutendsten Historisten, Wilhelm Dilthey, in seiner berühmten *Einleitung in die Geisteswissenschaften* von 1883 dem naturwissenschaftlichen »Erklären« die geisteswissenschaftliche Methode des »Verstehens« entgegen. Dieses »Verstehen« hat nach Dilthey eine eigentümliche Struktur, für die sich der Begriff »hermeneutischer Zirkel« eingebürgert hat: Aus dem Vorverständnis von Einzelerkenntnissen muss man im Vorgriff auf das Ganze der zu verstehenden Sache schließen. Andererseits lassen sich diese Einzelerkenntnisse erst richtig einordnen, wenn man bereits ein Verständnis des Ganzen besitzt.

Heidegger hatte Diltheys Vorstellung von »Verstehen« auf den Prozess übertragen, in dem der einzelne Mensch in der Auseinandersetzung mit der Welt steht. Er hatte dabei aber auch etwas Wichtiges von Dilthey übernommen: die Erkenntnis nämlich, dass Verstehen immer vom Bewusstsein einer geschichtlich konkreten Situation her erfolgen muss. Für den jungen Gadamer war es diese Erkenntnis, die ihn endgültig aus den Beschränkungen der neukantianischen Bewusstseinsphilosophie hinausführte.

Als der Student Gadamer von Paul Natorp eine Kopie des Heidegger'schen Manuskripts erhält, ist dies für ihn, wie er später schreibt, »wie ein Getroffenwerden von einem elektrischen Schlage«. Er macht sich sofort nach Freiburg auf, um Heidegger zu hören. Als dieser 1923 nach Marburg berufen wird, kehrt Gadamer mit ihm zurück.

Gadamer blieb zwar ein Heidegger-Schüler, doch unter diesen Schülern war er eher ein Außenseiter. Er erlebte zwar unmittelbar mit, wie Heidegger seine »Hermeneutik des Daseins« in seinem Hauptwerk *Sein und Zeit* entwickelte, doch Heidegger traute dem eher konservativ und bildungsbürgerlich auftretenden jungen Mann zunächst noch nicht allzu viel zu. Deshalb promovierte Gadamer 1925 nicht bei Heidegger, sondern bei Paul Natorp und entschloss sich sogar, noch ein Studium der klassischen Philologie anzuschließen. Heideggers etwas verhaltene Beurteilung seiner Person ließ ihn daran zweifeln, ob er die Philosophie zum Beruf machen sollte.

Als Heidegger jedoch 1928 wieder nach Freiburg ging, hatte sich seine Haltung gegenüber Gadamer positiv verändert. Nun machte er ihm das Angebot, seine wissenschaftliche Laufbahn bei ihm fortzusetzen. Mit einer Arbeit über Platon habilitierte sich Gadamer 1929 bei dem inzwischen berühmten Heidegger.

Sowohl Dilthey als auch Heidegger blieben für Gadamer die entscheidenden Lehrmeister. Doch es dauerte lange, bis er mit seiner eigenen Neubegründung der Hermeneutik hervortrat. Zunächst war er mit seiner akademischen Karriere beschäftigt, deren Beginn in die Frühzeit der Naziherrschaft fiel. Gadamer war nie ein aktiver Nazi wie sein Lehrer Heidegger, aber er vermied auch jeden Konflikt mit der Diktatur. Als am 10. November 1933 eine Reihe deutscher Professoren ein für das Ausland bestimmtes Bekenntnis zu Adolf Hitler veröffentlichte, fand sich auch sein Name unter den Unterzeichnern. 1937 wurde er außerplanmäßiger Professor in Marburg, und 1939 erhielt er seinen ersten ordentlichen Lehrstuhl in Leipzig, den er bis 1947 innehatte. Danach lehrte er in Frankfurt/Main und schließlich ab 1949 bis zu seiner Emeritierung in Heidelberg.

Gadamers eigenes Denken entwickelte sich für die Öffentlichkeit weitgehend unbemerkt, da er außer wenigen Aufsätzen kaum etwas publizierte. Nach Ende des Zweiten Weltkriegs wurde er immer wieder von Freunden und Schülern bedrängt, seine eigenen Thesen endlich in Buchform zu veröffentlichen. Gadamer bevorzugte es, seine Gedanken im Gespräch zu entwickeln, die schriftliche Äußerungsform bereitete ihm große Mühe. Dass philosophische Erkenntnis vor allem im dialogischen Austausch entsteht, gehörte zu seinen philosophischen Grundüberzeugungen.

Angeregt durch einen Aufsatz des Theologen Rudolf Bultmann von 1950, »Das Problem der Hermeneutik«, beginnt Gadamer seit etwa 1951 an einer eigenen »Theorie der Hermeneutik« zu arbeiten. Es geht ihm um ein »Verstehen«, das – in Anknüpfung an Dilthey und Heidegger – die geschichtliche Vorgeprägtheit des Menschen berücksichtigt und zu einem Begriff der Wahrheit führt, der mehr meint als die bloße Übereinstimmung eines behaupteten Sachverhalts mit einer Tatsache. Gadamer hatte einen Wahrheitsbegriff im Sinn, der metaphysische und teilweise theologische Anklänge hatte und auf eine Tiefendimension der Wirklichkeit zielte. Damit bewegte sich die Hermeneutik in Richtung auf eine Ontologie, eine Lehre von den grundlegenden Prinzipien des Seins. Sie erhielt einen »universalen« Charakter: Ihre Anwendung weitet sich von der Texterfahrung zur Welterfahrung aus.

Die Brücke zu dieser Welterfahrung war nicht mehr die Natur, sondern die kulturelle Tradition. Gadamer stützte sich, wie er in einem Brief an Bultmann schrieb, auf »die Erfahrung der philosophischen Klassiker, der Kunst und der humanistischen Tradition«, also auf die geisteswissenschaftliche Erfahrungswelt. Ästhetisches und geisteswissenschaftliches Verstehen wird bei Gadamer zum Vorbild für Verstehen überhaupt.

In mehreren Vorträgen, so in »Wahrheit in den Geisteswissenschaften« von 1953 und »Was ist Wahrheit?« von 1955, bereitete Gadamer seine Theorie vor und entwickelte dort die für ihn grundlegende Auffassung, dass Verstehen von Wahrheit ein Prozess ist, der mit dem Verständigungsprozess in einem Gespräch verglichen werden kann.

Die Arbeit an seinem Hauptwerk kostete Gadamer fast ein Jahrzehnt. Erst im Wintersemester 1958/59, in dem er von der Universität beurlaubt worden war, konnte er das Manuskript vollenden. Der ursprünglich vorgesehene Titel »Grundzüge einer philosophischen Hermeneutik« wurde allerdings vom Verleger nur als Untertitel akzeptiert, da der Begriff »Hermeneutik« zu wenig verkaufsträchtig erschien. »Wahrheit und Methode« dagegen hatte als Titelvorschlag zwei Vorteile: Er erinnerte nicht zufällig an Goethes autobiografische Schrift *Dichtung und Wahrheit*, und er fasste den Anspruch des Werks auf eine verständliche und plakative Weise zusammen: Es ging um eine im Verstehensprozess sichtbar werdende Wahrheit, die einer naturwissenschaftlich orientierten Methode nicht zugänglich war.

Dieses Verstehen ist für Gadamer ein grundlegender, dem Menschen von Anfang an zugehöriger Akt, der bereits vor jedem Versuch der wissenschaftlichen Weltdeutung liegt. Wie Heidegger verbindet Gadamer mit seiner Hermeneutik also einen universalen, über das Ziel der Textinterpretation hinausgehenden Anspruch. Sie sollte eine neue Art von Ontologie und Erkenntnistheorie begründen, also grundsätzliche Aussagen über die Welt und die Wirklichkeit machen. Im Unterschied zu Heidegger legte Gadamer jedoch den Schwerpunkt seiner Analysen nicht auf den Lebensentwurf, sondern auf die durch Sprache vermittelte »Welterfahrung« des Menschen. An die Stelle eines anthropologischen ist ein erkenntnistheoretischer Schwerpunkt getreten. Die neukantianische Frage nach den »reinen« Grundbegriffen, die unsere Welterfahrung verbürgen, wird bei Gadamer ersetzt durch die hermeneutische Frage nach dem »Verstehen«, d. h. nach der Grundbeziehung, in der der Mensch gegenüber einer sprachlich geprägten Welt steht.

Die drei großen Teile des Buches versuchen, den Begriff des »Verstehens« stufenweise auf eine zunehmend grundsätzlichere Art zu erläutern. Gadamer beginnt mit dem Verstehen von Kunst als einer Alternative zum rationalen, wissenschaftlichen Erklären. Die Elemente des hier gewonnenen Verstehensbegriffs werden im zweiten Teil auf die Geisteswissenschaften insgesamt ausgedehnt, um im dritten Teil Gadamers »ontologische Wendung der Hermeneutik«

zu vollziehen, also das Verstehen zur grundlegenden menschlichen Welterfahrung schlechthin zu machen.

Mit den ersten beiden Teilen vollzieht Gadamer die Geschichte der Hermeneutik nach, die sich von einer Lehre der Textinterpretation zu einer Methodenlehre der Geisteswissenschaften entwickelt hatte. Im dritten Teil fügt er ihr sein eigenes, neues Verständnis hinzu: Hermeneutik als Lehre von der Welterkenntnis.

Gadamer geht es von Anfang an darum, sowohl das Erkenntnisideal der rationalen, begrifflichen Erfassung der Welt als auch das Erkenntnisideal der Naturwissenschaften als eine reduzierte Form der Erkenntnis dazustellen und ihr eine Alternative entgegenzusetzen. Den Glauben an eine sogenannte »objektive« Erkenntnis, die dadurch zustande kommt, dass der Mensch der Welt – unter Ausschaltung aller subjektiven Faktoren – mit dem richtigen Werkzeug, sprich: der richtigen wissenschaftlichen Methode, zu Leibe rückt und mit Hilfe dieses Instruments die objektive Wahrheit hervorholt, hält er für naiv. Für ihn gibt es keine rein objektive Erkenntnis, aus der sich das erkennende Subjekt heraushalten könnte.

Deshalb will er alternative Formen der Erkenntnis wieder aufwerten, in denen eine andere Art der Beziehung zwischen Erkenntnissubjekt und Erkenntnisobjekt stattfindet. Der geschichtliche Anknüpfungspunkt hierfür ist für ihn die Tradition des Humanismus seit der Renaissance. Hier entwickelte sich ein Ideal der Bildung, in dem eine sinnlich-intuitive Urteilsfähigkeit, eine Urteilsfähigkeit mehr des »Herzens« als des »Verstandes« im Mittelpunkt stand. Es kann sich dabei um eine praktische Urteilsfähigkeit wie den »sensus communis«, den »Gemeinsinn«, handeln, der eine soziale Tugend bezeichnet, die den Menschen instand setzt, konkrete gesellschaftliche Situationen richtig zu deuten und sich entsprechend zu verhalten. Es kann sich aber auch um die Fähigkeit der ästhetischen Wahrnehmung handeln, durch die wir Zugang zu einem Kunstwerk finden. In beiden Fällen geht es um eine Form des »Takts«, die nicht durch Theorie, sondern durch praktischen Umgang und Persönlichkeitserziehung erworben wird. Im deutschen Begriff »Geschmack« ist beides, der soziale und der ästhetische Aspekt dieser Urteilsfähigkeit, enthalten.

Für Gadamer ist vor allem der Umgang mit der Kunst der Ort, an dem dieser »Geschmack« sich ausprägt. Dabei wendet er sich gegen eine in der Kunstphilosophie sichtbare Tendenz, die ästhetische Erkenntnis zu einer eigenen, »autonomen« Erkenntnisform zu machen und sie von anderen Erkenntnisformen abzukoppeln. Ästhetische Erkenntnis ist für Gadamer Erkenntnis in gleichem Sinn wie die durch Theorien vermittelte Erkenntnis.

Mit Blick auf die Antike, in der die Kunst als ein gesellschaftliches Ereignis, als rituelles Spiel in enger Verbindung zur Religion stand, betont Gadamer, dass Kunst eine Form der Darstellung von Wahrheit ist und nicht auf einen »Kunstgenuss« oder eine subjektive ästhetische Wahrnehmung reduziert werden darf. Kunst ist für Gadamer eine Form der Erkenntnis, eine Erkenntnis allerdings, die nie vollendet ist und in der sich Erkenntnissubjekt und Erkenntnisobjekt auf eine immer neue Art begegnen. Das erkennende Subjekt wird Teil eines Prozesses, in den es sich einfügt, in den es sich aber auch mit seinen eigenen geschichtlichen Erfahrungen einbringt. Diese, wie Gadamer sagt, »Teilhabe« an der Kunst ist »Begegnung mit einem unabgeschlossenen Geschehen und selbst Teil des Geschehens«. Die von Gadamer betonte enge Verwandtschaft zwischen Kunst und Spiel kann den Charakter dieser Erfahrung verdeutlichen: Man findet Zugang zum Spiel, indem man sich den Spielenden anschließt, also selbst Teil des Spiels wird.

Dieser Prozess der unabgeschlossenen Wahrheitserfahrung, wie er in der Kunst stattfindet, hat für Gadamer beispielhaften Charakter und ist Vorbild für die Art von Verstehen, wie sie uns überall in den Geisteswissenschaften begegnet. Hier haben wir es durchgehend mit sprachlichen Texten zu tun, die in einer bestimmten geschichtlichen Situation entstanden sind, aber gleichzeitig auch von großer Bedeutung für jemanden sind, der sie viel später, in einer ganz anderen geschichtlichen Situation kennen lernt.

Das »geschichtliche Bewusstsein« des Verstehenden und die »Geschichtlichkeit des Verstehens«, wie sie schon Dilthey hervorgehoben hatte, bilden für Gadamer den Ausgangspunkt seiner Kritik an der Aufklärung. Der Aufklärung des 18. Jahrhunderts sei es darum gegangen, eine Vernunfterkenntnis zu fördern, die frei von Vorurteilen ist. Doch für Gadamer ist ohne Vorurteile überhaupt kein Verstehen möglich. Deshalb betont er ihre positive Funktion. Jedes geschichtliche Verstehen erfolgt notwendigerweise von bestimmten Vorurteilen aus. Hätten wir nicht bereits einen vorläufigen Begriff von einer Sache, also ein »Vor-Urteil«, so könnten wir uns dieser überhaupt nicht nähern. Deshalb ist für Gadamer der hermeneutische Zirkel auch keine Beschränkung, sondern ein notwendiges und produktives Strukturmoment des Verstehensprozesses. Von einem bestimmten historischen Standpunkt aus entwerfen wir im Vorgriff den Sinn der zu verstehenden Sache. Nur so erhalten wir Verstehenshinweise, die wiederum auf die Veränderung unserer »Vor-Urteile« zurückwirken. Verstehen wird damit zu einem unendlichen Prozess der Vermittlung von Vertrautheit und Fremdheit.

Gadamer bezeichnet diesen Vermittlungsprozess immer wieder als eine Form der Kommunikation, als einen »Dialog« oder ein »Gespräch« zwischen dem Verstehenden und dem Text. Um einen Text zu verstehen, muss man die richtige Frage stellen, muss man herausfinden, auf welche Frage er eine Antwort ist. Dies wissen wir aber zunächst nicht, da wir von einem geschichtlich begrenzten »Fragehorizont« aus fragen, während der Text von einem ganz anderen Fragehorizont bestimmt ist. Im Gegensatz zu Dilthey glaubt Gadamer nicht, dass Verstehen als Nachvollziehen auf der Grundlage einer historischen Rekonstruktion möglich ist. Wir können den Horizont des Textes niemals genau rekonstruieren, wir können aber so lange fragen, bis sich der Horizont des Werks mit unserem eigenen Horizont verbinden lässt.

Was wir normalerweise als Aneignung oder produktive Interpretation von Texten kennen, bezeichnet Gadamer in einer berühmten Wendung als »die im Verstehen geschehene Verschmelzung der Horizonte«. Wir verzichten dabei auf den Anspruch, eine Sache völlig aufklären zu wollen, und unterwerfen uns der Einsicht, dass Horizontverschmelzung ein offener, unabgeschlossener Prozess ist, der von jedem Verstehenden neu und auf eine neue Art vollzogen wird. In dieser Horizontverschmelzung sind auch die von der traditionellen Hermeneutik getrennten Aspekte des Verstehens, der Auslegung und der Anwendung vereint. Horizontverschmelzung bedeutet ja, dass der Text für mich in einem neuen Horizont zugänglich und damit auf meine Situation anwendbar wird.

Doch das in der Horizontverschmelzung vollzogene Verstehen ist keineswegs beliebig. Ein Text lässt sich nicht willkürlich aktualisieren und auf meine Situation beziehen. Obwohl Gadamer immer wieder betont, dass Texte auf eine stets neue Art und Weise angeeignet und verstanden werden können, neigt er doch dazu, der Tradition ein großes Eigengewicht zu geben. Deshalb bleiben für ihn auch die Möglichkeiten eines kritischen Umgangs mit der Tradition begrenzt. Er bezeichnet den Verstehensprozess als ein »Einrücken in ein Überlieferungsgeschehen« und will damit deutlich machen, dass der Verstehende sich um das Sinnpotenzial der Überlieferung bemühen muss. Gadamer fordert, einfacher gesagt, vor der Tradition Ehrfurcht und Respekt. In ihr liegt schließlich das verborgen, was wir als »Wahrheit« immer wieder neu erfahren wollen.

Im Verlauf des Werkes versucht Gadamer den Leser davon zu überzeugen, dass das Verstehen von Texten Vorbild für das Verstehen von Welt ist. Verstehen als Horizontverschmelzung beschränkt sich für Gadamer deshalb nicht nur auf das, was wir normalerweise als »Text« bezeichnen, sondern es ist für ihn »der ursprüngliche Seinscharakter des Lebens selber«. Gadamers Ziel, Hermeneutik als eine universale philosophische Disziplin zu begründen, ist mit dem Anspruch verbunden, »Verstehen« als Grundlage der Welterfahrung nachzuweisen. Dies kann nur gelingen, wenn die Welt jene Grundeigenschaften aufweist, die auch ein Text hat.

Hier stellt Gadamer eine These auf, die in eigentümlicher Nähe zum »linguistic turn«, zur »sprachphilosophischen Wende«, der analytischen Philosophie steht, zu der seine Theorie ansonsten einen großen Abstand hat. Auch für ihn sind Welt und Sprache aufs Engste miteinander verbunden. Unsere Welt ist sprachlich verfasst, und wir erfahren Welt nur über Sprache. »Es ist die Mitte der Sprache«, so Gadamer, »von der aus sich unsere gesamte Welterfahrung und im Besonderen die hermeneutische Erfahrung entfaltet.« Da die Welt nur über Sprache erfahrbar ist, muss sie wie ein Text behandelt werden und ist dem gleichen Verstehensprozess zugänglich wie die Überlieferung. Und da die Horizontverschmelzung für Gadamer im Mittelpunkt des Verstehens von Texten steht und ihm als die eigentliche Leistung der Sprache gilt, wird sie auch zum Mittelpunkt der Welterfahrung.

Dass jede Sprache eine bestimmte Weltsicht vermittelt – diese These Gadamers hatte auch schon Ludwig Wittgenstein, ein Gründungsvater der sprachanalytischen Tradition, 1951 in seinen *Philosophischen Untersuchungen* vertreten. Wittgenstein glaubte, dass jedes sprachliche Bezugssystem, jedes »Sprachspiel«, eine »Lebensform« definiert. Gadamer spricht davon, dass jede Sprache die Welt auf eine bestimmte Art »abschattet«.

Im Gegensatz zu vielen Sprachanalytikern ist Sprache für Gadamer aber kein künstlich festgelegtes Zeichensystem. Es ist das Medium, in dem der Mensch mit seiner begrenzten Erkenntnisfähigkeit in Kontakt mit der Wahrheit treten kann. Diese »Wahrheit« wird von Gadamer an keiner Stelle eindeutig definiert. Sie hat den Charakter eines »Ereignisses«, an dem der Mensch teilhat und in das er einbezogen ist. Mit dem »Überlieferungsgeschehen« korrespondiert bei Gadamer das »Wahrheitsgeschehen«. In Ergänzung zum Bild des Fragenden, der sich an die Überlieferung wendet, benutzt Gadamer hier häufig das Bild des Hörens, um die Stellung zu verdeutlichen, die der Mensch gegenüber der Sprache und dem »Wahrheitsgeschehen« einnehmen muss. Nicht wir benutzen die Sprache wie ein einfaches Verständigungswerkzeug, sondern es ist die Sprache, die uns »anredet« und auf die wir hinhören müssen. Es ist die Kunst, die Gadamer schon am Beginn des Buches als Darstellung von Wahrheit eingeführt hatte, die das Vorbild für die Wahrheitserfahrung mittels der Sprache abgibt.

Nicht zufällig werden hier aber auch Anklänge an die theologischen Ursprünge der Hermeneutik deutlich. Das »Wahrheitsgeschehen«, von dem Gadamer spricht, hat seine Wurzel im »Heilsgeschehen« und in der Gotteserfahrung, wie sie dem Hörer der religiösen Offenbarung zugänglich wird. In Gadamers *Wahrheit und Methode* fühlt der Leser sich wie in eine zum Konzertsaal umgebaute Kirche versetzt, von der man zwar weiß, dass sie nicht mehr religiösen Zwecken dient, deren räumliche Ausgestaltung aber überall an ihre ursprünglich religiöse Bestimmung erinnert. Der ehemals unergründliche Gott hat sich nun im Text der Welt verborgen. Sich der Lektüre dieses Textes zu widmen, ist für Gadamer die Bestimmung des Menschen. *Wahrheit und Methode* enthält den Kommentar zu dieser Lektüre.

Wahrheit und Methode, von Gadamer-Anhängern schlicht »Wum« genannt, erschien 1960 und war das Geschenk, das Gadamer sich zu seinem 60. Geburtstag selbst machte. Nicht viel deutete darauf hin, dass dieses Buch einmal zu den philosophischen Klassikern des 20. Jahrhunderts gehören würde. 1961 wurden 697 Exemplare des Buches verkauft, 1962 waren es 749 und 1963 gerade einmal 647. Vertreter der Wissenschaftstheorie und des kritischen Rationalismus kritisierten, dass Gadamers Gegensatz zwischen dem Verstehen von Wahrheit und dem methodischen Vorgehen der Wissenschaften nicht haltbar ist, da auch die Wissenschaften immer von Vor-Urteilen und Hypothesen ausgehen. Auch auf die Konsequenz des Relativismus wurde hingewiesen, der daraus entsteht, dass es bei Gadamer keine Handhabe mehr gibt, gute von schlechten Überlieferungen zu unterscheiden. Vertreter der neomarxistischen Frankfurter Schule bemängelten entsprechend, dass in *Wahrheit und Methode* ein konservatives und unkritisches Verhältnis zur Tradition zum Ausdruck komme.

Eine frühe Wirkung entfaltete das Buch in den Literatur- und Kunstwissenschaften. *Wahrheit und Methode* übte großen Einfluss auf die sogenannte »Rezeptionsästhetik« aus, in der das Werk aus der Kommunikationssituation erschlossen wird, in der es mit dem Leser und Betrachter steht.

Mit dem Konzept der »Horizontverschmelzung« hat *Wahrheit und Methode* als eine Theorie der Kommunikation zwischen verschiedenen Disziplinen, vor allem aber zwischen verschiedenen Weltbildern und »Diskursen« schließlich auch seine Anerkennung in der Philosophie gefunden. Selbst Jürgen Habermas, ein aus der Frankfurter Schule hervorgegangener früher Kritiker des Buches, machte in seinem Hauptwerk *Theorie des kommunikativen Handelns*, an Gadamer anknüpfend, Sprache und Kommunikation zur Grundlage einer Gesellschaftstheorie, in deren Mittelpunkt Verständigung und Konsens zwischen den Bürgern steht.

Dass das Verstehen von Kunst Vorbild für Verstehen auch im Bereich der Philosophie ist, wurde in der Postmoderne von Jacques Derrida und Richard Rorty übernommen. In seiner auf Gadamer aufbauenden »pragmatischen Hermeneutik« hat Rorty den Allgemeinheitsanspruch der Philosophie bestritten und diesen durch die Idee des Gesprächs zwischen verschiedenen philosophischen Ansätzen ersetzt.

Mit seiner These, dass jedes Verstehen auf einem Wechselspiel von Frage und Antwort beruht, in dem ich meinen eigenen Horizont mit dem meines Gegenübers verbinde, ist *Wahrheit und Methode* nicht nur ein philosophisches Vorbeugemittel gegen jeden Dogmatismus, sondern enthält auch den bisher wichtigsten Verfahrensvorschlag der Philosophie, unterschiedliche Denkrichtungen miteinander ins Gespräch zu bringen und dem »Kampf der Kulturen« einen Dialog der Kulturen entgegenzusetzen.

Ausgabe:

Hans-Georg Gadamer: Wahrheit und Methode. Grundzüge einer philosophischen Hermeneutik. Tübingen: Mohr (Paul Siebeck) 1975.

Dada Goes Philosophy
Paul Feyerabend: Wider den Methodenzwang (1975)

Wo es Traditionen, Regeln oder Gesetze gibt, gibt es immer auch Menschen, die sich von ihnen abwenden, ihre Berechtigung anzweifeln oder sogar manchmal den Kampf gegen sie aufnehmen. Rebellen und Aussteiger sind auch in der Philosophie aufgetreten. Die antiken Kyniker z. B., unter ihnen der berühmte Diogenes in der Tonne, verweigerten sich jeder Theorie und demonstrierten ihre Überzeugungen durch eine unkonventionelle Lebenspraxis. Max Stirner, einer der philosophischen Väter des modernen Anarchismus, rebellierte im 19. Jahrhundert gegen jede Art von Vereinnahmung des Einzelnen durch gesellschaftliche, religiöse oder politische Autoritäten.

Unter den philosophischen Rebellen des 20. Jahrhunderts ist Paul Feyerabend der radikalste. Mit seinem Buch *Wider den Methodenzwang* stellte er nicht nur herrschende philosophische und wissenschaftliche Überzeugungen in Frage, sondern wandte sich gegen die gesamte Tradition der rationalen Erkenntnisbemühung, die die westliche Philosophie und Wissenschaft seit der Antike bestimmt hatte. Feyerabend beschuldigt diese Tradition, zu einer neuen Orthodoxie geworden zu sein, die alle anderen Formen der Welterkenntnis tabuisiert und unterdrückt habe. Mit dem Untertitel »Skizze einer anarchistischen Erkenntnistheorie« knüpft er bewusst an die autoritätskritische Haltung der anarchistischen Tradition an.

Mehr noch als mit dem alten politischen Anarchismus hat dieser erkenntnistheoretische Anarchismus nach Feyerabends eigenen Worten mit der Kunstrichtung des Dadaismus zu tun. Der Dadaismus hat kein Programm, und er akzeptiert keine Regeln. Er benutzt die

Kunstgeschichte wie einen Steinbruch, aus der er sich Bestandteile herausbricht und mit Hilfe von Collagen neu zusammensetzt. Er unterminiert jede Absicht, unseren Begriff von Kunst in irgendeiner Weise festzulegen.

Eine solche subversive Haltung nimmt Feyerabend gegenüber der Wissenschaftstheorie ein. Mit ihrer Behauptung, es gebe eine Methode, mit der der Erkenntnisfortschritt der Wissenschaften sichergestellt werden kann, erweise sie sich als eine »bisher unbekannte Form des Irrsinns«. Über seinen Aufsatz »Unterwegs zu einer dadaistischen Erkenntnistheorie«, in dem er einige seiner Grundideen zusammenfasste, stellte er als Motto ein Zitat des Dadaisten Hans Arp: »Der Dadaist lässt den Wissenschaftstheoretiker Wirrwarr und fernes, jedoch gewaltiges Beben verspüren, sodass seine Glocken zu summen beginnen, seine Theorien die Stirn runzeln und seine akademischen Ehren fleckig anlaufen.«

Dada Goes Philosophy: Mit *Wider den Methodenzwang* hat Paul Feyerabend das dadaistische Manifest der modernen Philosophie geschrieben. Die Wissenschaft soll von dem Thron gestoßen werden, auf den sie als angebliche Hüterin der Wahrheit gesetzt wurde. An die Stelle eines von den Autoritäten der Wissenschaftstheorie abgesegneten und fest abgegrenzten Bereichs der »wissenschaftlichen Methode« soll ein Abenteuerspielplatz verschiedenster Erkenntnisbemühungen treten, die ihre Inspiration auch aus Kunst, Religion und Mythos beziehen. Die Trennwand zwischen »Rationalität« und »Irrationalität« soll niedergerissen und die faulen Tricks der angeblich so rational verfahrenden Wissenschaften sollen aufgedeckt werden. Mit *Wider den Methodenzwang* hat sich Feyerabend als der wichtigste und einflussreichste Nonkonformist in die Geschichte der modernen Philosophie eingeschrieben.

Seine Neigung, aus dem Mainstream auszuscheren, war ihm jedoch keineswegs in die Wiege gelegt worden. Aufgewachsen im Wiener Kleinbürgertum und – wie er selbst immer wieder betonte – ausgestattet mit einem »großen Maul«, fiel der junge Feyerabend eher durch sein extrovertiertes Auftreten und durch seine große Begabung als durch Rebellion auf. Auch aus seiner Zeit als junger Offizier in der deutschen Wehrmacht während des Zweiten Weltkriegs nahm er zwar eine schwere Kriegsverletzung, aber keine gesellschafts- oder autoritätskritische Haltung mit. Sein Studium im Wien der Nachkriegsjahre konzentrierte sich auf die Naturwissenschaften, vor allem auf die Physik und Astronomie, schloss aber auch viele andere Wissensgebiete wie die Geschichtswissenschaft und die Philosophie ein. Feyerabend war ein vielseitig interessiertes Multitalent.

Eine seiner großen Vorlieben blieb die Musik. In jungen Jahren hatte er eine Gesangsausbildung erhalten, und zeit seines Lebens besuchte er mit Begeisterung Opern- und Theateraufführungen. Die Kunst und ihre Art, die Welt auf spontane, intuitive und sinnliche Art zu erfassen, blieb ihm ein Vorbild auch für die Philosophie.

Die philosophische Tradition, die ihn zunächst prägte, war die des Empirismus, also die von John Locke und David Hume im Zeitalter der Aufklärung geprägte Auffassung, nach der alles Wissen seinen Ursprung in der Erfahrung hat. Im frühen 20. Jahrhundert hatte sich in Wien der sogenannte »Wiener Kreis« gebildet, ein lockerer Zusammenschluss von Philosophen und Naturwissenschaftlern, die einen modernen Empirismus begründen wollten, indem sie versuchten, die Philosophie von metaphysischer Spekulation zu befreien und sie methodisch an die Naturwissenschaften und die Mathematik anzuschließen. Seine Vertreter, wie Moritz Schlick und Rudolf Carnap, propagierten, dass jede Erkenntnis ihr Fundament entweder in der Logik oder in der Beobachtung haben müsse. Von sogenannten »Protokoll- oder Basissätzen« aus sollten wissenschaftliche Gesetzmäßigkeiten »induktiv«, d.h. durch eine Verallgemeinerung von Einzelbeobachtungen, erschlossen werden.

Feyerabend wurde ein kritischer Empirist, den die Frage, was an der Wissenschaft eigentlich »wissenschaftlich« sei, nie losließ. In seiner Dissertation *Zur Theorie der Basissätze*, mit der er 1951 bei Victor Kraft, einem ehemaligen Mitglied des Wiener Kreises, promovierte, setzte er sich bereits kritisch mit der These auseinander, die Basissätze seien das feste, durch Erfahrung verbürgte Fundament der Wissenschaft. Kurz nach seiner Promotion wechselte er mit einem Stipendium des British Council nach England, wo er sich unter die

Fittiche des gebürtigen Wieners Karl Popper begab, der an der London School of Economics lehrte. Popper wurde für Feyerabend eine entscheidende Figur in seinem philosophischen Werdegang – zunächst als Lehrer und später als philosophischer Gegner.

Popper hatte in den 20er Jahren im Umfeld des Wiener Kreises studiert, war aber bald zu einem seiner schärfsten Kritiker geworden. In seinem frühen Hauptwerk *Logik der Forschung* (1935) wandte er sich sowohl gegen die Theorie der Basissätze als auch gegen die Auffassung, wissenschaftliche Gesetze würden durch Induktion gewonnen. Der von ihm begründete Kritische Rationalismus vertrat einen »Fallibilismus«: Wissenschaftliche Theorien lassen sich von unwissenschaftlichen nur dadurch unterscheiden, dass sie »falsifizierbar« sind, d. h., dass man sie durch die Erfahrung widerlegen kann. Beweisen kann man sie hingegen nie. Sie sind kreative Entwürfe des menschlichen Geistes und keine Ableitungen aus der Erfahrung. Die rationale wissenschaftliche Methode besteht nach Popper darin, dass man von einem konkreten Erkenntnisproblem ausgeht, eine Hypothese zu seiner Lösung entwirft und diese Hypothese dann dem Test der Erfahrung unterzieht.

Für Popper vollzieht sich wissenschaftlicher Erkenntnisfortschritt als stetiger und rational ablaufender Prozess: Eine alte Theorie gerät in Schwierigkeiten, wenn zunehmend Erfahrungen und Entdeckungen auftauchen, die sie nicht mehr erklären kann. Häufen sich diese Erfahrungen, gilt sie als falsifiziert. Eine neue Theorie beginnt zunächst mit intelligenten »Vermutungen« zur Erklärung dieser neuen Erscheinungen. Sie löst die alte dann ab, wenn sie nicht nur diese neuen Erscheinungen erklären kann, sondern auch all das, was bisher von der alten Theorie befriedigend erklärt worden war. Die neue Theorie baut, bildlich gesprochen, auf der alten auf: Ihr Erklärungsgehalt umfasst den Erklärungsgehalt der alten und geht darüber hinaus.

Die Wissenschaftsgeschichte ist demnach ein sich ständig korrigierender Reformprozess, in dessen Verlauf die Theorien immer »wahrheitsähnlicher« werden. Ein prominentes Beispiel dafür ist die Ablösung des ptolemäischen Weltbildes, das die Erde in den Mittelpunkt des Universums stellte, durch das heliozentrische Weltbild des Kopernikus, das besser geeignet war, die beobachteten Planetenbewegungen zu erklären.

Diese Sicht einer Wissenschaftsgeschichte, die von Falsifizierung zu Falsifizierung fortschreitet und dadurch immer mehr Wahrheit anhäuft, wurde zu einem Angelpunkt der Feyerabend'schen Kritik an Popper, die sich jedoch erst langsam entwickelte. Bis in die 60er Jahre blieb Feyerabend ein Anhänger Poppers, ebenso wie viele seiner Freunde und wichtigsten Gesprächspartner. Popper förderte die Karriere des jungen Wiener Landsmanns. 1953 übersetzte Feyerabend das sozialphilosophische Hauptwerk Poppers *Die offene Gesellschaft und ihre Feinde* ins Deutsche. Das Angebot, Poppers Assistent zu werden, lehnte er allerdings ab. Als er 1958 schließlich eine Professur in Berkeley/Kalifornien erhielt, begann er sich philosophisch immer mehr von Popper zu distanzieren.

Die kritische Auseinandersetzung der Popperianer mit ihrem Meister begann mit dem 1962 erschienenen Buch des Amerikaners Thomas Samuel Kuhn, *Die Struktur wissenschaftlicher Revolutionen.* Kuhn, der Popper 1950 anlässlich einer Gastvorlesung an der Harvard-Universität gehört hatte, bestritt, dass der Wechsel von einer alten zu einer neuen wissenschaftlichen Theorie rational abläuft. In der Wissenschaftsgeschichte gibt es nach Kuhn kaum einen Fall, bei dem eine alte Theorie deswegen abgelöst wird, weil sie durch eine neue falsifiziert wird. Vielmehr müsse man zwei Arten von Wissenschaft unterscheiden: eine »normale« Wissenschaft, die auch dann noch sehr lange routinemäßig an einem »Paradigma«, einer theoretischen Grundorientierung, festhält, wenn sie durch neue Beobachtungen und Entdeckungen, durch »Anomalien« in Frage gestellt wird; und eine »außerordentliche« Wissenschaft, eine Wissenschaft in Zeiten der Krise, in denen die Anomalien sich derart häufen, dass es zu einer Revolution des wissenschaftlichen Denkens und zur Ablösung des alten durch ein neues Paradigma kommt. Dieser »Paradigmenwechsel« erfolgt aber nicht rational, er ist nicht Ergebnis eines stetigen, allmählichen Reformprozesses, sondern er vollzieht sich in der Art eines revolutionären Staatsstreichs. Ein neues Paradigma setzt sich oft auch dann schon durch, wenn die neue Theorie keineswegs einen größeren Gehalt als die alte hat. Nicht Argumente und Fakten, sondern Taktik und Propaganda spielen nach Kuhn dabei eine große Rolle.

Nachdem Popper seine Auffassung vom Erkenntnisfortschritt in der Wissenschaft in seinem 1963 erschienenen Buch *Vermutungen und Widerlegungen* noch einmal erläutert hatte, organisierte Imre Lakatos, der langjährige Assistent Poppers und ein enger Freund Feyerabends, 1965 in London einen Kongress über die Thesen Kuhns und Poppers. Dabei rückte auch Lakatos von Popper ab, hielt aber noch an der Idee eines rationalen Erkenntnisfortschritts fest. Dieser entsteht aber seiner Meinung nach nicht mehr durch Falsifizierung einzelner Theorien, sondern durch den Wechsel sogenannter »Forschungsprogramme«. Ein Forschungsprogramm ist ein Bündel von Theorien, die durch einen »harten Kern« gemeinsamer Annahmen miteinander verbunden sind.

Feyerabend war nun derjenige, der den radikalsten Schnitt mit Popper vollzog. Ebenso wenig wie Kuhn glaubte er, dass es bei der Ablösung von Theorien rational zugeht. Aber auch, dass die Wissenschaft die Deutungshoheit über Vernunft, Erkenntnis und Wahrheit beansprucht, wurde ihm zunehmend suspekt. Dabei war er vor allem von zwei Denkern inspiriert worden: von John Stuart Mill und seiner Freiheitstheorie und von Ludwig Wittgensteins Idee der »Sprachspiele«.

In seinem programmatischen Essay *Über die Freiheit* von 1859 trat John Stuart Mill, der Vater des modernen englischen Liberalismus, für einen Pluralismus individueller Lebensformen ein, die gleichberechtigt nebeneinander existieren und dem Zugriff staatlicher Autoritäten entzogen bleiben sollten. Wittgenstein wiederum formulierte in seinem 1951 erschienenen Spätwerk *Philosophische Untersuchungen* die These, dass die Bedeutung sprachlicher Ausdrücke vom Gebrauch abhängt und letztlich durch den kulturellen Rahmen eines Sprachspiels vermittelt wird. Dies übertrug Feyerabend nun nicht nur auf die Beziehungen zwischen wissenschaftlichen Theorien, sondern auch auf die Beziehung zwischen Wissenschaft und anderen, nicht-rationalen Formen der Welterklärung. Auch die Wissenschaft ist danach nur eines von vielen Sprachspielen, das gegenüber anderen »Sprachspielen« wie Kunst, Religion u. a. keine Bevorzugung verdient. Aus der Lektüre Mills und Wittgensteins entwickelte Feyerabend seine eigene, radikale Form des philosophischen Pluralismus.

Angeregt durch die 68er-Bewegung, die in Berkeley einen ihrer Ausgangspunkte hatte, schlüpfte Feyerabend, der Liebhaber von Theater und Klamauk, immer mehr in die Rolle des Provokateurs, der dem traditionellen Wissenschaftsbetrieb eine lange Nase zeigen wollte. Er las Mao Tse Tung und Lenin und erschien auf offiziellen Banketten mit einem alten Militärmantel. Seine Vorlesungen fanden nun, zum Ärger der Universitätsverwaltung, außerhalb der Universität in öffentlichen Gebäuden statt, wobei Feyerabend die Studenten reden ließ und selbst nur noch die Rolle des Moderators einnahm. Feyerabend inszenierte seine akademischen Veranstaltungen – und nicht zuletzt sich selbst – als Happening.

Mit Imre Lakatos entwickelte sich nun eine besonders enge Diskussionsbeziehung. In den späten 6oer Jahren tauschten Lakatos und Feyerabend in zahllosen Briefen ihre gegensätzlichen Positionen aus, bis Lakatos Feyerabend schließlich aufforderte, seine Auffassungen schriftlich niederzulegen. Es entstand der Plan eines Buches, das die Diskussion zwischen beiden dokumentieren sollte. Lakatos war dabei die Rolle des »Rationalisten« zugedacht, während Feyerabend die Rolle des »Irrationalisten« spielen sollte, der immer mehr Ungereimtheiten in der Wissenschaftsgeschichte entdeckte. Geplant war eine Streitschrift, eine Art persönliche Auseinandersetzung, aber auch, in dadaistischer Tradition, eine unsystematische Collage von Argumenten und Fallbeispielen. Den englischen Originaltitel *Against Method* wählte Feyerabend in Anlehnung an den 1964 erschienenen, berühmten Essay *Against Interpretation* der amerikanischen Schriftstellerin Susan Sontag, der sich gegen die akademische Interpretationswut richtete und dafür plädierte, die Kunstwerke selbst sprechen zu lassen.

1970 erschien *Against Method* als größerer Aufsatz in einer amerikanischen Fachzeitschrift. Vielfach erweitert und umgearbeitet, sollte die Buchfassung auch die Entgegnungen Lakatos' enthalten. Doch dazu kam es nicht, da Lakatos 1974 überraschend starb. So beginnt *Wider den Methodenzwang* mit einen Nachruf auf den Freund und einem Rückblick auf die für Feyerabend typische, chaotische Publikationsgeschichte: »Das Manuskript meines Teils des Buches«, schreibt Feyerabend, »war im Jahre 1972 beendet, und ich schickte es nach London. Dort verschwand es auf geheimnisvolle Weise. Imre Lakatos, der dramatische Gesten liebte, verständigte die Interpol, und in der Tat, die Interpol fand mein Manuskript und schickte es an mich zurück. Ich las es noch einmal und schrieb es zum großen Teil um. Im Februar des Jahres 1974, nur einige Wochen nachdem ich meine Revision beendet hatte, starb Imre Lakatos. Ich habe dann meinen Teil ohne seine Antwort publiziert.«

Feyerabend macht seinen Lesern immer wieder klar, dass seine Argumente vor allem einen strategischen Charakter haben. Er bezeichnet sich selbst daher als »Geheimagenten«, dem es nicht darum geht, neue Wahrheiten zu verkünden, sondern darum, die Position des alten Rationalismus – wozu er eine lange Reihe von Philosophen, von René Descartes im 17. Jahrhundert bis zu Popper und Lakatos, zählt – zu unterminieren.

Wie Kuhn glaubt auch Feyerabend, dass wissenschaftliche Theorien nicht dann abgelöst werden, wenn sie falsifiziert sind. Keine einzige Theorie stimme mit allen Tatsachen auf ihrem Gebiet überein. Und viele »alte«, abgelegte Theorien enthielten oft noch fruchtbare Gedanken, die wieder reaktiviert werden können. Die Wissenschaftsgeschichte zeigt nach Feyerabend keine lineare Fortschrittsentwicklung, sondern ist ein höchst komplizierter Prozess, bei dem sowohl Gewinne als auch Verluste anfallen. Wie kommt es nun dazu, dass eine Theorie als erledigt verworfen und eine neue als besser angenommen wird?

Ausführlich geht Feyerabend dabei auf das Beispiel ein, das auch schon Popper diskutiert hatte: die Ablösung des ptolemäischen Weltbildes durch das kopernikanische im 15. und 16. Jahrhundert. Wie kam es wirklich dazu, dass die Theorie von der feststehenden

Erde und der um sie kreisenden Sonne zugunsten der Einsicht preisgegeben wurde, dass die Sonne das Zentrum eines Systems der Planetenbewegung ist? Anerkanntermaßen spielen dabei die Beobachtungen und Schriften des italienischen Astronomen Galileo Galilei eine entscheidende Rolle. Galileis 1632 erschienener *Dialog über die beiden hauptsächlichsten Weltsysteme* dient Feyerabend als Grundlage für den Nachweis, dass Galilei das neue Weltbild keineswegs rational, sondern mit fragwürdigen Argumentationstricks an den Mann brachte.

Galilei hatte nämlich gerade das gegen sich, was einem Wissenschaftler als Basis seiner Theorie dienen sollte: den faktischen Augenschein. Wenn die Erde sich wirklich bewegt, so hatten ihm seine Gegner entgegengehalten, dürfte ein Stein, der von einem Turm herunterfällt, keine gerade, sondern er müsste eine gekrümmte Flugbahn haben. Dass der Stein aber gerade herunterfällt, kann jeder sehen. Deshalb kann die Erde sich nicht bewegen.

Galileis Gegner, so Feyerabend, folgen hier einem bestimmten Verständnis von Bewegung. Für sie ist Bewegung immer das, was vor einem stabilen Hintergrund sichtbar ist: der fallende Stein vor dem Hintergrund des ruhenden Turms oder die laufenden Rehe vor dem Hintergrund des Waldes.

Galilei führt nun unter der Hand ein anderes Verständnis von Bewegung ein, das der relativen Bewegung. Stellen wir uns vor, wir sitzen in einem Zug, der in einem Bahnhof steht. Schauen wir links aus dem Fenster, sehen wir einen Bahnsteig. Schauen wir rechts hinaus, sehen wir einen ebenfalls stehenden Zug. Angenommen, beide Züge fahren gleichzeitig mit gleicher Geschwindigkeit ab, so sehen wir die Bewegung unseres Zuges nur, wenn wir aus dem linken Fenster schauen. Schauen wir nach rechts, scheint unser Zug zu stehen. Und er bewegt sich doch.

Nach Galilei ist nur die relative Bewegung »operativ«, d. h. als Vorgang sichtbar. Wir können also keine Bewegungen wahrnehmen, an denen Gegenstände in gleichem Maße teilnehmen. Dieses neue Verständnis von Bewegung dient ihm nun zur Deutung des fallenden Steins. Die gekrümmte Bahn des Steins ist für uns nicht sichtbar, weil sie vor dem Hintergrund einer anderen Bewegung stattfindet, nämlich der durch die Erdbewegung hervorgerufenen Bewegung des Turms. Feyerabend, der Überspitzungen liebte, bezeichnet diese von Galilei vorgenommene Änderung der Interpretationsbasis als »propagandistische Machenschaften« nach dem Motto: Man hat zwar richtig beobachtet, muss die Sache aber in einem anderen Beobachtungskontext sehen.

Feyerabend fügt ein weiteres Beispiel für Galileis Art an, die kopernikanische Theorie mit Hilfe fauler Tricks durchzusetzen. Wenn Planeten wie Venus und Mars sich um die Sonne bewegen, so Galileis Gegner, so müssten sie, wenn sie sich vor der Sonne bewegen, uns etwa vierzig Mal größer und damit entsprechend heller erscheinen, als wenn sie sich hinter der Sonne bewegen. Wenn wir den Himmel beobachten, sehen sie aber immer gleich hell und groß aus.

Auch hier bestreitet Galilei nicht die Beobachtung, verändert aber die Beobachtungsbasis. Er fordert seine Gegner auf, die Planeten mit einem neuen Instrument, dem Fernrohr zu betrachten. Die Überlegenheit von Fernrohrbeobachtungen gegenüber normalen Sinneswahrnehmungen war aber nicht unumstritten. Im Fernrohr, so Feyerabend, »zeigten sich künstliche und widersprüchliche Erscheinungen, und einige Beobachtungsergebnisse ließen sich durch einen einfachen Blick mit dem unbewaffneten Auge widerlegen«. Für Galilei hatte das Fernrohr aber den unschätzbaren Vorteil, dass man mit seiner Hilfe die Größenveränderung von Mars und Venus erkennen und damit die kopernikanische Theorie bestätigen konnte. Sein Plädoyer für das Fernrohr als neue Beobachtungsbasis war also taktischer Natur.

Ein solches taktisches, »nicht-rationales« Vorgehen ist nach Feyerabend nicht nur typisch, sondern auch unumgänglich für die Wissenschaft. Wenn Galilei, so Feyerabend, sich an die rationalen Vorgehensregeln gehalten hätte, wäre er niemals weitergekommen. Es gibt keine Regel, die nicht irgendwann verletzt worden wäre. Oft liegt der Augenschein auf der Seite der wissenschaftlichen Orthodoxie, während die Erneuerer zu ihren richtigen Erkenntnissen auf »kontrainduktivem« Weg gelangen. Anders als induktiv, wo man von gesicherten Daten ausgeht und von dort auf allgemeine Gesetzmäßigkeiten schließt, heißt kontrainduktiv, dass man die scheinbar schwächere Position stützt, indem man eine Hypothese in den Raum wirft, die den bekannten Tatsachen geradezu widerspricht. Erst im Lichte neuer, unorthodoxer Theorien ist es nach Feyerabend möglich, neue Tatsachen ausfindig zu machen. Eine solche kontrainduktive Vorgehensweise bestätigt sich oft erst im Nachhinein. Für Feyerabend ist auch Galileis Vorgehen deshalb fruchtbar, weil es kontrainduktiv war, weil es also nicht den scheinbar klaren Tatsachen gefolgt ist, sondern durch eine neue Blickweise, wie im Falle von Mars und Venus, neue Daten hervorgebracht hat.

Neue Theorien sind mit den alten häufig »inkommensurabel«, d.h. unvereinbar in dem Sinne, dass sie nebeneinander existieren, ohne dass ein Vergleich ihrer Wahrheitsnähe möglich wäre. Dieser Fall ist für Feyerabend in der Wissenschaftsgeschichte die Regel und nicht die Ausnahme. Es sind Theorien, die nur scheinbar dieselbe Sprache sprechen. Wenn in der Newton'schen Physik von »Energie« die Rede ist, so ist damit etwas ganz anderes gemeint als in der Relativitätstheorie Einsteins. Welchen Maßstab kann es dann noch für den höheren Wahrheitsgehalt einer Theorie geben?

Wissenschaftliche Theorien verhalten sich also häufig zueinander wie verschiedene Sprachen. So wird niemand behaupten können, dass die englische Sprache die Welt besser erfasst als die niederländische oder schwedische. Sie erfasst sie lediglich *anders*. Genau in diesem Sinne hatte Wittgenstein von verschiedenen, nebeneinander bestehenden »Sprachspielen« gesprochen.

Anders als Popper behauptet hatte, umfasst der Erklärungsgehalt einer neuen Theorie also nicht notwendigerweise den der alten. Vielmehr können wir erst durch die Konkurrenz von Theorien, die sich möglicherweise auch ausschließen, unseren Blick auf die Welt erweitern. Die Ablösung alter durch neue Theorien erfolgt nicht, wie Popper dachte, durch einen Prozess von Vermutung und Widerlegung, sondern sie ist das Ergebnis kreativer und fantasievoller Strategien.

Feyerabend plädiert für einen Konkurrenzkampf von Methoden und Theorien, der ihn auch über Kuhn hinausführt. Denn dieser hatte trotz allem noch daran festgehalten, dass es so etwas wie Erkenntnisfortschritt in den Wissenschaften gibt, auch wenn er sich nicht auf rationale Weise einstellt. Wenn aber Theorien »inkommensurabel« sind und ihr Wahrheitsgehalt nicht mehr verglichen werden kann, wird die Wissenschaftsgeschichte zu einem »stets anwachsenden Meer miteinander unverträglicher Alternativen«, die zwar unser Bewusstein erweitern helfen, uns aber keiner »Idealtheorie« näher bringen.

Wird aber geleugnet, dass es eine für alle Wissenschaften geltende Methode gibt und wird Wahrheit als Ziel wissenschaftlicher Forschung fallen gelassen, so ist auch nicht mehr einsehbar, mit welchem Recht Wissenschaft anderen Weltdeutungen, z. B. den Mythen, Märchen oder religiösen Weltdeutungen, vorgezogen werden soll. Der Alleinvertretungsanspruch der Wissenschaft ist damit nichts anderes als Ideologie.

Im Anschluss an Wittgenstein und Mill gelangt Feyerabend zu einem Pluralismus der verschiedensten Erkenntnisbemühungen und Weltdeutungen. Es muss jedem selbst überlassen bleiben, welcher Deutung er sich anschließt. Da es auch keine rationalen Argumente dafür gibt, warum eine Weltdeutung einer anderen vorgezogen werden sollte, ist dieser Pluralismus auch ein Relativismus. Wer sich einmal, so Feyerabend, von der »Sucht nach geistiger Sicherheit in Form von Klarheit, Präzision, ›Objektivität‹, ›Wahrheit‹« verabschiedet hat, »der wird einsehen, dass es nur *einen* Grundsatz gibt, der sich unter *allen* Umständen und in allen Stadien der menschlichen Entwicklung vertreten lässt. Es ist der Grundsatz: *Anything Goes.*«

»Anything Goes« – »Alles ist möglich« oder, wie Feyerabend etwas eigenwillig übersetzt: »Tu, was du willst!« ist, so betont er ausdrücklich, nicht sein eigener Grundsatz. Er ist vielmehr das Ergebnis der Demontage der rationalistischen Wissenschaftstheorie, der systematischen Zertrümmerung all ihrer Gewissheiten. Er drückt die Einsicht aus, der sich der gescheiterte Rationalist beugen muss. Feyerabend selbst will überhaupt keine neuen Grundsätze oder Regeln mehr aufstellen. Er verkündet den Abschied von jeder allgemein gültigen Methode.

Am Ende seines Buches deutet Feyerabend die gesellschaftspolitischen Konsequenzen seiner Position an. Hat die Wissenschaft ihr Methodenmonopol verloren, so hat sie auch keinen Anspruch mehr, vom Staat in privilegierter Weise gefördert zu werden. So wie Kirche und Staat getrennt wurden, so müssen auch Wissenschaft und Staat getrennt werden. Die sogenannten »akademischen Experten« müssen entmachtet und einer demokratischen Kontrolle unterworfen werden. Die Bildungseinrichtungen sollen sich gegenüber allen möglichen Methoden und Weltdeutungen öffnen, sei es die chinesische Medizin oder die Mythen der Hopi-Indianer. »Wenn wir die Natur verstehen und unsere materielle Umgebung beherrschen wollen«, so lautet das Fazit Feyerabends, »dann müssen wir *alle* Ideen, *alle* Methoden verwenden, nicht nur einen kleinen Ausschnitt aus ihnen.«

Obwohl sich namhafte Universitätsverlage um das Manuskript bemüht hatten, veröffentlichte Feyerabend das Buch 1975 in einem kleinen linken alternativen Verlag, den *New Left Books*. Und dies nicht zufällig. Denn wie kein zweites philosophisches Werk atmet es den bunten Nonkonformismus der 68er, obwohl es keine marxistische Kapitalismuskritik, sondern eine radikale Wissenschafts- und Vernunftkritik enthält.

Zur Freude seines Verfassers wurde *Wider den Methodenzwang* zu einem publikumswirksamen Event und wirkte in der etablierten Philosophieszene wie eine Stinkbombe. Einige derjenigen Philosophen, die Feyerabend in früheren Jahren gekannt und geschätzt hatten, betrachteten ihn nun als Scharlatan und wandten sich von ihm ab. Andere wiesen warnend darauf hin, Feyerabend habe sich ins Lager der Gegenaufklärung begeben. Doch in Wahrheit benutzte Feyerabend die Pose des Gegenaufklärers nur als Provokation. Er war eher ein radikaler Liberaler, der das urliberale Misstrauen gegen den Staat auf die bis dahin unangreifbare Institution der Wissenschaft ausgedehnt hatte.

Seine Wissenschaftskritik steht im 20. Jahrhundert neben zahlreichen anderen Versuchen, auf die Grenzen und Defizite des traditionellen Rationalismus aufmerksam zu machen. Parallelen gibt es zur

Ideologiekritik der Frankfurter Schule, aber auch zur Vernunftkritik der Postmoderne. Im Sinne einer Öffnung wissenschaftlicher und kultureller Grenzen hat sein Plädoyer für Methodenpluralismus nicht nur die Diskussion innerhalb der Philosophie, sondern auch in den Einzelwissenschaften, wie z. B. der Ethnologie, befördert.

Feyerabends Abrechnung mit der rationalen Tradition des westlichen Denkens hat dieses nicht unbedingt geschwächt. Im Gegenteil: *Wider den Methodenzwang* kann als Ausweis der Offenheit dieser Tradition und ihrer Fähigkeit gelesen werden, sich durch eine radikale Selbstkritik zu erneuern. *Wider den Methodenzwang* hat in provokanter Zuspitzung die Philosophie wieder einmal daran erinnert, dass es in ihr keine heiligen Kühe geben darf.

Ausgabe:
Paul Feyerabend: Wider den Methodenzwang. Frankfurt/Main: Suhrkamp 1986.